Bamberg
Ein Führer zur Kunstgeschichte der Stadt
für Bamberger und Zugereiste

Bamberg
Ein Führer zur Kunstgeschichte der Stadt für Bamberger und Zugereiste

Herausgegeben von
Robert Suckale, Markus Hörsch und Peter Schmidt

COLLIBRI-VERLAGSBUCHHANDLUNG • BAMBERG

1.–2.Tausend Winter 1989

Redaktion und Lektorat: Gerhard C. Krischker
Einband: Bernd Arnhold
Gesamtherstellung: Benedict Press, 8711 Münsterschwarzach
ISBN 3-926946-03-2

INHALT

Die Idee zu diesem Führer entstand in einem Seminar an der Otto-Friedrich-Universität Bamberg.

Die Ausführung mußte später von vorne beginnen, teils in Arbeitsteilung, teils in gegenseitiger Beratung. Um das Werk möglichst einheitlich und lesbar werden zu lassen, war allerdings immer wieder wechselseitige Einmischung nötig, so daß kaum ein Kapitel auf nur einen Autoren zurückgeht. Um dem Doppelcharakter als Lesebuch und Führer gerecht zu werden, sind einerseits viele Bilder beigegeben, andererseits findet sich im Anhang eine Liste von Lokalitäten und anderen dem Touristen nützlichen Informationen.

VORWORT

Warum ein neuer Bamberg-Führer? Weil unserer Meinung nach ein Führer fehlt, der, ohne zu viel vorauszusetzen, in die Kunst und Kunstgeschichte dieser Stadt einführt und sie zu verstehen hilft. Wir wollen nicht alle Bamberger Kunstwerke besprechen, sondern nur die wichtigsten, aber die genauer und in ihren Zusammenhängen: Wer die historischen Bedingungen begreift, dem wird auch das einzelne Kunstwerk mehr zu sagen haben.

Bamberg ist ein kunsthistorischer Glücksfall. Seine Kunstgeschichte ist für sich ein lohnendes Thema. An ihr lassen sich in den Grundzügen auch Verlauf und Eigenart der Kunst eines Jahrtausends begreifen. Der Führer ist so auch eine kleine deutsche Kunstgeschichte geworden, ohne eine umfassend Bamberger zu sein. Bambergische Werke, die nicht mehr am Ort sind, haben wir übergangen. Ein Führer 'Bamberg für Eilige' wiederum ist es auch nicht. Wer nur den Domberg oder sogar nur den Dom gesehen hat, hat nicht genug gesehen. Die 5-Minuten-Touristen werden wir sowieso nicht zum Bleiben bewegen können.

Andererseits möchten wir den Besucher auf Wege leiten, die ihm sonst kaum empfohlen werden, z.B. in den Hain, Bambergs 'Englischen Garten'. Wir möchten ihn in die Reste der barocken Gartenanlage des Klosters Michelsberg schicken. Bamberg als eine der schönsten grünen Städte Deutschlands bleibt noch zu entdecken. Hier ist der Übergang von der Altstadt in die alte Kulturlandschaft noch weitgehend erhalten. Aber auch die Straßen und Viertel des 19. Jahrhunderts lohnen eine Erkundung.

Wer Bamberg lieben lernen will, wer Bamberg liebt, geht zu Fuß. Die Stadt leidet unter dem Verkehr. Und doch gibt es 5 bis 15 Wegminuten vom Zentrum genug Parkplätze. Nur die liebe alte Bequemlichkeit sucht den Parkplatz da, wo man hin will. Bamberg aber ist eine Stadt, die sich nur dem Fußgänger erschließt.

Den Untertitel des Büchleins haben wir dem Führer entliehen, den der erste Bamberger Kunsthistoriker, Josef Heller, 1834 verfaßte. Auch die Bamberger mit einem Führer anzusprechen und nicht allein die Touristen, erscheint uns noch heute sinnvoll. Man braucht ihnen sicher nicht zu erzählen, wie bedeutend und schön ihre Stadt ist. Ob sie ihre Eigenart aber immer genügend verstehen und würdigen? Für sie könnte es ein Lesebüchlein sein, das sie darin bestärkt, auch Opfer zu bringen, um dieses Kleinod möglichst getreu zu erhalten.

Die Verfasser

1007 - BAMBERG "IST" ROM, BAMBERG "IST" JERUSALEM

Kaiser Heinrich II. und die Gründungszeit der Stadt

Bamberg gilt zurecht als Barockstadt. Doch seine Anlage und urbanistische Gestalt sind mittelalterlich, nur barock umgeprägt. Bamberg ist sogar eine besonders mittelalterliche Stadt Deutschlands, aus mehreren Gründen: sie ist weder durch ein römisches Castrum vorbestimmt wie Regensburg oder Köln, noch hat man sie in der kriegslüsternen Neuzeit in einen Festungsring eingezwängt. Dies steht nur scheinbar im Widerspruch zu der allgemeinen Anschauung, wonach 'die mittelalterliche Stadt' mit Mauern und Zinnen bewehrt sei. Das ist sie erst seit dem Spätmittelalter. Zuerst folgten die Mauern der Ausdehnung der Städte, schnürten sie noch nicht ein. Mauern dieser Art hatte auch Bamberg, jeder seiner Teile eine eigene. Zu einem strategisch entworfenen Befestigungsring, der die Stadt panzerte, zugleich aber auch eng umgürtete, kam es in Bamberg nie. Deshalb hat die Stadt den Charakter ihrer Gründungszeit bewahrt.

Ausgangspunkt war die Burg der Babenberger, die auf dem heutigen Domberg lag; dieser war eine große, natürliche Festung. Das ist bei einem Gang um den Berg noch deutlich zu sehen. Denkt man sich die heutige Auffahrtsstraße im Osten des Dombergs weg, die erst im späten 18. Jahrhundert aufgeschüttet wurde, und ersetzt sie durch eine steile, mit einem Torturm befestigte Treppe, so hat man eine für die Kriegstechnik des 10. und 11. Jahrhunderts fast uneinnehmbare Burg vor sich. Diese Burg lag damals im Grenzgebiet des deutschen Reiches. Noch heute bezeugen Ortsnamen wie der des Bamberger Landstädtchens Scheßlitz, ebenso Bodenfunde, auch auf dem Domberg selbst, daß das Gebiet weithin slawisch besiedelt war. Schon die Karolinger hatten Vorposten ihrer Macht etabliert; aber nicht Bamberg war damals der Hauptort, sondern Schweinfurt und Forchheim. Die 'offizielle' Geschichte Bambergs beginnt erst, als das Grafengeschlecht der Babenberger in das heutige Österreich abgeschoben wurde und sich die ottonischen Kaiser das Gebiet aneigneten: Bamberg ist eine kaiserliche Gründung. Welche Absichten damals verfolgt wurden, ist heute - wenn überhaupt - nur noch indirekt zu erschließen.

Der Ort liegt strategisch günstig an einer Schnittstelle von Verkehrs- und Handelswegen. Die heutige Bundesstraße 4 folgt in etwa der alten Hauptstraße, die aus Mitteldeutschland, dem Herrschaftszentrum der Sachsenkaiser, in den Süden führte. Eine Verlagerung der Herrschaftsinteressen und der Ausbau des Reiches gaben Bamberg eine günstigere Position als Magdeburg, der sächsischen Metropole Kaiser Ottos des Großen.

Doch war das sicher nicht die einzige Überlegung bei der Gründung. Wir lesen, daß Kaiser Heinrich Böhmen dem Einfluß des Polenkönigs entriß, um es dem Deutschen Reich einzufügen. Derselbe Kaiser christianisierte Ungarn, indem er u.a. dem Ungarnkönig Stephan seine Schwester Gisela zur Frau gab. Der Bamberger Legende nach wurde Stephan im Bamberger Dom getauft; wahrscheinlich ist der Domreiter sein Bild (s. Kap. 3). Aus diesem imperial nach Osten gerichteten Blick Heinrichs ergab die Gründung Bambergs als 'Hauptstadt' durchaus Sinn.

Aber gab es im Mittelalter überhaupt eine 'Hauptstadt'? Sah so die Planung für ein Zentrum aus? Die schrittweise Annäherung an eine Antwort wird uns eine Epoche besser verstehen lernen, in der zum ersten Mal in der Geschichte von einer deutschen Nation die Rede ist, eine Zeit, in der der deutsche König aber auch den Anspruch erhob, Kaiser der Römer und somit Herrscher Europas, wenn nicht gar der Welt - nach damaligem Verständnis - zu sein.

Hauptstadt konnte damals nicht heißen, daß der Kaiser und sein Hof hier dauerhaft ansässig wurden oder daß hier wenigstens seine Kanzlei oder andere Behörden ihren Sitz nahmen, so wie der oströmische Kaiser in Konstantinopel herrschte oder der Papst in Rom. Die westeuropäischen Herrscher zogen mit wechselnden Teilen ihres Gefolges von einer Pfalz zur nächsten und nahmen Quartier in den Reichsklöstern oder Bischofssitzen, wenn sie nicht wie üblich im sommerlichen Heerlager waren.

Wir wissen nichts von einer Veste des Kaisers in Bamberg. Im Gegenteil - wo früher die gräfliche Burg war, wurde ein Dom errichtet. Die Hofhaltung neben dem Dom war Sitz des Bischofs; allerdings hatten der Kaiser und sein Hof Gastrecht. Sein Itinerar* weist häufige Aufenthalte in Bamberg nach.

Die Erklärung lautet: Bamberg sollte Hauptstadt vor allem symbolisch sein. Diese Symbolik hat vielleicht die Wahl der Stadt bestimmt; denn ein Platz bedurfte bestimmter Eigenschaften, die bedeutungsträchtig waren. Durch urbanistische* Gestaltung wurden sie nur anschaulich gemacht. Diese Art symbolischen Denkens ist uns so fremd geworden, daß sie kurz erklärt werden muß: Die damalige Gesellschaft hatte ein ge-

Mit * gekennzeichnete Wörter werden im Glossar im Anhang erklärt.

Gunthertuch (Diözesanmuseum)

schlossenes Weltbild. Da die Welt eine festgefügte Ordnung hatte, in der sich alles aufeinander und insgesamt auf die biblische Offenbarung bezog; da sie auch in ihrer Geschichte einem einheitlichen Heilsplan folgte, in der das römische Kaiserreich zur Weltherrschaft auserwählt war, das der Kaiser als Stellvertreter Gottes regierte, lagen einige Bezüge nahe: Die ursprüngliche Hauptstadt des Kaiserreiches war Rom, das zudem als Sitz des Papstes weiterhin universale Geltung hatte. Otto III. hatte Rom wieder zur kaiserlichen Hauptstadt machen wollen. Der Plan scheiterte, und Heinrich II. war so klug, ihn nicht wieder aufzunehmen. Aber es galt nur als natürlich, daß die Hauptstadt der nun nach Norden verlagerten kaiserlichen Herrschaft als ein **Abbild Roms** erbaut wurde.

Und: Da die irdische Hauptstadt nur ein unvollkommenes und vorläufiges Abbild des dereinst erscheinenden Himmlischen Jerusalem war, so konnte sich dieselbe Stadt, die schon auf Rom verwies, ebenso auf das irdische und Himmlische Jerusalem beziehen.

Woran wurde das sichtbar? Am deutlichsten am **Dom** selbst. Er ist dem hl. Petrus geweiht, nach dem Vorbild der Peterskirche Roms, einer Hauptkirche der Heiligen Stadt und der Christenheit. Er ist gegen die allgemeine Bauregel gewestet; d.h. der liturgische Hauptchor (noch des heutigen Baues - er folgt dem ottonischen Vorgängerbau, s. Kap. 2) ist der Peterschor im Westen. Diese Orientierung ist ein augenfälliger Zug der Peterskirche in Rom und aller Kirchen, die sich als Kopie dieser Basilika verstehen.

Kaiser Heinrich hatte bei der Gründung bestimmt, daß der Bamberger Bischof keinem Erzbischof als Suffragan* unterstellt war, sondern nur dem Papst; er war also 'exemt'. Dafür schuldete er dem Papst jährlich einen weißen, gesattelten Zelter, ein kaiserliches Pferd, wie es nur dem Papst zu reiten erlaubt war. Dies war zugleich eine subtile Anspielung auf die angebliche Schenkung der Stadt Rom samt ihren Herrschaftsrechten an den Papst durch den ersten christlichen Kaiser Konstantin. Am Gunthertuch im Diözesmuseum, einer byzantinischen Prunkseide mit der Darstellung eines kaiserlichen Einzugs, in der Bischof Gunther (+1065) beerdigt wurde, vermag man den Herrschaftsanspruch des Bamberger Bischofs ermessen.

War Rom auf sieben Hügeln errichtet, so plante man Bamberg ebenso. Nördlich vom Domberg liegt auf der höchsten Erhebung das Benediktinerkloster St. Michael, Michelsberg genannt, benachbart der Abtsberg; südlich, auf dem Stephansberg, die von der Kaiserin Kunigunde gegründete Stiftskirche St. Stephan; westlich, auf dem Jakobsberg, das Stift St. Jakob, dazwischen der Kaulberg mit der Oberen Pfarrkirche. Um die Zahl voll zu bekommen, kann der Hügel der Altenburg mitgezählt werden. Dabei ging es damals nicht einmal um die korrekte Siebenerzahl. Entscheidend war der symbolische Fingerzeig.

Dieser Gedanke verband sich mit einem anderen: Schaut man sich die Bamberger Kirchen auf einem Stadtplan an, unter Einbeziehung der Stiftskirche St. Gangolf in der Theuerstadt, so erkennt man die Form eines Kreuzes. Das bezieht sich auf das Grundrißmuster des Himmlischen Jerusalem der Apokalypse des Johannes. Diese Deutung entspringt keineswegs heutiger gelehrter Einbildung, sondern ist in Texten des 11. Jahrhundert ausgesprochen. Auch ist sie nicht ungewöhnlich oder neu, sondern schon in der karolingischen Klosterstadt Fulda nachzuweisen, ebenso wie in Hildesheim oder Paderborn. Das alles erklärt, warum Bamberg von Anfang an nicht als geschlossene Stadt geplant war. Daß man im Ernstfall fünf, sechs oder mehr Teilstädte zu verteidigen hatte, war damals noch eine Überlegung ohne Sinn.

Uns mag das als unkünstlerisch abstrakte und obendrein unfunktionale Stadtbauidee erscheinen. Ihre Ausführung widerspricht dem. Denn alle Bergkirchen sind nicht genau geostet bzw. gewestet, sondern so zur Stadt hin gedreht, daß sie zur Flußseite eine Schauwand entfalten. Die liturgische Ausrichtung des Domes geht nach Westen, seine Hauptfassade nach Osten. Die Vielzahl der Türme machte und macht für denjenigen, der sich auf den großen Straßen der Stadt nähert, Bamberg zu einem aufragenden, eindrucksstarken Bild des vieltürmigen Himmlischen Jerusalem.

Ist Bamberg also nur Hauptstadt im geistlichen Sinne gewesen? Das hieße einer scharfen Trennung zwischen geistlich und weltlich folgen, die es erst seit Aufklärung und Revolution im 18. Jahrhundert gibt. Das kaiserliche Herrschaftssystem der Ottonenzeit benötigte wegen der Standortlosigkeit der Herrschaft eine Grundstruktur, die nicht nur aus Wirtschaftsstützpunkten wie den Pfalzen bestehen konnte. Das Gerüst bildeten die Reichsbischöfe und -äbte. Auf sie gestützt konnte der Kaiser die Grafen in den Regionen hindern, immer mehr Macht an sich zu reißen. Wenn also die Bamberger Domkirche auf den Platz der Burg gesetzt wurde, so drückte dies aus, daß der Bischof hier als Stellvertreter des Kaisers wirkte. Der Bischof erhielt fürstliche Rechte, auch wenn die Bildung eigenstaatlicher geistlicher Territorien erst mit dem Auflösungsprozeß kaiserlicher Macht seit dem 12. Jahrhundert einhergeht. Insgesamt hieß das für das Heilige Römische Reich bis zu seinem Ende 1806, daß geistliche und weltliche Macht untrennbar miteinander verflochten waren; deshalb macht die bischöfliche Architektur und bildende Kunst zugleich eine politische Aussage: Der Dom erscheint nun als die Burg, die er ersetzte.

Die heiligen Patrone aller Zentren der Kirche und damit des Reiches erhielten planvoll Altäre im Bamberger Dom. In ihren Heiligen waren auch Byzanz, Italien, Frankreich und die Niederlande vertreten. Der Dombau selbst wurde nach dem doppelchörigen, viertürmigen Reichskirchentypus errichtet, wie er seit den Karolingern Modell war.

Das Kaiserpaar stattete seine Gründung so aus, daß sie große und überregionale Aufgaben übernehmen konnte. Die Diözese erhielt überall im Reich Besitz, so daß der Bamberger Bischof nach Rom reisen konnte, ohne in fremden Häusern übernachten zu müssen. Besonders groß war der Besitz in Kärnten. Dies hatte Folgen, solange das Fürstbistum bestand. Man versuchte, sich einen Horizont zu bewahren, der das ganze Reich umfaßte (erst im Laufe des 19. Jahrhunderts engte sich die Sichtweite auf den 'typisch fränkischen Kirchturmhorizont' ein). Das Domstift wie die Klöster bekamen große Bibliotheken. Sie wiederum waren das Fundament für eine Schule des hohen Klerus, aus der viele deutsche Bischöfe der Kaiserzeit kamen.

Kaiser Heinrich hat mit seiner Planung Bambergs weitere Geschichte vorgezeichnet. Aber er hat es nicht auf der vorgesehenen Höhe halten können. Das hat den Stiftungseifer keineswegs erlahmen lassen. Noch in den letzten Lebensjahren erweiterte der Kaiser seine Neugründung, aber vielleicht eher besorgt um sein eigenes Seelenheil als um die Geschicke der von ihm erhöhten Stadt. Da man noch nicht dynastisch im Sinne des 12. Jahrhundert dachte, sondern jeder Kaiser seine eigene Grablege schuf, wurde der Bamberger Dom zur Grabeskirche des Kaiserpaares.

Schon sein Nachfolger bevorzugte eine andere Stadt, und so begann ein Prozeß, der Deutschland immer wieder neue Hauptstadtgründungen bescherte, aber nie die einer bleibenden. Doch wurden auf diese Weise Städte errichtet, die es nie zu Ansehen gebracht hätten ohne diese steckengebliebenen Planungen: neben Bamberg etwa Goslar oder Regensburg, z.T. auch Nürnberg und Frankfurt.

Die Idee von Bambergs ursprünglicher Sendung aber lebte weiter. Deswegen kann die Kunstgeschichte der Stadt bis zum 18. Jahrhundert nicht verstanden werden, wenn man von Kaiser Heinrich nichts weiß. Immer wieder suchte man den Anschluß an die ursprünglichen Konzepte; der Romgedanke spielte z.B. noch in dem barocken Residenzbau eine Rolle (s.Kap. 8).

Was aber ist hier von den Bauten und Kunstwerken, die der Kaiser stiftete, noch erhalten und - vor allem - noch zu sehen? Keine Mauer, keine Säule hat die Brände, Erdbeben und andere Zerstörungen überlebt. Wer ein vom Kaiser gestiftetes monumentales Goldschmiedewerk sehen will, muß ins Aachener Münster oder gar in das Pariser Cluny-Museum zum Baseler Antependium fahren. Die Kostbarkeiten des Domschatzes wurden nach München in die Schatzkammer, die Staatsbibliothek und das Nationalmuseum entführt.

Immerhin sind hier noch einige Handschriften verblieben, so die vom Kaiserpaar für St. Stephan gestiftete **Bamberger Apokalypse**. Aber um ihrer Erhaltung willen können sie nicht gezeigt werden; doch sollte der Besucher darauf achten, ob es in der Staatsbibliothek (in der Residenz) eine Ausstellung von Handschriften

Perikopenbuch Heinrichs II: Widmungsbild

oder anderen Schätzen des Hauses gibt; er wird selten enttäuscht werden. Es ist außerdem möglich, sich dort Faksimiles der berühmten Handschriften zeigen zu lassen (manche gibt es auch zu kaufen).

Entgegen unserer eigenen Regel sei ausnahmsweise eine der Miniaturen besprochen und abgebildet, damit wenigstens umrißweise die Bedeutung der damals für Bamberg geschaffenen Kunst deutlich wird: das Widmungsbild aus dem Buch mit den Evangelienlesungen der Messe (Evangelistar oder **Perikobenbuch**), das der Kaiser seinem 1012 geweihten neuen Dom schenkte. Gemalt wurde es kurz vorher auf der Insel Reichenau im Bodensee. In der Mitte der oberen Zone thront Christus. Er krönt Heinrich und Kunigunde. Sie werden von Petrus und Paulus empfohlen, die für die römisch-katholische Kirche stehen. Im unteren Bereich präsentieren drei allegorische Frauengestalten dem Kaiser Insignien und Ehrenzeichen; sie stellen Deutschland, Italien und Frankreich dar. Hinter und unter ihnen reichen sechs halbfigurige Personifikationen von Völkerschaften weitere Gaben. Der Buchmaler stellt hier die Idee dar, die Heinrich von sich selbst und seinem Amt hatte. Die Größe der Figuren entspricht ihrer Bedeutung, nicht der Wirklichkeit: Christus ist sitzend größer als die stehenden Apostel. Als irdische Personen sind Kaiser und Kaiserin nochmals kleiner. Auch die künstlerischen Gestaltungsmittel zeigen, daß es darum ging, den Kaiser in seiner Bedeutung, nicht als Individuum darzustellen. Deshalb fällt alles Beiwerk weg. Die Figuren sind nicht tiefenräumlich oder plastisch. Kulisse ist das sakrale Leuchten des polierten Goldgrundes, von dem sich die kühlen Blau-, Violett- und Rottöne edelsteingleich abheben. Das strenge Ordnungsdenken wirkt sich bis in die Gestaltung der Falten aus; man merkt ihnen deshalb kaum noch an, daß sie auf antike Vorbilder zurückgehen; Vorbild für die Umformung war die streng stilisierte byzantinische Kunst.

Wer als Besucher Bambergs eine Anschauung von der Außerordentlichkeit der kaiserlichen Kunst gewinnen will, kann die Textilien im Diözesanmuseum, allen voran die **Kaisermäntel**, betrachten. Daß überhaupt etwas von ihnen erhalten blieb, ist der vorsichtigen Schonung der Gewänder zu verdanken; früher wurden sie nur für ganz besondere Ereignisse aus ihren Futteralen hervorgeholt. Denn diese Textilien waren durch die Heiligsprechung des Kaiserpaares Reliquien geworden. Dennoch haben die Stoffe gelitten. Keiner konnte ohne Restaurierungen überleben. Leider lassen der fragmentarische Zustand, mehr noch aber der übergroße Reichtum und die schwere Verständlichkeit des Bildprogramms die meisten Besucher nur kurz davor verweilen. Wenigstens an einem der Gewänder wollen wir deshalb innehalten, dem **Sternenmantel des Kaisers** . Ob er in Süddeutschland gefertigt wurde oder nicht doch im alten byzantinischen Herrschaftsbereich in Süditalien, ist eine offene und für unser Verständnis weniger wichtige Frage. Dieser in Goldstickerei auf ehemals purpurnem, dunkelblau erneuertem Seidendamast geschaffene Mantel ging auf die Triumphalkleidung antiker Kaiser zurück. Er soll zum Ausdruck bringen, daß der Kaiser die Welt beherrscht: Dargestellt sind das Universum in Raum (Sternbilder) und Zeit (Tierkreiszeichen), in der Mitte Christus als das A und O, umgeben von Gestalten der christlichen Heilswelt und Personifikationen der Tugenden. Inschriften erläutern dieses kosmologische Bildprogramm, das sich selbst als 'descripcio tocius orbis' (Darstellung des ganzen Weltkreises) definiert; u.a. lesen wir am Saum: "Glück sei mit dir, Kaiser Heinrich, Zierde Europas. Möge dein Reich vermehren der Herrscher der ewigen Zeiten."

Die Epoche der Ottonen und der ersten Salier hat der politischen und militärischen Macht Deutschlands Geltung verschafft, ebenso seiner Kunst. Davon hatte man in diesem Land während der folgenden Jahrhunderte durchaus noch ein Bewußtsein, mehr oder weniger von Trauer über den Verlust der einstigen Größe geprägt. In Bamberg wurde diese Tendenz noch zweifach verstärkt: einmal durch den im Vergleich zu anderen Zentren des Reichs stärkeren Abstieg; sodann durch die Heiligsprechung des Kaiserpaares. Heinrich wurde 1146 kanonisiert, Kunigunde 1200. Dadurch wurden ihre Taten glorifiziert. Ihre Stiftungen aber wurden zu Reliquien, zu verehrungswürdigen, heiligen Gegenständen.

Dem am Sichtbaren interessierten Kunstfreund mag es töricht scheinen, ja von einer bambergischen Rückwärtsgewandtheit zur 'guten alten Zeit' angesteckt, sich so lange über die Kaiserzeit auszulassen, von der so wenig zu sehen ist. Kunst aber hat sogar noch eine Geschichte, wenn die Werke zerstört sind: Die Stiftungen des Kaisers hatten eine besondere, über ihre eigene Zeit hinausgreifende Wirkungsmacht. Wer sie ignoriert, kann über die jüngere Bamberger Kunst nur zu Fehlurteilen kommen. Es bedarf deshalb der **Rekonstruktion** dieser Vorgänger und Leitbilder.

Wer vom Domberg nach Westen in das sog. Berggebiet geht, stößt auf die ehemalige Stiftskirche **St. Jakob**. Sie war als Stift niederen Ranges dem Domkapitel untergeordnet. Errichtet wurde sie erst nach der Bamberger Gründungszeit. Der Substanz nach ist sie heute der älteste Kirchenbau Bambergs, um 1070 gegründet, vollendet erst im frühen

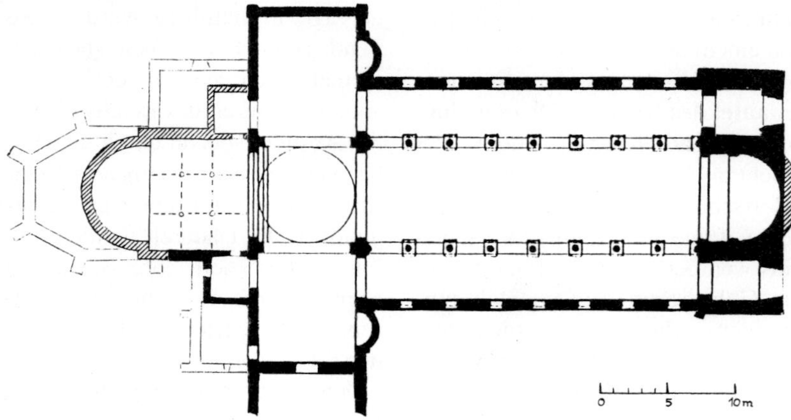

Grundriß St. Jakob (ursprünglicher Zustand)

12. Jahrhundert, später mehrfach umgebaut, im 19. Jahrhundert purifiziert, d.h. aller späteren Zutaten entblößt, in der Meinung, das ursprüngliche Werk wiederzugewinnen. Dies ist eine Lebenslüge der alten Denkmalpflege; denn was wir vor uns sehen, sind gehäutete, besser: geschundene Mauern, ohne Putz, ohne Malerei, ohne Ausstattung. Seien wir froh, daß man wenigstens die Ostfassade des späten 18. Jahrhunderts belassen hat.

Doch kann die Kirche noch heute beeindrucken. Städtebaulich an einer wichtigen Achse plaziert, bescheiden, aber angemessen von alten Stiftsgebäuden gerahmt, strahlt sie etwas von der Beschaulichkeit des Stiftslebens aus. Der Westchor ist der Hauptchor; daß sich auch noch ein Querhaus im Westen findet, weist angesichts des Jakobspatroziniums nicht auf den Petersdom in Rom, sondern ist nur als Zitat nach dem Dom zu verstehen. Auch das ist eine heute nicht mehr selbstverständliche, damals aber jedermann bekannte Aussagemöglichkeit der alten Architektur: daß ein Bau einen anderen kopiert, zitiert, ihn abbildet. Das stand nicht im Belieben irgendeines Architekten, sondern sollte etwas bedeuten: in diesem Fall die Unterordnung und Zugehörigkeit zum Dom, von dem aus das Stift gegründet wurde. Man kopierte jedoch nicht sklavisch genau, also nicht entsprechend unserem Verständnis von Kopie. Der Heinrichsdom war zwar flach gedeckt wie St. Jakob; auch war er ebenfalls doppelchörig. Aber er hatte wohl vier Türme - hier konnte die Jakobskirche schon aus Gründen gebotener Bescheidenheit nicht folgen, sondern begnügte sich mit zweien (nur einer davon erhalten, als Neubau des 13. Jahrhunderts). Unsicher müssen wir auch bleiben, ob der Heinrichsdom eine Reihe monolither Säulen hatte. Die Vorbildwirkung des Baus bleibt trotzdem unübersehbar.

Machen wir einen Vorgriff; behandeln wir den **Dombau** nicht nur im Zusammenhang des 13. Jahrhunderts, in das er gehört. In seiner Entstehungszeit bleibt er, gemessen an westlichen Normen, merkwürdig fremd. Seine Skulpturen sind hochmodern, gehen von den modernsten französischen Werken aus (s. Kap. 3). Wer aber vor die Ostfassade des Domes oder in sein Langhaus tritt, sollte sich erinnern, wie die damals schon fast vollendete Architektur der Kathedrale von Chartres aussieht oder die seit 1212 aufwachsende Kathedrale in Reims. Mit diesen Bauten hat der Bamberger Dom nichts zu tun.

Die Erklärung hat uns die Domgrabung der Archäologen gegeben: Die freigelegten Fundamente des Heinrichsdomes entsprachen in wesentlichen Zügen dem Neubau des 13. Jahrhunderts. Er war doppelchörig, hatte das Querhaus im Westen usw. Fazit: der Bau des 13. Jahrhunderts ist eine Kopie des hoch verehrten Vorgängerbaus. Der Glanz der neuen französischen Gotik war nicht groß genug, die Vorbildlichkeit des Kaiserdoms zu überstrahlen. Das Domkapitel schwankte offenbar immer wieder, ob es den neuen Dom mit offener Balkendecke eindecken lassen sollte wie den alten Dom oder einwölben, wie damals bei fast allen zeitgenössischen Kirchenbauten. Wenn man bedenkt, daß Steingewölbe der beste Schutz gegen die häufigen Brände waren, ermißt sich, wie groß die Macht des heiligen Vorbildes war: Die alte Architektur war zur Reliquie geworden. Ähnliche Fälle kennen wir aus dem Mittelalter mehrfach - und doch setzte sich am Ende meist der Wille zur Erneuerung durch. Dies scheint uns nicht logisch: aber genauso wie in der damaligen Meinung die Kopie eines Gnadenbildes die Wirkkraft des Urbildes besaß, so auch die architektonische Kopie eines ehrwürdigen Vorbildes.

Eins sei aus diesem Anlaß unterstrichen: daß damals Architektur nicht so sehr Sache der Architekten war, sondern der Bauherren. Und das trifft noch bis zum 18. Jahrhundert zu. Man bedurfte des Baumeisters zur technischen und organisatorischen Umsetzung. Grundriß und Form aber bestimmte in diesem Fall das Domkapitel. Es selbst war festgelegt, u.a. durch die liturgische Ordnung. Aber die Forderungen betrafen auch die Form: Mauerrelief und -dicke wirken ottonisch, ebenso das Fehlen eines Triforiums*. Wie weit dies auch für Anderes gilt, ist schwer zu sagen. Denn wir haben kein Bild des Vorgängerbaus, kei-

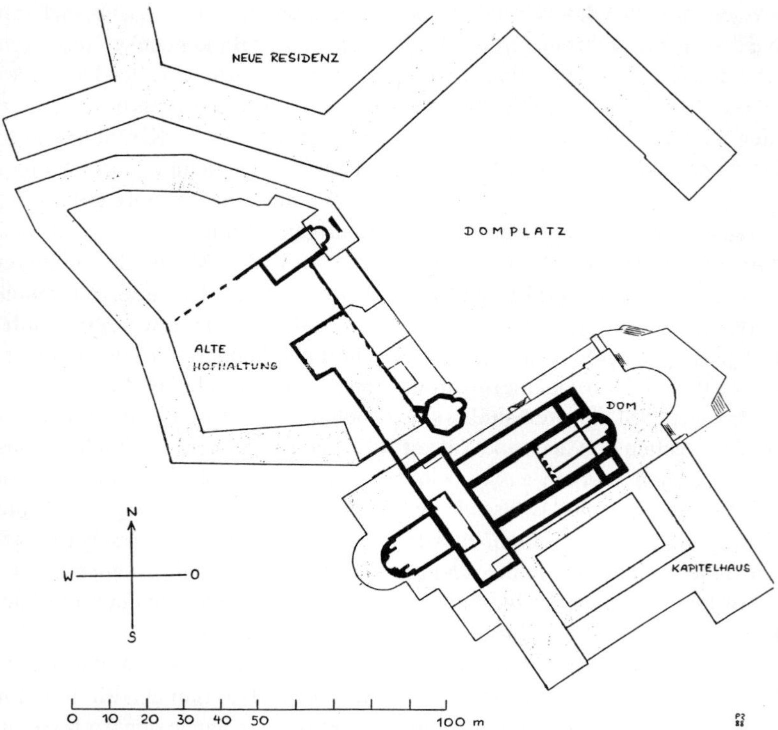

Grundriß Heinrichsdom

nen Text über sein Aussehen. Für das Verständnis der weiteren Kunstgeschichte Bambergs ist zu bedauern, daß hier vom bedeutendsten seiner Bischöfe, dem **Hl. Otto** (Bischof 1103–39, heiliggesprochen 1189), der in den Quellen als großer Bauherr und Stifter gefeiert wird, kaum etwas geblieben ist. Auf ihn ist dennoch einzugehen, stellvertretend für die ganze Epoche zwischen der Gründerzeit um die Jahrtausendwende und der neuen Blüte des 13. Jahrhunderts. Otto hatte sich für eine Verwendung als hoher Geistlicher u.a. auf eine heute ungewöhnliche, damals aber naheliegende Weise empfohlen: als Bauleiter für den steckengebliebenen Speyerer Kaiserdom. Bamberger Bischof zu werden, war immer noch eine besondere Auszeichnung. Zwar hatten die Bamberger viele ihrer ursprünglichen Besitztümer und Rechte unter dem Druck geistlicher Neider und räuberischer Vögte verloren; aber

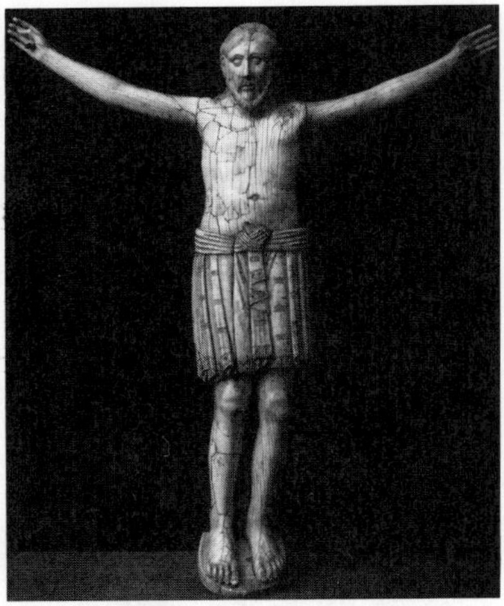

Elfenbeinkruzifixus (Diözesanmuseum)

die Stellung des Bistums war immer noch eine herausragende, überregionale. Deutlich wird dies an zwei Ereignissen: Das erste ist die Christianisierung der heidnischen Pommern durch Otto. Bamberg hatte in dieser Region keine Interessen, aber seine Stellung im Reich prädestinierte seinen Bischof für eine solche hohe Aufgabe, zu der er im übrigen mehr als andere geeignet war. Das zweite ist die Förderung der aus Frankreich kommenden Reformorden (Cluniazenser, Zisterzienser, Prämonstratenser) und die Gründung neuer Klöster: Kein Bischof des 12. Jahrhunderts hat so viele gegründet und reformiert wie Otto, keineswegs nur in der Diözese Bamberg. Prüfening, eine seiner berühmtesten Gründungen, liegt vor den Toren der älteren und damals auch mächtigeren Bischofsstadt Regensburg. Die Klostergründungen reichten bis nach Österreich und Sachsen.

In Bamberg ist sein Name vor allem mit dem Kloster **Michelsberg** verbunden. Er hat es reformiert und nach Erdbebenschäden auch neu erbaut. Dort ist er begraben; sein Grab ist ein Wallfahrtsziel, wenn auch etwas in Vergessenheit geraten. Aber vom Kirchenneubau stehen nur noch Mauerreste. Die ausgestellten Reliquien von Mitra und Bischofsstab sind jünger, die Grabtumba erst um 1440, die ältere Grabplatte an der Kryptenwand 1287/88 gemeißelt. Letztlich sind von Ottos Stiftertätigkeit nur zwei wiederverwendete Kapitelle aus seiner Domrestaurierung zu erwähnen, in der Ostkrypta des Neubaus verbaut, schöne antikisierende Stücke wie an den rheinischen Domen von Mainz und Speyer. So muß man also Ottos künstlerisches Wirken im Zisterzienserkloster Heilsbronn bei Ansbach, der Prämonstratenserabtei Veßra in Thüringen oder im benediktinischen Prüfening studieren.

Immerhin wird an dieser überragenden Figur deutlich, daß hier zwischen dem Wirken Kaiser Heinrichs II. und dem der Bischöfe aus dem Hause der Grafen von Andechs-Meranien seit dem späten 12. Jahrhundert keineswegs künstlerische Ödnis herrschte. Die Stadt entfaltete sich; wir hören von einem Pfarrkirchenbau, von einer wachsenden Zahl von Bürgern, von der Veränderung der Straßenführung. Die Domschule florierte; an den Handschriften dieser Zeit kann man ablesen, daß man sich z.T. früher als andernorts mit den wissenschaftlichen Neuerungen in Paris auseinandersetzte.

Nennenswerte Reste von Bauten der Zeit bis 1200 sind im Bambergischen nicht erhalten; zu erwähnen wären die im Mauerwerk steckenden Reste des Kapitelsaales der Zisterzienserinnen von **St. Theodor** (heute Karmelitenkloster) aus dem späten 12. Jahrhundert, die man in der Spätgotik in historisierenden Formen kopierte. Auch sind von anderen Bauteilen bei Ausgrabungen Reste sichtbar geworden.

Das Diözesanmuseum enthält Werke der **Schatzkunst**, meist aus dem Dom, so ein bedeutendes großes, mehrfach restauriertes und ergänztes Elfenbeinkruzifix, das möglicherweise von der Domausstattung Bischof Ottos stammt, einen beachtlichen Bronzeleuchter (zwischen 1165 und 1182 gestiftet), Tragaltäre des 12. Jahrhunderts und andere Werke der Kleinkunst, die in der Regel aber mit den Bamberger Hauptstücken in den Münchner Sammlungen nicht konkurrieren können.

Osterleuchter, Detail (Diözeanmuseum)

St. Jakob. Langhaus innen

Der Bamberger Dom. Hist. Aufnahme Anf. 20. Jh.

Ein neuer Kaiserdom im Zeitalter der gotischen Kathedralen

Viele Besucher kommen nur des Domes und seiner Skulpturen wegen, wenn nicht sogar nur um des Domreiters willen nach Bamberg. Aus den Blütezeiten seiner Kunst ist nichts in Bamberg so präsent wie die Domskulptur: Die ottonische Schatzkunst liegt in Tresoren verborgen; die bedeutendsten Werke des Bamberger 18. Jahrhunderts aber sind eher im Umland, in Pommersfelden oder Vierzehnheiligen, zu finden als in der Stadt selbst.

Schaut man sich die Domarchitektur an, so erscheint diese Einschätzung zunächst übertrieben. Der Bau kopiert in wesentlichen Zügen den Heinrichsdom, er soll gar nicht gotisch-modern sein. Dieselben Steinmetzen haben jedoch im Auftrag derselben Auftraggeber am selben Dom die damals modernsten deutschen Skulpturen geschaffen, vor allem nach Vorbildern der französischen Gotik. Dieser Widerspruch ist aufzulösen - sicher aber nicht so, daß man von einem romanischen Dom mit gotischer Skulptur spricht. Zugleich drängen sich Zweifel auf, ob das Altertümliche der Bamberger Domarchitektur allein zur Abwertung berechtigt.

Um diese Baukunst aus ihren Zusammenhängen zu begreifen, wollen wir zunächst auf Funktionen und Benutzer eingehen. Der mittelalterliche Domberg war zwar das geistliche Zentrum, Sitz der politischen Macht, aber nicht Mittelpunkt städtischen Lebens; er lag nicht an wichtigen Straßen oder gar an einem Schnittpunkt, der große Domplatz hatte keine städtischen Funktionen. Erst im 18. Jahrhundert haben ihn urbanistische Überlegungen zum Endpunkt der barocken Stadtachse gemacht (s. Kap. 8). Erst damals wurden die Auffahrten geschaffen, über die man ihn heute von der Stadt aus erreicht.

An Festtagen findet man heute in den Gottesdiensten keinen Platz mehr. Vor der Säkularisation jedoch waren die Domgottesdienste nicht für die Bürger gedacht; diese hatten dafür ihre beiden Pfarrkirchen, die Obere Pfarre am Kaulberg (Kap.4), vor allem aber die alte Martinskirche, ehemals auf dem Maxplatz. Im Dom war nur auf der Nordseite des Querhauses ein kleiner Altar, vor dem sich die Bediensteten des Dombergs mit ihren Familien zum Pfarrgottesdienst sammelten.

Wie erklärt sich dann aber die Größe des Baus? Wie die Weite des auch im Mittelalter größten Platzes der Stadt? Der Dom war die Festtagspfarrkirche und Hauptwallfahrtskirche der Bamberger Diözese. Er ist so groß gedacht, weil zumindest dem Anspruch nach zu den großen Festen alle Gläubigen der Diözese in ihm Platz finden sollten. Hauptfeste waren aber nicht allein Weihnachten, Ostern, Pfingsten. Der Bamberger Diözesankalender des 13. Jahrhunderts weist fast 50 Hochfeste aus, an denen die Arbeit wenigstens vormittags ruhte. Aber nur an den Festtagen der Dompatrone und besonderen Gelegenheiten, wie z.B. einer Bischofsweihe oder dem feierlichen Einzug eines Kaisers, war der Dom das angemessene 'Empfangsgebäude'.

Im Bamberger Domordinarius, dem Regelbuch der Domliturgie, wird vermerkt, welche Hauptfeste mit einer Prozession verbunden waren, insgesamt eine erstaunlich hohe Zahl. Viele von ihnen blieben innerhalb des Dombezirks, unter Einbeziehung von Krypta, Kreuzgang und Kapitelsaal (d.h. der heutigen Nagelkapelle im Süden des Domes). Die Hauptprozessionen, die unter Anteilnahme der Bevölkerung etwa am Gründonnerstag oder an Christi Himmelfahrt durchgeführt wurden, nahmen ihren Ausgang vom Fürstenportal, zogen, wenn sie nicht durch die Stadt führten, in mehreren Windungen über den großen Domplatz, um dann durch die Gnadenpforte in den Dom zurückzukehren. Deshalb mußte der Vorplatz so großzügig angelegt sein.

Die Wallfahrt zielte auf das Grab des heiligen Stifterpaares Heinrich und Kunigunde. Es ist heute vor dem Ostchor aufgestellt. Im Mittelalter stand es mitten im Langhaus; Kirchenbänke gab es damals nicht. Die Gläubigen kamen durch die Adamspforte (an der Ostfassade das südliche Portal mit der Zickzack-Rahmung) und zogen durch fast das ganze südliche Seitenschiff, ehe sie an das durch Altäre recht verstellte Grab im Mittelschiff gelangten.

Ein besonderer Wallfahrtsanlaß waren die 'Reliquienweisungen', die nur im Abstand von einigen Jahren stattfanden. Nachdem man lange aus diesem Anlaß provisorisch ein Holzgerüst errichtet hatte, erbaute man 1508-11 eine steinerne Plattform mit Balustrade, den 'Domkranz', vor dem Ostchor. Sie ist erhalten. Unten eingebaut wurde ein Bäckerladen, in dem die Besucher sich stärken und zugleich Brot für die Armen an der Kirchentür erwerben konnten. Daß es überhaupt früher in den Kirchen anders zuging, erst recht um sie herum, erkennt man noch an Georg Arnolds Gemälden vom Dominneren (1682, im Diözesanmuseum und im Historischen Museum), auf denen wir etwa adlige Herren mit ihren Hunden flanieren sehen.

Die Zugänge von der Stadt waren bescheiden. Wer mit dem Wagen fahren wollte, mußte den Burghügel umrunden - der Weg existiert als Fußpfad noch immer -, um beim Torschuster gegenüber St. Jakob über eine Zugbrücke auf den Domberg zu gelangen. Die Fußgänger benutzten eine steile, turmbewehrte Treppe gegenüber der Ostfassade oder den bequemeren Hauptweg über den Graben auf der Südseite des Domberges, am Ebracher Hof und Kapitelshaus vorbei - auch er heute noch erhalten. Deshalb ist die Adamspforte auf die Südseite der Fassade den Hauptzugängen zunächst gelegt.

Über die Gnadenpforte im Osten und die Veitspforte im Norden kommen wir auf die beiden Hauptträger und -benutzer des Domes, das Domkapitel und den Bischof. Der Dom war zwar die Kirche des Bischofs, aber schon seit Anbeginn war ihm ein Kollegium hoher Geistlicher zur Seite gestellt, das Domkapitel. Dessen erste Aufgabe war, den Gottesdienst am Dom zu versehen. Deshalb lebten seine Mitglieder zunächst noch in mönchischer Gemeinschaft. Doch schon zum 13. Jahrhundert hin hatten sich Rolle und Aufgabe des Kapitels gewandelt. Seine Rechte wuchsen; Stück um Stück der bischöflichen Befugnisse gingen auf das Kapitel über. Das gemeinsame Gut wurde in einzelne Pfründe aufgeteilt, die Gemeinsamkeit nach und nach eingeschränkt. Im selben Maße wurde die Mitgliedschaft immer mehr dem Adel vorbehalten; der Anteil bürgerlicher Theologen und Juristen ging zurück. Der Bischof seinerseits entzog sich zunehmend den Dompflichten, las die Messe in seiner eigenen Hofkapelle. Im frühen 13. Jahrhundert aber, zum Zeitpunkt des Domneubaus, herrschte noch ein Rest von Gleichgewicht, da der Domdekan* ein Onkel des Bischofs Ekbert von Andechs-Meranien war und der Bischof einigen Einfluß hatte. Noch im selben Jahrhundert übernahm das Domkapitel die Herrschaft im Dom und über wesentliche Belange des Bistums.

Der Bischof hatte seinen Sitz in der Alten Hofhaltung, einem der ältesten profanen Steinbauten Bambergs, nach den frühesten Ansichten der Stadt (von etwa 1475) ein Bau aus dem 12. Jahrhundert. Sie wurde unter Beibehaltung von viel altem Mauerwerk nach der Mitte des 16. Jahrhunderts. umgebaut, war aber schon vorher, dem Rang des Bischofs gemäß, ein stattliches Gebäude. Auf der Südseite der Bischofskirche (oder Kathedrale von kathedra = Bischofsstuhl) lag der dem Kapitel vorbehaltene Kreuzgang samt Kapitelsaal und Kapitelhaus. Mit der Absonderung einzelner Vermögen wurden im Osten und Westen des Domes Höfe für die Domkapitulare errichtet. Vom 12. Jahrhundert an bis heute finden wir aus fast jeder Epoche Bau- und Ausstattungsteile. Die Häuser sind nicht zugänglich, aber auch von außen ein reizvolles und kostbares 'geistliches Städtchen'.

Der Bischof hatte wohl einen Zugang zum Dom über einen nicht mehr vorhandenen Brückengang im ersten Stock, nicht über die kleine Veitspforte im Nordquerhaus, die nur dem Personal diente und deshalb höchst bescheiden ist. Für feierliche zeremonielle Einzüge gab es das Fürstenportal. Das Domkapitel zog durch die Gnadenpforte ein. Vergleicht man sie mit dem Adamsportal, so erkennt man schon am größeren Ornamentreichtum den Anspruch dieser geistlichen Institution.

Man kann immer wieder lesen, die **zwei Chöre** des Domes gingen darauf zurück, daß der untergeordnete **östliche Georgenchor** dem Kapitel, der **Peterschor im Westen** dem Bischof zukämen. Doch schon ein Blick in die Chöre lehrt, daß das nicht zutreffen kann: Beide haben je ein Gestühl für das Kapitel, beide eine besonders verzierte Nische in der Mittelachse für den Bischof. Entsprechend unterrichtet uns das Domordnungsbuch, daß je nach dem zu feiernden Hochfest Bischof wie Kapitel mal im einen, mal im anderen Chor den Gottesdienst abhielten. Der Kirchentyp mit zwei Chören war im 13. Jahrhundert bereits über 500 Jahre alt. In Bamberg wurde er als Doppelkirche aufgefaßt, voneinander und vom Langhaus durch Lettner abgeriegelt, die erst im 17. Jahrhundert abgebrochen wurden. Jede dieser 'Kirchen in der Kirche' hatte eigene Patrone: Der Georgenchor war zugleich Marienkirche. Die gerade zur Entstehungszeit wachsende Marienfrömmigkeit steigerte seine Bedeutung; das drückt sich vor allem in der Ausstattung durch Skulpturen aus. Der liturgische Hauptchor aber war immer der Peterschor im Westen.

Wenn wir etwas am Mittelalter bewundern, dann seine großen Bauten. Das bewirkt schon der Respekt vor der technischen Leistung. Bei einiger Überlegung wird man zugeben, daß uns auch die architektonische Gestalt, vor allem die Licht- und Raumwirkung beeindrucken. Wir wollen dies wortlose Staunen in ein besseres Verständnis verwandeln helfen: Über die Funktionen und die Benutzer wurde schon einiges angedeutet. Leider wissen wir aber von den Baumeistern, Steinmetzen und Bildhauern so gut wie nichts. Nur einmal taucht in einer Urkunde der Name eines Meisters Wortwinus auf, ohne nähere Hinweise.

Glücklicherweise kann das Fehlen fast aller Namen und Daten durch die Bauanalyse teilweise ausgeglichen werden. Denn es gibt eine Baulogik, die aus den Erfordernissen des Materials und der Abfolge der Konstruktion, ebenso aber aus der Organisation der Baustelle und der Forderung nach Beibehaltung der Gottesdienste entsteht. Um mit dem Letzten zu beginnen: Es war undenkbar, die Gottesdienste für Jahre oder auch nur für Monate zu unterbrechen. Selbst wenn eine Kirche durch einen Großbrand verheert worden war, so mußten die Liturgie, ja die gesamten Meßpflichten aufrecht erhalten werden, notfalls in einer anderen Kirche, was jedoch immer auf große rechtliche und organisatorische Schwierigkeiten stieß; auch Nebenräume des Dombezirks konnten kaum dafür benutzt werden. Deshalb blieb als Lösung meist nur, den alten Bau wenigstens in Teilen vorläufig herzurichten. Den Neubau versuchte man dort anzufangen, wo die Liturgie am wenigsten gestört wurde; in Bamberg im Osten außerhalb des Vorgängerbaus.

Die Errichtung erfolgte in Abschnitten, die man am Mauerwerk ablesen kann: z.B. kann man leicht eine durch den Wechsel des verwendeten Steinmaterials gut sichtbare sogenannte Abschnittfuge links vom Fürstenportal erkennen. Das Mauerwerk ist abgetreppt, weil es immer auch als Widerlager für die bereits stehenden Teile mit ihren Schubkräften dienen mußte. Da die Steinmetzen die von ihnen behauenen Steine mit ihrem persönlichen Zeichen markierten (um der Abrechnung willen), kann man an den Bauabschnitten abschätzen, wie viele von ihnen wo und wie lange jeweils tätig waren, ob eine längere Bauunterbrechung stattfand, ob ein neuer Bautrupp herangezogen wurde (wie im westlichen Querhaus) usw.

Erst wurden die Seitenschiffsmauern, dann die Pfeiler errichtet. Gewölbe fügte man ein, nachdem die Stabilität durch Belastungsmassen und andere sichernde Maßnahmen gewährt war. Man konnte Raumteile auch vorläufig in Benutzung nehmen, indem man eine hölzerne Zwischendecke und Fachwerkwände einzog und darüber bzw. daneben weiterarbeitete. Die alten Domsteine lassen vieles von den Bauvorgängen wieder lebendig werden, was verborgen schien. So kann man alte und neue Quader gut unterscheiden, schon an den unterschiedlichen Werkzeugspuren. Sorgfältig wählte man aus den Brüchen der Region die Steinsorten je nach den Aufgaben, eine gröbere für die Fundamente als für das aufgehende Mauerwerk, eine einheitlichere für die Außenmauern als für das Innere, wo man noch eine Farbfassung auftrug (altrosa, grau und weiß). Das feinkörnigste Material war dem Bauschmuck und den Skulpturen vorbehalten. Die gröberen Steine konnte man aus Brüchen in unmittelbarer Nähe des Domes gewinnen, feinere Blöcke besorgte man sich an so weit entfernten Orten wie Zeil am Main.

Die heute verbreitete Meinung, Stein sei kalt und tot, Holz hingegen warm und lebendig, hat man früher nicht geteilt. Gute Steinbrüche galten als ebenso großer Schatz wie ein Bergwerk. Man kannte sich aus in der Vielfalt der Steine einer Region, studierte und nutzte ihre Eigenschaften. Ihre Bearbeitung geschah mit einer Vielzahl unterschiedlicher Werkzeuge unter größter Sorgfalt und galt als hohe Kunst. Die Gefühllosigkeit, mit der heute Steine maschinell überschliffen oder alte Fugen und Zangenlöcher mit Ersatzmasse ausgestopft werden, hätte Empörung ausgelöst. Wie heute renoviert, d.h. der Anschein der Neuheit erweckt wird, statt den alten Bauten die Spuren ihres Alters zu erhalten, offenbart zunächst die Unfähigkeit, Altern als Teil der Lebenswirklichkeit anzuerkennen. Letztlich aber ist es eine brutale Anpassung aller Dinge an die Normen unserer Zeit, und da ist Alter gleich Schmutz; nur was 'rein' ist, zählt, weil es sich kommerziell verwerten läßt. Heute neu gefertigte Sandsteinplatten aber sehen so aus, als wären sie Beton (Beispiel: der grüne Neubau an der Unteren Rathausbrücke). Dann mag man sie in der Tat nicht mehr wie der große Barockbaumeister Balthasar Neumann 'zart und schön' nennen. Die Entfremdung gegenüber dem Material Stein zeigen auch die seit hundert Jahren immer wieder auftauchenden Überlegungen, den Domplatz zu begrünen oder Bäume im Dombereich zu pflanzen; dies steht im völligen Widerspruch zu den Absichten der alten Baumeister.

Die Steinmetzen standen unter Anleitung eines Architekten und unter der Aufsicht des Domkapitels bzw. des von ihm bestellten Aufsehers. Größere Maßnahmen und Veränderungen geschahen nur nach Rücksprache. Gebaut wurde vom Frühjahr bis Anfang November. Im Winter hatte man Zeit für die Beschaffung und den Antransport von Materialien, arbeitete Schablonen für die Fertigung der Profile usw. Vielleicht hatte man auch schon die französische Neuerung der beheizbaren Hütte eingeführt, die später den Namen für die mittelalterliche Kirchenbauorganisation abgab; dann hätte man im Winter schon Steine auf Vorrat bearbeiten können. In Bamberg hat man während der gut 20jährigen Bauzeit des Domes jedenfalls fast jeden Winter neu geplant und abgeändert. Der Dom wirkt einheitlich, aber bei genauem Hinsehen entdeckt man ein Kapitell, das nichts trägt oder überflüssige Wanddienste (so im Ostchor), zugemauerte Fenster (außen), überhaupt viele kleine Unregelmäßigkeiten.

Einer der Gründe für diese häufigen Wechsel könnte sein, daß man durch wandernde Steinmetzen über Neuerungen an den vielen anderen Großbaustellen unterrichtet wurde. Einige Bamberger Steinmetzen waren in Straßburg und in Frankreich (s. Kap.3). Sie haben davon Andenken hinterlassen: So ziert z.B. den Baldachin über Maria im nordöstlichen Chorseitenschiff ein Türmchen, das den Querhausturm der Kathe-

Dom. Blick nach Westen

drale von Laon in der nordfranzösischen Picardie wiedergibt. Doch darf man den Einfluß der Bauleute nicht zu hoch einschätzen. Im allgemeinen ließ sich der Bamberger Klerus von den einmal gefaßten Ideen - und das heißt vor allem von dem Modellcharakter des Heinrichsdomes - kaum abbringen; er schwankte nur immer wieder, ob er sich genau oder modernisierend an das alte Vorbild anschließen sollte. Entsprechend wechselten die Direktiven, manchmal wohl jedes Jahr. Insgesamt zeigen die Langhausmauern Spitzbögen oder zeitgenössische Kapitellformen. Hingegen besagt der Verzicht auf Triforien, auf gotisches Fenstermaßwerk oder auf reichere Gliederung der Dienste, ebenso wie die Betonung der Mauerschwere und -dicke, daß man im Wesentlichen der Architektur nicht modern sein wollte. Das gleiche gilt für die Verwendung der Gewölbekalotte über der Ostapsis oder der Zusammenfassung von je zwei Arkaden unter einem Mittelschiffsjoch. Beim Vergleich der älteren Ost- mit den jüngeren Westtürmen zeigt sich jedoch, daß man sich außen größere Freiheiten erlaubte und die Lektion aus Laon anwenden konnte, ohne doch so genau zu kopieren wie in dem Baldachintürmchen. Eher ließ man sich von dem Zisterzienserkloster Ebrach beeindrucken, das damals an der Ostgrenze der Nachbardiözese Würzburg im Steigerwald einen Kirchenbau errichtete, der an Größe und Ansehen mit dem Dom konkurrieren konnte.

Eine wichtige Ausnahme ist jedoch auch innen zu bemerken: Der Peterschor erscheint gotischer als der Georgenchor, in den Einzelformen wie im Ganzen: Er ist steiler, besser durchlichtet und durchgliedert, zierlicher. Warum die Ausnahme? Der Wandel von der Romanik zur Gotik ist damals nicht einfach als Stilwechsel, gar nur als Modewandel verstanden worden. Die französischen Baumeister hatten in den Augen Europas eine Bauweise erfunden, die zierlicher war und mehr Licht hereinließ; sie war technisch fortschrittlicher und ökonomischer im Aufwand und den Kosten. Die Steigerung der Lichtfülle war aus Überlegungen entstanden, wie man das Sanktuarium, d.h. den Standort des Hochaltars, in seiner Erscheinung steigern, den Eindruck auf das Volk erhöhen konnte. Deshalb erschien die neue Gotik den Zeitgenossen als die sakralere Bauweise; und dem konnte oder wollte man sich auch in Bamberg nicht entziehen, zumal man dem Peterschor größeres Ansehen geben wollte, um seinen höheren Rang gegenüber dem Ostchor sichtbar zu machen.

Daß Architektur eine bildende, ja eine 'expressive' Kunst sein kann, müssen wir erst wieder lernen. Ebenso, daß sie etwas 'abbilden' oder symbolisch bedeuten kann. In der kirchlichen Theorie verweist auch heute noch jedes Kirchengebäude auf das in der Apokalypse des Johannes geschaute Himmlische Jerusalem. Ein Unterschied besteht jedoch zwischen den Epochen (und den einzelnen Kirchen), nämlich wie weit versucht wurde, diese Bedeutung auch anschaulich zu machen. Die Vieltürmigkeit der Domkirche ist, wie schon im 1. Kap. gesat, eine Verdeutlichung der vieltürmigen Himmelsstadt; die gotischen Architekten jedoch machten auch den Versuch, die Beschreibung der Stadt aus Gold mit ihren durchsichtigen Mauern aus Edelsteinen umzusetzen. Umso bedauerlicher ist, daß die alten Glasfenster des Domes, die zusammen mit der Farbfassung diesen Eindruck erst verwirklichten, in der Folgezeit zerstört wurden.

Auch die **Ausstattung** ist bis auf Weniges, wie einige Bischofsgräber und Teile der alten Chorgestühle des 14. Jahrhunderts, verschwunden. Doch an diesen Resten läßt sich immerhin einiges ablesen: so unterstreicht z.B. der Vergleich zwischen dem östlichen und dem westlichen Chorgestühl den Gedanken der Rangabstufung. Auch der architektonische Bauschmuck ist weitgehend erhalten, die beabsichtigte Aussage noch erkennbar: Hierbei wird zwischen Innen und Außen, also zwischen dem Betrachter, der zum Dom kommt, und dem, der an den Gottesdiensten teilnimmt, bewußt unterschieden. Von außen ist die Fassade des östlichen Georgenchores die Hauptseite, reich verziert mit Rundbogen- und Schachbrettfriesen, mit Zierkugeln in den Fenstergewänden und Blattgesimsen. Denn sie zeigt sich vor allem den von der Stadt Hochsteigenden. Im Inneren aber ist die Rangfolge umgedreht: Die reichere und feinere Gliederung, auch die in Resten erhaltene Bemalung, geben dem Peterschor die würdigere Erscheinung.

Die Domarchitektur ist jedoch nicht nur Abbild des Himmels, sondern dient auch der Bannung böser Mächte. An einzelnen Gewölben des Langhauses sind gemalte Fratzen mit herausgestreckter Zunge erhalten: Sie stellen Dämonen dar und sollen Dämonen abwehren, indem sie selbst als unterdrückt und eingezwängt, zur Machtlosigkeit verurteilt dargestellt sind. Ähnlich sind auch die vielen grotesken Masken an Wasserspeiern und anderen Teilen des Außenbaus zu verstehen. Jeder Dombau war für die Bevölkerung früherer Zeiten in sich etwas so Außerordentliches, daß sich immer wieder vielerlei Sagen und abergläubische Praktiken an ihn hefteten.

Die Gestalt eines Domes war für das Bistum, oft noch darüber hinaus, Vorbild und Maßstab; nicht ohne Grund sprechen alte Quellen immer wieder von der Mutterkirche oder 'matrix'. Es lag, anders als heute, nicht im Belieben der Bauherren und Baumeister einer Region, das Vorbild des Domes zu befolgen oder es bleiben zu lassen. Der Dom wirkte als prägender Typus. Man baute also im zugehörigen Franken damals nicht 'rückschrittlicher', weil man provinzieller gewesen wäre als etwa in Hessen, wo u.a. in den letzten Jahren des Bamberger Dombaus die Marburger Elisabethkirche in modernsten gotischen Formen errichtet wurde, sondern weil man sich auf das heilige Gründerpaar der Diözese und deren Architektur bezog; durch die Leitfunktion des Bamberger Doms wurde etwas von dem ottonisch-archaischen Charakter des Heinrichsdomes an andere Kirchen der Bamberger Diözese weitergegeben. Ein lehrreiches Beispiel ist die **Sebalduskirche in Nürnberg**, die älteste und ehrwürdigste Pfarrkirche der schon damals modernen und aufstrebenden Stadt: Die Doppelchörigkeit, die Schwere der Mauerbildung, die Kopie des Fürstenportals und eine Reihe architektonischer Eigenheiten des Bamberger Domes lassen erkennen, daß wir uns in seinem Diözesangebiet befinden.

Aber ein derartiger Domneubau konnte Orientierung selbst noch in **Naumburg** bieten, wo man an den Domtürmen und einigen anderen Eigenheiten ablesen kann, daß man Bamberger Formen studiert hatte.

Hierbei ist bezeichnend, daß man sich in Naumburg, wo man ja eigene Diözesantraditionen hatte, nicht an den altertümlichen, sondern den modernen Formen Bambergs ausrichtete. Und ähnlich geschah es in der Diözese Bamberg selbst: In einer so innovativen Epoche wie der Gotik konnte man auf die Dauer nicht entgegen den allgemeinen Anschauungen auf altertümlichen lokalen Urbildern beharren; dazu war der Einfluß des Bistums zu gering. Folglich blieb die Wirkung dieser rückwärts gewandten Bauweise schon in ihrer Entstehungszeit viel geringer als die der innovativen Skulptur am selben Dom. Und folglich verlor sich die Vorbildwirkung des Dombaus innerhalb des nächsten Jahrhunderts (s. Kap. 4), sogar in der Stadt selbst.

Zum heutigen Landkreis Bamberg gehört das Zisterzienserkloster **Ebrach**,

Nürnberg. St. Sebald, Westchor

dessen bedeutender Neubau aus dem 13. Jahrhundert. im späten 18. Jahrhundert fast vollständig frühklassizistisch überformt wurde. Doch gehörte Ebrach immer zur Diözese Würzburg. Die Würzburger Fürstbischöfe ließen in dieser Abtei bis zum 16. Jahrhundert ihre Herzen bestatten. Daß Ebracher Werkleute am Querhaus des Bamberger Domes gearbeitet haben, kann kaum als Grund für die Behandlung dieses Baus angesehen werden. Auch waren die Zisterzienser des 13. Jahrhunderts in Deutschland sehr eigenständig und schlossen sich nur noch selten den Gebräuchen der jeweiligen Diözese an. Ähnliches gilt für die jüngeren Bauteile des von Bamberg aus gegründeten Zisterzienserklosters Heilsbronn.

Außer dem Langhaus und den Westteilen der **Sebalduskirche in Nürnberg** sind keine größeren Baukomplexe aus dem 13. Jahrhudert bzw. der Nachfolge des Bamberger Domes erhalten. Die Sebalduskirche ist aber insofern ein interessanter Bau, weil sich an ihm der Prozeß der Absetzung der Freien Reichsstadt Nürnberg von der Diözesanhauptstadt ablesen läßt: Im 13. Jahrhundert noch nach Bamberg orientiert, erfolgt schon am selben Bau im 14. Jahrhundert der Umschlag; bald kopierte man in Bamberg Nürnberger Erfindungen wie das Brautportal von St. Sebald in der Oberen Pfarrkirche in Bamberg (s. Kap.4). Es kam zu einem gleichberechtigten Austausch von Ideen beider Zentren.

Einzelne Bauteile und Raumelemente dieser Zeit in Bamberg sind: Die Untergeschoß des Turmes von **St. Jakob** sowie Partien des Ostbaus; Teile des Westbaus und der Krypta von **St. Theodor** (heute Karmelitenkirche) auf dem Kaulberg; Teile des Querhauses der **Martinskirche in Forchheim**. Zu erwähnen ist noch das Portal der Pfarrkirche in **Pegnitz-Bronn**, eine Abwandlung des Adamsportals am Dom.

Portal der Pfarrkirche Bronn

Dom. Fürstenportal im ursprünglichen Zustand (vor 1937)

Künstlerische Revolution

Die Bamberger Domskulptur 1215–1235

In Oberfranken war Skulptur um 1200 etwas Neues und Fremdes. Heute ist uns Skulptur wieder fremd geworden, weil die Wahrnehmung verändert ist: Unser Sinn für das Plastische, unser Tastgefühl, unsere Wahrnehmungsfähigkeit für den körperlichen Ausdruck sind verkümmert. Wir sind gewohnt, in schneller Folge Bildsignale aufzunehmen, was die Aufmerksamkeit und Aufnahmefähigkeit für das Einzelbild, erst recht die einzelne Figur, vermindert. Wir müssen uns erst planvoll die Muße nehmen, eine Statue ruhig anzuschauen, die Vielfalt ihrer Aussage in der langsamen Bewegung um sie herum prüfend zu erfassen. Die Voraussetzungen, das Herausragendste, was Bamberg an Kunst zeigt, zu erfahren, sind also nicht selbstverständlich gegeben. Man muß sich schon Mühe geben. Aber es lohnt.

Warum war diese Skulptur in ihrer Entstehungszeit so fremd? Skulptur war die Kunstgattung schlechthin der antiken Kulturen zwischen Ägypten und Rom. Das Judentum aber lehnte Bilder, vor allem das dreidimensionale Abbild ab. Aus Widerspruch gegen die heidnische Antike und aus jüdischer Tradition verhielt sich auch das frühe Christentum reserviert. Hinzu kam, daß den 'barbarischen' Völkern des Nordens das Bild, vor allem das dreidimensionale, unbekannt war, und zwar noch, als sie längst christianisiert waren. In allen Kunstlandschaften jenseits des römischen Limes kam Großskulptur erst spät in Gebrauch - Franken gehört dazu. Hinter der Erneuerung der Skulptur stand die Erneuerung der Antike, auch wenn uns die Werke auf den ersten Blick in nichts an klassische Skulptur erinnern.

Zwar hatte man in Bamberg schon in ottonischer Zeit Kleinskulptur. Aber diese war Schatzkunst für den Klerus. Die Werke konnten großes Format haben wie der elfenbeinerne Kruzifixus des frühen 12. Jahrhunderts. im Diözesanmuseum. Entscheidend ist, daß man keine für die Öffentlichkeit bestimmten Bildwerke schuf. Die Grabtumba des heiligen Kaiserpaares oder der bedeutenden Bischöfe Bambergs waren nicht mit Bildwerken verziert. Es gab keine romanischen Portalskulpturen.

Die Bildhauerei mußte gleichsam neu erfunden werden. Dies ist den ältesten Figuren des Bamberger Domes (um 1215/20) anzumerken: Im südlichen Seitenschiff des Ost-

Dom. Apostelrelief (Petrus und Andreas)

chores, dort, wo die von der Stadt kommenden Besucher durch das Adamsportal den Dom betraten, findet sich eine Folge von 6 großen Reliefplatten mit den paarweise angeordneten **12 Aposteln**; in der Mitte zur Linken der an seinen Schlüsseln kenntliche Petrus als Anführer. Alle diese Reliefs waren prunkvoll bemalt, mit vergoldeten Säumen, Seidenbrokatmustern, entsprechend der byzantinisierenden Hofkleidung, die sie z.T. tragen. Für unsere Auffassung sind einige Dinge an diesen Figuren 'verrückt': Ihre Füße sind auseinandergeklappt, was auf uns komisch wirkt; einige Beine erscheinen wie an die Körper angeschraubt; Falten treten als eigenständige Gebilde aus dem Gewand heraus, sie ähneln einem Schlauch oder einer Glocke. Wir können kaum davon ausgehen, man habe damals Gewänder so getragen oder so gesehen - es sind Darstellungsformeln der Malerei; sie war der Ausgangspunkt der neu zu schaffenden Plastik.

Absurd wird dies in einem Motiv des mittleren Apostelpaares der linken Reihe: der Oberschenkel wird von Faltenformen verziert, die aus einer Reihe umgedrehter V-Formen gebildet sind. Man würde sie für ein Ornament des Stoffes halten wollen. Doch weiß man aus der Malerei, daß es sich nur um ein altes Verfahren handelt, räumlich verlaufende Gewandfalten ins Zweidimensionale zu projizieren. Es wirkt paradox, daß man in der neuen Bamberger Skulptur alte Formeln der Flächigkeit dreidimensional dehnt, statt von der körperlichen Erfahrung der Dinge selbst auszugehen. Aber die Bildhauer waren sich noch nicht der Möglichkeiten der eigenen Gattung bewußt, sondern gingen vom gemalten Bild aus. Dies ist im übrigen eine Bestätigung des alten Satzes, daß Kunst von Kunst komme, nicht von Natur. Keinesfalls handelt es sich um Kunst minderer Qualität. Was ihr an körperlicher Erfahrung fehlt, wird durch die kunstvolle Rhythmik der Faltenkadenzen ausgeglichen: Diese Figuren sind viel mehr durch die Kaskaden ihrer Gewandsäume miteinander verbunden als durch ihre Bewegungen und Gebärden - eine merkwürdige, der Vorstellung vom selbständig handelnden Menschen fremde Auffassung. Seit einigen Jahrzehnten stehen im südlichen Seitenschiff neben diesen Reliefs die Statuen der Personifikationen von Ecclesia (Kirche) und Synagoge (Judentum) vom Fürstenportal. Sie sind vielleicht zehn Jahre jünger als die Apostelplatten. Aber welch ein Unterschied! Man sieht unter dem dünnen Seidenhemd der Synagoge so genau den Körper dieser Frau, daß man behaupten müßte, der Bildhauer habe wie ein Renaissancekünstler nach dem Aktmodell gearbeitet – wüßte man nicht, daß es das im 13. Jahrhundert keinesfalls gegeben hat. Die unterschiedliche Muskelanspannung des belasteten und des frei spielenden Oberschenkels sind gut beobachtet, die Kniescheiben genau wiedergespiegelt. Die Gestaltung von Unterleib und Brüsten entspricht dem damaligen Ideal einer schönen Frau. Alles ist 'richtig' dargestellt – für uns eine banale Aussage; damals aber war das eine Revolution – der Blick auf den Petrus der Chorschranken beweist, daß hier in Bamberg binnen weniger Jahre eine Umkehrung der Werte stattfand. Die Künstler strebten nach Neuem.

Hier beginnt, was wir Kunst im neuzeitlichen Sinne nennen. Sie ist dennoch von modernen Auffassungen weit entfernt. Die dem Künstler gestellte Aufgabe war, der siegesgewissen Festigkeit der Kirche den Machtverlust bzw. die Ohnmacht des Judentums gegenüberzustellen. Auf den niedrigen Standpunkt des Betrachters nahm er Rücksicht; auch bedachte er, daß dieser, wenn er vor das Portal trat, die Statuen kaum frontal betrachten könnte und würde, wie es eigentlich die geltende bildhauerische Norm erwartete, die alle Statuen auf eine Hauptansicht festlegte. Die Ohnmacht der Synagoge wird durch ihr gebrochenes Herrschaftsinstrument verdeutlicht. Dessen Brechung ist aber nur aus der Schrägsicht klar zu erkennen; ebenso die Figur als Ganze. Der Künstler hat die Ohnmacht so aufgefaßt, daß er die Synagoge haltlos erscheinen läßt, indem sie sich um ihre eigene Achse dreht. Um dies darzustellen, benutzt er das Gewand: Er hat es spiralig um die Figur geführt, am deutlichsten sichtbar aus der Schrägansicht. Es ist ein Kennzeichen der Kunstepoche, die wir Gotik nennen, das Gewand als eigentliches Gestaltungsmittel einzuführen, wo mit den Mitteln der Körpergestaltung die Komposition nicht eindeutig und der Ausdruck nicht eindringlich genug wurden. Die Binde um die Augen, die die Blindheit der Synagoge signalisiert, wie die aus der Hand gleitenden Gebotsstafeln die Ablösung des mosaischen Gesetzes, sind eher konventionelle Zeichen für die einfacheren Gemüter, welche die in der neuen Kunst bildnerisch gestalteten Aussagen nicht verstehen.

Dom. Synagoge

Neu ist, daß der Künstler seine bildnerischen Mittel bewußt einsetzt. Bei der Ecclesia z.B. geht er anders vor, wie ein Vergleich der Haltungen, der Gewänder samt der Schmuckstücke sowie der Physiognomien belegt. Auf diese Weise kann er zwei - in unserer Definition - abstrakte Begriffspersonifikationen als lebendige Charaktere anschaulich machen. Diese Bewußtheit der Gestaltung setzt künstlerische Freiheit voraus. Nur scheinbar paradox ist es, daß der Bildhauer diese neue Freiheit dazu nutzt, seinen Auftrag insgeheim zu unterlaufen: Die Kirche sollte er feiern, die Synagoge verdammenswert erscheinen lassen; er aber sorgte sich um die Gefallene und Verdammte, stellte sie als Schönheit dar, die all unsere Anteilnahme verdient, wogegen er der Herrschenden einen eisigen Zug gab, der Annäherung verhindert.

Was hat diesen Wandel bewirkt? Die Kenntnis der französischen Neuerungen allein kann es nicht gewesen sein, da sich die jüngeren Bildhauer in ihren Bilderfindungen wie ihrer Gestaltung von der Skulptur in Reims oder Paris in manchen Punkten erheblich unterscheiden.

Zur Beantwortung der Frage müssen wir die älteren Skulpturen genauer in Augenschein nehmen. Sie

Dom. Jonasrelief

sind in sich nicht einheitlich. Im Gegenteil: Wenn man die Apostelreliefs im Süden mit denen der Propheten im Norden vergleicht, bemerkt man, daß zwar jeweils drei Reliefs gemeinsam konzipiert sind, jede Platte von der benachbarten aber in einigen Punkten abweicht. Denn nicht allein die Malerei diente als Vorbild; auch Goldschmiedekunst, Elfenbeinschnitzerei und Bronzewerke. Maasländische Vorbilder (westlichstes Apostelpaar) sind ebenso zu bemerken wie antike (westlichstes Prophetenpaar). Man experimentierte also in der Bamberger Domskulptur von Anfang an. Bereitschaft zur Veränderung, beinahe Wankelmut kennzeichnete ja auch die Baukampagnen. Im Gegensatz aber zur Architektur waren die Steinmetzen-Bildhauer derselben Hütte von Anfang an auf Innovation aus, und das doch wohl im Einverständnis derselben Auftraggeber, die eine so rückwärtsgewandte Architektur wünschten.

Die Bildhauer orientierten sich nicht nur in viele Richtungen. Sie gestalteten auch die Themen selbständig denkend. Vergleicht man z.B. die Propheten mit den Aposteln, so erkennt man bewußte Unterschiede zwischen den eher repräsentativ auftretenden Aposteln, die einander die 12 Sätze des Glaubensbekennt-

Dom. Tympanon des Gnadenportals

nisses aufsagen (sie waren ursprünglich auf den Spruchbändern zu lesen), und den von visionärem Geist erfüllten Propheten. Besonders eindrucksvoll ist Jonas, der Kahlkopf. Die Gewandfalten schlingen sich und wirbeln um ihn herum, als wäre das Pathos seiner Bußpredigt in sie gefahren; so eigenwillige Formen finden sich kaum irgendwo in der Skulptur dieser Zeit. Erst im 20. Jahrhundert hatte man wieder Sinn für derart abstrakt-expressive Gebilde.

Die älteren Bildhauer vermochten dabei durchaus auch die Wünsche ihrer Auftraggeber umzusetzen: In deren Augen war die erste Hauptaufgabe der Domausstattung die Gestaltung des **Gnadenportals**. Es ist gleichsam eine gemeißelte Stiftungsurkunde. Wir sehen die Muttergottes umgeben von den Dompatronen, in der linken Ecke Bischof Ekbert, Graf von Andechs-Meranien, den einen Bauherrn, in der rechten den anderen, Dompropst Poppo von Andechs-Meranien, seinen Onkel. Zu Füßen der Muttergottes kniet ein mit dem Zeichen der Kreuzfahrer versehener Mann, wohl Graf Otto von Andechs-Meranien, der 1217 auf den 5. Kreuzzug zog. Befehdeten sich damals zumeist an den Domen Bischof, Kapitel und adelige Vögte, so zeigen sie sich in Bamberg zu dieser Zeit einig, offenbar weil sie aus einer Familie stammten. Zumindest wird dies an dem Portal so dargestellt.

Hier zeichnet sich ab, welche Rolle das hochadelige Geschlecht der Andechs-Meranier in diesem Land spielte, ehe es 1248 ausstarb. Wir verdanken ihm die Gründung von so weit auseinander liegenden Städten wie Bayreuth und Innsbruck. An Macht und Ansehen stand es den kaiserlichen Staufern kaum nach. Es beanspruchte königliche Rechte, weil ungarisches Königsblut in seinen Adern floß. Außerdem war damals eine Schwester des Bischofs Ekbert Königin von Ungarn; ihre Tochter ist die 1235 heiliggesprochene, hochberühmte Elisabeth von Thüringen. Ein Bruder Ekberts war zuerst ungarischer Patriarch, bevor er auf den Patriarchenstuhl von Aquileja im norditalienisch-ungarischen Grenzgebiet gelangte. Eine weitere Schwester Ekberts ist die polnisch-schlesische Piastenherzogin Hedwig, auch sie eine berühmte heilige Prinzessin und Klostergründerin dieser Zeit, deren Sohn im Kampf gegen die Mongolen fiel. Nicht übergangen werden soll die Schwester Agnes, die in nicht legitimierter Ehe dem großen französischen König Philipp Augustus verbunden war.

Die Geschicke dieser Familie sind nicht im einzelnen zu erzählen. Verbindung zu Kaisern (wie Friedrich II.) und Königen kennzeichnen sie ebenso wie die Tatsache, zwei der größten heiligen Frauen dieser Zeit hervorgebracht zu haben. Machthunger, Frömmigkeit und

Mäzenatentum waren kaum miteinander zu vereinigen; ansatzweise gelang es dieser Familie damals doch, aber es gelang nicht ohne Erschütterungen und Krisen. Davon berichten überdeutlich die beiden im Abstand von vielleicht zehn Jahren gemeisselten Tympana des Gnaden- und des Fürstenportals.

Am Gnadenportal fällt die Strenge der Anordnung auf: Alle Heiligen stehen auf einem mehrfach gestuften Treppchen, die Lebenden davor oder seitlich davon. Zuoberst und auf dem am weitesten auskragenden Sockel die Muttergottes, sitzend größer als ihre stehenden Begleiter, als einzige frontal. In der Ehrenposition zu ihrer Rechten Petrus, leibesmächtiger als der ihm untergeordnete Dompatron Georg, aber auch als der auf gleicher Stufe stehende Heinrich. Schon die Exaktheit, wie hier jeweils der (von Maria aus) rechte dem linken Heiligen übergeordnet wurde, erst recht aber der obere dem unteren, wirkt wie von einem kirchlichen Zeremonienmeister erdacht. Das Tympanon ist eine Selbstdarstellung kirchlicher Hierarchie, in sich perfekt, aber für Außenstehende unzugänglich. Durch die farbige Fassung, von der noch reichliche Spuren geblieben sind, war die Aufmerksamkeit noch stärker auf dies Bild gezogen, das somit die Ostfassade beherrschte, ehe später das Adamsportal mit Figuren ausgestattet wurde.

Das **Fürstenportal** ist von der älteren Werkstatt begonnen worden. Von ihr stammt das ganze linke und

Dom. Tympanon des Fürstenportals

ein Teil des rechten Gewändes. Sie war auch beim Tympanon ans Werk gegangen; an der Marienfigur zu Füßen Christi ist noch die eigentümliche ältere Faltenbildung zu sehen. Wir können das ursprüngliche Programm erkennen. Der Hauptgedanke war ein historischer: unten die zwei Zeitalter, das des Alten und Neuen Testamentes, dargestellt durch die Apostel auf den Schultern der Propheten; damit wird sowohl die Verbindung von Judentum und Kirche wie die Überlegenheit der christlichen Offenbarung verdeutlicht. Darüber sollte das dritte und letzte Zeitalter sichtbar werden, das mit der Wiederkehr Christi am Jüngsten Tage eingeleitet wird.

Die jüngeren Bildhauer, die diese Aufgabe übernahmen, haben, sicher in Absprache mit denselben Auftraggebern, die wir vom Gnadenportal kennen, das Programm geändert. Wo zuvor neben der Fürbittgruppe (Maria und Johannes vor Christus) wohl nur die Engel mit den Passionsinstrumenten geplant waren, wurden nun die Heranführung der Seligen und - noch drastischer - die Abführung der Verdammten dargestellt. Außerdem stellte man vor die Archivolten einen zum Gericht blasenden Engel sowie Abraham mit den Seligen im Schoß, beide jetzt im Inneren der Kirche neben Ecclesia und Synagoge, die ehemals das Portal auf vorgesetzten Säulen rahmten. Das Wort 'Programmänderung' besagt jedoch nur unvollkommen, was hier wirklich getan wurde. Die im Gnadenportal so sorgfältig inszenierte Hierarchie ist durcheinandergeworfen; die Bösen sind größer als Johannes der Täufer! Vor allem: Vornan steht ein Papst, hinter ihm ein Bischof. Unter den Seligen aber ist kein Geistlicher. Die Figuren des Gnadenportaltympanons bestimmte ein gefaßtes, repräsentatives Stehen ohne emotionale Anteilnahme. Die Menschen des Jüngsten Gerichts aber sind bewegt vor Freude, oder sie krümmen sich vor Verzweiflung, schreien ihren Schmerz heraus. Das größere Verständnis von Körper und Physiognomie, der ganze künstlerische Fortschritt kommt also innerhalb der Bamberger Skulptur nicht in einem 'Entwicklungsprozeß' zustande, sondern diese Mittel werden eingeführt, um die Aussage zu steigern. Nicht Distanz zum Betrachter und seiner Erfahrung wird angestrebt, im Gegenteil: Der neue Stil appelliert an seine Gefühle, seine Probleme. Deshalb schauen so viele der Seligen und Verdammten auf den Betrachter, sprechen ihn gleichsam an - unter den Verdammten vor allem der Wucherer mit dem Geldsack sowie der König. Dieser macht auffälligerweise eine Malefizgebärde gegen den Teufel, die ihm doch nichts nützen wird; doch hatte eine derartige Zeichensprache aus der Alltagswelt bislang noch nie Eingang in die hohe Kunst gefunden. Das Gnadenportaltympanon entstand etwa 1217, das des Fürstenportals spätestens um 1227-30. Aus der Geschichte wissen wir, daß sich seit etwa 1220 die franziskanische Armuts- und Bußbewegung schnell nördlich der Alpen ausbreitete (Ekberts Nichte, Elisabeth von Thüringen, gehörte ihr an); daß die Ketzerei der Albigenser oder Katharer immer mehr Köpfe 'verwirrte'; daß sich die Konflikte zwischen Papst und Kaiser abzuzeichnen begannen. Umwälzungen waren im Gange. Auf eine von ihnen, die nicht mit besonderen Daten verbunden ist, reagiert das Portal sichtbar: die allmähliche Zunahme der Geldwirtschaft, u.a. die Ablösung der Naturalabgaben durch Geldzahlungen, deshalb die Notwendigkeit, Kreditgeber zu finden. Dies waren neben den oberitalienischen Bankiers vor allem die Juden. An der Säule rechts des Portals, auf der ehemals die Synagoge stand, kann man trotz der schlechten Erhaltung entziffern, wie ein Jude geblendet wird. Gemeint ist damit zwar die Blindheit der Synagoge, aber im Vergleich zu der symbolisch-allegorisch distanzierten Darstellung der vier Evangelistensymbole und eines Propheten an der Säule der Ecclesia gegenüber ist die Realistik überdeutlich. Bezeichnenderweise waren 1215 auf dem Laterankonzil die ersten Juden diskrimierenden Bestimmungen erlassen worden. Bußgesinnung und Ableitung der Agressionen auf Sündenböcke - die Vielfalt der Zeitprobleme hat dies Tympanon bestimmt.

Dom. Reiter

In einer Region, für die öffentlich sichtbare Bildwerke neu waren, und in einer Zeit derartiger Umwälzungen verwundert nicht, wenn die Bamberger Skulpturen in so Vielem außerordentlich und ungewöhnlich sind. Die wohl herausragendste dieser Merkwürdigkeiten ist die Figur des **Reiters**. Heute steht sie am Eingang des Georgenchores; doch ist sie wohl kaum für diesen Platz gedacht: Nach neueren Forschungen nahm seine Stelle bis zum 15. Jahrhundert eine andere Figur ein. Der

Reiter steht so auch zu hoch. Wer ist dargestellt? Generationen von Forschern haben sich den Kopf darüber zerbrochen. Die absurdesten Hypothesen wurden aufgestellt. Immer wieder werden neue fabriziert. Da der Reiter anscheinend namenlos ist, konnte ihn die nationalsozialistische Propaganda zum 'Deutschen Ritter' oder zum 'nordischen Menschen schlechthin' machen, markig den Blick gen Osten gerichtet (tatsächlich schaut er nach Südwesten), zum Symbol der Ostkolonisation und dergleichen mehr. Die braune Erblast ist der Figur kaum zu nehmen.

Umso größere Sorgfalt ist Gebot. Genau genommen ist er keine Freistatue wie sein Gegenstück vom Magdeburger Marktplatz. Er ist ein technisch sonderbar aus über zehn Blöcken und Stücken zusammengesetztes Relief. Diese Technik hat sein Bildhauer in der Reimser Kathedralbauhütte gelernt. Dort steht auch am Nordquerhaus die ihm verwandteste Figur, die einen der Könige von Juda aus der Genealogie Christi darstellt.

Ursprünglich war der Bamberger Reiter farbig gefaßt, das Pferd ein Rotfuchs auf grüner Konsole, der Mantel blau, die Metallteile wie Krone, Gürtel und Sporen golden, dazu Inkarnat, gemalte Augen usw. (Unser Titelbild ist ein erster Versuch einer Farbrekonstruktion.) Nach dem damaligen Wuchs von Menschen und Pferden handelt es sich um eine Darstellung in natürlicher Größe. Da die Bemalung lebensecht war, ergab sich eine täuschende Wirkung wie im Wachsfigurenkabinett.

Ursprünglich hatte der König die aus Stuck gefertigten Zügel mit der Linken straff gespannt. Die Dübel zu deren Befestigung sind noch zu sehen, der Verlauf ist somit nachweisbar. Das heißt, daß dieser Reiter sein Pferd zum Stehen gebracht hatte. Vielleicht steht die Intensität des Blickes damit thematisch in Verbindung.

In einer sinnvoll erscheinenden Interpretation wurde das auf Kaiser Konstantin bezogen, der in einer Vision das Zeichen des Kreuzes erblickte. Dem stehen jedoch zwei Argumente entgegen: Der Reiter trägt nur eine Königs-, keine Kaiserkrone (mit einem Bügel); und er hatte ehemals ein rotbraunes Pferd, während dem Kaiser ein Schimmel zusteht. Das Fehlen der Kaiserkrone, die Heinrich II. am Adamsportal ebenso trägt wie seine Gemahlin Kunigunde, ist ein entscheidendes negatives Argument: es erledigt alle Benennungen als Kaiser, ob Endzeitkaiser, Friedrich I. oder II.

Bleibt als Deutung nur ein König. Auch hier kann man einschränken: Nach allen damaligen Bräuchen ist im Inneren einer Kirche (außer bei Gräbern) nur die Darstellung eines Heiligen denkbar; dafür spricht auch, daß der Reiter nicht mit Herrschaftszeichen ausgestattet ist. Gegen die Deutung als einen der Heiligen Drei Könige, die ja als Erschauer des Sterns von Bethlehem infragekommen, ist einzuwenden, daß dann noch zwei weitere Könige sowie die Muttergottes mit dem Kind ergänzt werden müßten. Allerdings hat es Zerstörungen von Skulpturen im Bamberger Dom gegeben; das verraten schon die Fragmente im Historischen Museum.

Am wahrscheinlichsten ist die älteste, allerdings erst im 17. Jahrhundert nachweisbare Benennung als der **Hl. König Stephan von Ungarn.** Im Mittelalter wußte man von der mongolischen Abkunft der Ungarn. Genau dieser Punkt aber ließ ideologisch verblendete Deutsch-Nationale erschauern - der Bamberger Reiter ein Mongolenfürst? Nach der Legende ist Stephan im Bamberger Dom getauft worden. Sicher war der Bamberger Bistumsgründer Heinrich II. sein Taufpate. Stephan war mit einer Schwester des Kaisers verheiratet. Er galt als Apostel der Ungarn. Sein Fest wurde im Dom feierlich begangen. Vor allem aber: Die Andechs-Meranier waren, wie oben erläutert, aus ungarischem königlichen Geschlecht, eine Schwester Ekberts Königin von Ungarn, er selbst für mehrere Jahre in Ungarn exiliert. Die ungarischen Pilger nach Aachen zogen traditionell über Bamberg. Es gab also vielfältige Gründe, Stephan von Ungarn im Bamberger Dom darzustellen. Aber es war auch absehbar, daß mit dem Aussterben der Andechs-Meranier die Beweggründe, die zu einer so auffälligen Verehrung des Heiligen und zur Aufstellung seiner Reiterstatue geführt hatten, an Kraft einbüßten, weshalb der Sinn der Statue verdunkelt werden konnte. Vielleicht wird eines Tages noch einmal der Beweis geführt werden können. Denn bis jetzt bleibt es nur die überzeugendste aller Thesen.

Der Bildhauer des Reiters zeigt seine persönliche Handschrift auch an der Figur der alten, heute im nördlichen Seitenchor unglücklich aufgestellten **Seherin**, die meist als Elisabeth der Heimsuchung bezeichnet wird. Der Vergleich mit der neben ihr stehenden **Maria** zeigt jedoch große Unterschiede bei Übereinstimmung im Motiv. Sie können aus verschiedenen Gründen (unterschiedliche Plinthe, Rücklage, Fehlen eines Blickkontakts zwischen den beiden Frauen usw.) nicht zusammengehören, weshalb man diese Statue auch nur hypothetisch als Elisabeth bezeichnen sollte. Eines lehrt der Vergleich immerhin: daß man am Bamberger Dom den Steinmetzen viel individuellen Spielraum ließ. Der Reitermeister ist ein Visionär, der Bildhauer der Marienfigur hingegen betont die körperliche Fülle und das Gewicht der Figur. Der Künstler, dem wir Ecclesia und Synagoge verdanken, bevorzugte schlanke, zarte Bildungen.

Man sollte alle diese Meister nach ihren Frauengestalten benennen. In ihnen sind sie am großartigsten. In ihnen ist auch die Epoche am größten, zumal im Vergleich mit den anderen Jahrhunderten des Mittelalters.

Ein Portal haben wir noch ausgelassen, das **Adamsportal** an der Ostchorfassade. Seine Figuren sind in das Diözesanmuseum verbracht, doch ist zu hoffen, daß Abgüsse am Portal aufgestellt werden, wie vielleicht auch einmal bei den vom Fürstenportal abgenommenen Statuen, damit der programmatische Zusammenhang wieder erkennbar wird. Das Portal, das, wie bereits erwähnt, der Haupteingang für die Öffentlichkeit war, hatte ursprünglich keinen Skulpturenschmuck. Es ist bezeichnend für den Wandel in der Einstellung der Geistlichkeit gegenüber den Laien, daß man es nachträglich noch mit einer Folge von sechs Statuen ausstattete, obwohl das technisch Schwierigkeiten bereitete. Und es ist ebenso bezeichnend, daß im Gegensatz zum Gnadenportaltympanon Heinrich, nicht Petrus in der Ehrenposition (vom Portal aus rechts) steht; doch ist dies vielleicht dadurch zu erklären, daß es auch der Haupteingang für die Wallfahrer zum Grab der Bistumsgründer war.

Das Portal hat zwei Mittelpunkte, jeweils die mittlere Figur des Gewändes. Rechts ist es der Stammvater Adam. Streng fixiert er den Betrachter. Vor dieses Portal wurden früher nach altem Brauch die als Sünder Gebrandmarkten am Gründonnerstag aus der Kirche vertrieben; dort erhielten sie eine Bußpredigt über das Thema des Sündenfalls. Sodann wurden sie nach erfolgter öffentlicher Buße wieder in die Gemeinschaft der Gläubigen aufgenommen. Den zweiten Mittelpunkt bildet die hl. Kaiserin Kunigunde im linken Gewände. Petrus als Himmelsfürst und Vertreter der Kirche wendet sich an Heinrich, dieser an seine Gemahlin, während sie wiederum bescheiden auf ihn weist und zugleich dem neben ihr stehenden Stephanus ein Kirchenmodell reicht; dies bezieht sich auf die von ihr gestiftete Stephanskirche. Daß die Kaiserin, nicht der Kaiser, Mittelpunkt des Gewändes ist, wobei beide kunstvoll miteinander vereint sind, so daß keine unpassende Über- oder Unterordnung entsteht, hängt mit dem Kunigundenkult zusammen, der trotz der späten Heiligsprechung der Kaiserin (1200) den Heinrichskult bald übertraf. Denn man sah in der Kaiserin, die der Legende nach auch in der Ehe jungfräulich blieb, eine neue Maria und verehrte sie deshalb fast wie die Gottesmutter, während für den Kaiser nur die wenig ehrenvolle Josephsrolle blieb.

Das Gewand der Kaiserin ist nicht kleinteilig gefältelt wie bei den anderen Frauengestalten, sondern zeigt nur wenige große und plastische Formen. Auch hat es gegen alle Regeln damaliger Tracht keinen Gürtel. Die Figur wirkt dadurch geschlossener, bodenlastiger. Der Künstler versuchte, mit wenigen Andeutungen in den Faltenschwüngen die Statue an beide benachbarten Figuren anzubinden. Und er gab der Kaiserin zugleich eine marienähnliche Milde, im Kontrast zu Heinrichs herrscherlicher Würde, die an antike Statuen anknüpft in der Art, wie der Kaiser sein Gewand über die Schulter wirft. Auch bei dem Urelternpaar ist der Gegensatz Mann - Frau sehr deutlich, verstärkt noch dadurch, daß Adam von einem Steinmetzen der 'älteren Werkstatt' gearbeitet wurde. Die Unterscheidung der beiden Figuren geht bis in die Auffassung der Baldachine. Nur im Baldachinschlußstein über Eva hat der Meister sein Steinmetzzeichen angebracht. Leider ist die hier beschriebene alte Disposition in der neuen Aufstellung im Domkreuzgang kaum nachzuvollziehen, denn nicht einmal die Baldachine hatten unter den Gewölben Platz. Die Zueinanderordnung der Skulpturen ist empfindlich gestört , zumal die Heiligen heute kein Portal mehr flankieren, sondern sich an zwei Wänden im Winkel von 90° gegenüberstehen.

Anscheinend ist der Meister der Adamspforte später nach Magdeburg abgewandert, oder er hat den Künstler des Magdeburger Mauritius ausgebildet. Auch in Naumburg oder Mainz schätzte man die neue Bamberger Skulptur. Am berühmtesten wurde das nackte Paar der Ureltern: An der Coburger Kirche ist es ebenso zu finden wie an den Nürnberger Kirchenportalen. Und noch Tilmann Riemenschneider bezog sich in den Statuen der Würzburger Marienkapelle auf sie.

Mit der Bamberger Domskulptur, die wesentliche Anregungen in Reims und Straßburg aufgenommen hatte, erfolgte in der Kunst Frankens ein Qualitätssprung. Nie zuvor hatten Bildhauer in Mitteleuropa auf einmal so große Fortschritte in der Kunst gemacht, hatten so frei und selbständig Themen gestaltet. Zurecht darf man hier von Kunst und Künstlern im neuzeitlichen Sinne sprechen. Auch wenn man später nur selten die Höhe des Ranges und die Weite des künstlerischen Horizontes hat halten können - der einmal gesetzte Maßstab ging nie ganz verloren.

Ein wichtiges Ensemble der Domskulptur ist im Peterschor den Blicken der Besucher verborgen: das marmorne **Grab des Papstes Clemens**; immerhin ist die Grabfigur im nördlichen Seitenschiff unter einem nicht zugehörigen Baldachin aufgestellt. Von den Bischofsgräbern aus dem 13. Jahrhundert. sind die Originale in der Ostkrypta den Blikken der Besucher verborgen, die anderen sind historisierende Kopien späterer Zeit bzw. nicht erhalten oder nicht figural ausgestattet. Im nördlichen Seitenschiff steht noch an ihrem ursprünglichen Platz die Statue des Hl. **Dionysius**, des französischen Nationalpatrons, der nach der Legende auf dem Montmartre bei Paris geköpft wurde, seinen Kopf dann aber wunderbarerweise bis nach St.-Denis brachte und dort niederlegte. Ihm gegenüber befindet sich ein Engel mit einer Krone, der zu ihm gehört (ursprünglich rechts von ihm am Pfeiler). An der Nordwand eine Madonna mäßiger Qualität aus der Nachfolge der Bamberger Dombildhauer.

An Werken der älteren Bamberger Bildhauergruppe sind noch ein hl. **Erzengel Michael** im südlichen Seitenschiff sowie eine **Verkündigungsgruppe** im nördlichen zu erwähnen.

Das Historische Museum besitzt einen **Ritterkopf**, der wohl zu einer Domfigur gehörte - vielleicht ein Georg. Er ist, zusammen mit den ausgestellten Baldachinfragmenten, ein Beweis dafür, daß man mit größeren Verlusten an Domskulptur zu rechnen hat.

Fürstenportal (Teufel blendet Juden)

Dom. Adamsportal (alte Aufstellung)

Obere Pfarrkirche zu Unserer Lieben Frau, Chor

Komplizierte Verhältnisse und ihre Spiegelung in der Architektur (1300—1500)

Das beliebteste Foto- und Ansichtskartenmotiv Bambergs ist neben Dom und 'Reiter' das **Alte Rathaus** auf seiner Insel in der Regnitz. Auch wenn man Werbefloskeln besser der Tourismusbranche überläßt, ist das Gebäude unbestritten von besonderem Reiz. Alle Häuser an den Ufern weit überragend und nur über eine hohe Steinbrücke zu erreichen, steht es auf starkem Unterbau in der Regnitz, von der hier recht schnellen Wasserströmung umspült. Mit seiner ungewöhnlichen Lage ist das Rathaus (nicht nur in Deutschland) etwas Einmaliges. Die Idee, ein Rathaus mitten in einen Fluß und nicht in die Stadt, etwa an den Marktplatz, zu bauen, erscheint merkwürdig; bedenkt man noch die erschwerten technischen Bedingungen eines solchen Unternehmens, deren Bewältigung mit hohen Kosten verbunden war, liegt der Gedanke an den kuriosen Rathausbau der sagenhaften Bürger von Schilda nicht mehr fern.

Die Gründe für eine so aufwendige und teure Unternehmung sind aber anderswo zu suchen. Die Schönheit der Lage kam zur damaligen Zeit als Kriterium für die Wahl ungewöhnlicher Bauplätze nicht in Betracht. Vielmehr zeigt das Alte Rathaus die damaligen politischen Verhältnisse in Bamberg. Es ist ein in Stein gesetzter Kompromiß.

1386 wird der Bau erstmals an der heutigen Stelle erwähnt. Zu jener Zeit versuchten sich die reicheren Bürger - und das waren vor allem die Kaufleute - aus der Macht ihres Stadtherren, des Bischofs bzw. des Domkapitels, zu lösen.

Bamberg war alles andere als eine einheitliche Stadt, sondern bestimmt von gegensätzlichen Interessen, zwischen denen oft ein Ausgleich gefunden werden mußte. Zu den politischen Kräften, die damals in Bamberg miteinander stritten, gehörten auch die im 11. Jahrhundert gegründeten Stifte (s. Kap.l). Sie hat-

Altes Rathaus. Merianstich von 1648

ten die Herrschaft des Bischofs auf ein Minimum zu beschränken vermocht und eigene Rechtsbezirke behauptet, die sogenannten **Immunitäten**. Sie besaßen die 'niedere' Gerichtsbarkeit, d.h. Asylrecht, Straf- und Zivilgerichtsbarkeit. Unter letztere fielen etwa Handelsangelegenheiten, Schuldforderungen oder Privatstreitigkeiten; deshalb war ihre Ausübung für die Immunitäten finanziell einträglich. Das oberste Gericht, das über Leben und Tod zu entscheiden hatte, lag noch beim Bischof, beziehungsweise beim sogenannten Stadtgericht, dem ein bischöflicher Schultheiß vorsaß. Vor allem aber hatten die Immunitäten Steuerfreiheit und mußten sich nicht an städtischen Lasten wie dem Mauerbau beteiligen. Wie das **Domkapitel**, d.h. die Geistlichen des Domstifts, immer mehr Rechte des Bischofs an sich zogen, ist bereits im 2. Kapitel behandelt worden. Seine Machtposition gründete sich hauptsächlich auf das Recht, den Bischof zu wählen. Jeder Bischofskandidat mußte eine 'Wahlkapitulation' beschwören, einen Vertrag mit genauen Handlungsanweisungen für den Bischof. Viele der Gewählten mochten sich mit dieser Machtbeschneidung nicht abfinden und versuchten, wieder selbständiger zu handeln. So wurden Domkapitel und Bischof meist zu erbitterten Gegnern. Auch die Immunitäten hatten ein Interesse daran, möglichst unabhängig zu bleiben. Deswegen unterstützte das Domkapitel die Eigenrechte der Immunitäten. Dies wurde dadurch abgesichert, daß die Stiftspröpste stets Mitglieder des Domkapitels waren.

Die Immunitäten waren räumlich voneinander abgesetzt. Der engere Bereich um das jeweilige Stift wurde mit Befestigungen und zudem oft mit einer Schutzzone umgeben, die man heute meist noch sieht. An den Grenzen der gerichtlichen Zuständigkeit wurden Tore über den auswärts führenden Straßen errichtet. Ihr militärischer Wert war gering: es handelte sich vielmehr um baulich abgesicherte, rechtliche Markierungen. Hinzu kam die geographische Situation Bambergs mit einzelnen Hügeln und Bachtälern; diese feuchten Senken blieben als natürliche Grenzen größtenteils unbebaut. Besonders deutlich erkennbar ist das bis heute auf beiden Seiten des Dombergs zum Kaulberg und zum Michelsberg hin. Was uns heute Bamberg so idyllisch und naturnah erscheinen läßt, ist also auch das Ergebnis einer Abgrenzungspolitik. Das Pittoreske ist meist nicht Absicht, sondern Resultat verwinkelter Rechtsverhältnisse.

Am sogenannten 'Sand', dem Gebiet zwischen Domberg und Regnitz, bestand zur Gründungszeit des Bistums eine Burgsiedlung.

Vermutlich verliefen bereits früh Befestigungsmauern von der Burg zur Regnitz, denn bei Bauarbeiten im Bereich der Lugbank finden sich immer wieder entsprechende Mauerreste. Flußaufwärts lagen Mühlen und andere Handwerksbetriebe, die Wasser benötigten, so auch Gerbereien.

Die Inseln zwischen den Flußarmen waren bis dahin wahrscheinlich weitgehend unbesiedelt, da die Lage der Wasserläufe sich mit jedem Hochwasser änderte. Unter Bischof Otto I. wurde die Stadt unterhalb des Kaulbergs erweitert, und auf der größten Insel entstand eine Marktsiedlung. Auf dem Plan des Vermessers Zweidler von 1602 zeichnet sich der Verlauf ihrer Befestigung noch deutlich ab. Einziger Rest ist der sogenannte Burgersturm (Heumarkt), der heute in die Anlagen der Universität einbezogen ist. Die 1804 abgebrochene Pfarrkirche der Inselstadt, St. Martin, die "Untere Pfarrkirche", ehemals auf dem Maxplatz vor dem jetzigen Rathaus, lag mit ihrem Friedhof außerhalb der ersten Stadtbefestigung.

Daß die Inselstadt eine planmäßige Gründung ist, kann man an den regelmäßigen Straßen ablesen: Der Hauptstraßenzug war der Straßenmarkt, der heutige 'Grüne Markt' zwischen der Oberen Brücke und dem ehemaligen Martinstor (zu seiner Architektur s.Kap.8). Von diesem zweigen kurz hinter der Brücke drei weitere Straßen ab: Austraße, Keßlerstraße und Lange Straße. Über letztere konnte man die Stadt durch ein weiteres Tor in Richtung Nürnberg verlassen.

In diesen beiden Stadtteilen, der Sand- und der Inselstadt, wohnten die **Stadtbürger**. Die Sandstadt war nicht nur älter, sondern lange auch wichtiger als die Siedlung auf der Insel. Am Sand lagen nämlich vor dem Osttor der Burg Markt und Behörden (Stadtgericht und Münzstätten). Im Lauf des Mittelalters siedelten die Kaufleute sich aber vorzugsweise in der Inselstadt an, denn in der Sandstadt gab es keinen Bauplatz mehr. Auch war der Markt in der Inselstadt besser geeignet, und die wichtige Handelsstraße zwischen Nürnberg und Erfurt lag gleich vor der Tür. Nicht zuletzt wahrte die Inselstadt, durch den Fluß getrennt, sichere Entfernung zum Domberg. Weil die Kaufleute die entscheidende wirtschaftliche Kraft darstellten, verlagerte sich das Schwergewicht almählich zur Inselstadt. Schließlich wechselten auch die wichtigen öffentlichen Institutionen ihren Sitz von der Sand- zur Inselstadt.

Die Bürgerstadt erstrebte neben der rechtlichen Selbständigkeit eine wirksame Befestigung unter finanzieller Beteiligung der Immunitäten: Man hatte im 14.Jahrhundert die Inselstadt erweitert und die Pfarrkirche St. Martin in den Mauerring einbezogen; doch konnte man ihn wegen Geldmangel zumeist nur aus Fachwerk errichten. Eine Stadt wie Nürnberg besaß damals bereits eine doppelte Stadtmauer mit Graben und Türmen. Eine solche Ummauerung diente nicht allein Verteidigungszwecken, sondern signalisierte zugleich Reichtum, Selbständigkeit und Einigkeit der Bürgerschaft. Bischof und Kapitel war dies allerdings ein Dorn im Auge.

Als 1430 die böhmischen Hussiten in Franken einfielen und Bamberg bedrohten (nur gegen ein Lösegeld blieb die Stadt verschont), schien auch dem Bischof die Forderung der Bürgerschaft nach einer Mauer einleuchtend. 1431 erließ Kaiser Sigismund mit seiner Zustimmung eine Goldene Bulle, welche die Rechte der Bürgerschaft und der Immunitäten einander anglich. Das Domkapitel jedoch sah durch den Verlust der Sonderrechte Einkünfte und Macht gefährdet, zumal das Bistum hoch verschuldet war.

1432 wurde der stadtfeindlichste der Domkapitulare, Anton von Rotenhan, zum Bischof gewählt. Er sollte darauf hinarbeiten, daß Kaiser Sigismund die gewährten Rechte zurücknahm. Die Stadtbürger verweigerten dem neugewählten Bischof deshalb die ihm zustehende Huldigung. Anton verhängte daraufhin den Kirchenbann über die Bürger. Auf der anderen Seite drang Sigismund auf die Einhaltung seiner Bulle; freilich ohne seine Forderungen durchsetzen zu können. Auch Papst Eugen IV. stand auf der Seite des Kaisers und der Bürger.

Damals standen die Chancen für die Bürger nicht schlecht, ihren Willen durchzusetzen. Sie demonstrierten Entschlossenheit, indem sie den Bau der Mauer in eigener Regie begannen. Doch die Spannungen wuchsen. Ihren Höhepunkt erlebte die Auseinandersetzung 1435, als die Bürger sich gewaltsam gegen Bischof und Domkapitel erhoben und sie für kurze Zeit zum Verlassen der Stadt zwangen. Letztlich aber kam die Stadt mit ihren Forderungen nicht vollständig ans Ziel: 1437 änderte Kaiser Sigismund schließlich seine Meinung. So schloß man nach jahrelangen Streitigkeiten 1440 einen Kompromiß: Die Rechte der geistlichen Stifte blieben unangetastet, der neue Mauerbau wurde eingestellt. Immerhin wurden die Immunitäten zur Tilgung der hohen Stadtverschuldung herangezogen. Das war ein Erfolg für die Bürger.

Obwohl das Domkapitel verärgert Bischof Anton von Rotenhan 1442 für drei Jahre nach Kärnten in die Verbannung schickte, erreichte es nicht, die angebahnte Regelung der Streitigkeiten aufzuhalten. Am 15. Jan. 1443 einigten sich Bürgermeister, Rat und Gemeinde sowie die Vertreter der Stifte auf eine gemeinsame Steuer. Die Bau- und Finanzverwaltung wurden als wichtigste Behörden der Stadt paritätisch besetzt. Die kommunale Verwaltung der Stadt durch die Bürger war nach dem Immunitätenstreit fester gegründet als zuvor. Vor diesem Hintergrund erklärt sich der Standort des Alten Rathauses besser. Der Bau in der Flußmitte war ein rechtlicher Kompromiß: Die Bürger wollten ihr Rathaus nicht in der stärker bischöflich bestimmten Sandstadt errichten, wo sich ursprünglich die Verwaltung befunden hatte. Der Bischof als Stadtherr hingegen wollte die Herausbildung einer abgeschlossenen Bürgerstadt verhindern. So entstand der Bau des Rathauses nicht innerhalb der Stadtmauer, sondern auf 'neutralem' Boden.

Um 1440 erhielt Bamberg eine neue Ratsordnung, die Bürgermeister und Rat als Zentralbehörden etablierte. Zwar baute man nicht sofort ein neues Rathaus (dazu war die Stadt zu hoch verschuldet), doch 1453-56 erneuerte man die Obere Brücke mit dem Torturm. Das Rippengewölbe in der Durchfahrt des Tores geht auf diese Zeit zurück. 1461-67 wurde daneben ein wenig repräsentatives Fachwerk-Rathaus erbaut. Eine Zeichnung aus dem späten 16.Jahrhundert zeigt es in der ursprünglichen Form, mit sechs kleinen Erkern über den Traufen. Das benachbarte Nürnberg hatte bereits vor der Mitte des 14. Jahrhunderts einen großen Steinbau errichtet. Selbst das Fachwerkrathaus des Bamberger Festungsstädtchens Forchheim (um 1490) ist größer.

Insgesamt jedoch verlor Bamberg in der Städtekonkurrenz damals an Boden: Manche reichen Bürger, auf freie Entfaltung bedacht, zogen davon, die meisten nach Nürnberg, so die Haller und Löffelholz, klangvolle Auftraggebernamen in der Nürnberger Kunst. Die Reichsstadt, durch geistliche Herrschaft nicht beeinträchtigt und durch die Kaiser tatkräftig unterstützt, wurde zum zentralen Handelsplatz und wichtigsten Gewerbezentrum - die Bischofsstadt Bamberg stagnierte eher.

Wie wir gesehen haben, war die Stellung des Bischofs seit der Zeit der Andechs-Meranier gegenüber dem Domkapitel geschwächt. Wichtiger noch war, daß sich um Bamberg herum neue Mächte bildeten: Die Hohenzollern hatten im jeweiligen Bündnis mit den wechselnden Kaisern ein großes Territorium aufgebaut. Auch Böhmen und Bayern hatten sich ausgedehnt. Die Reichsstadt Nürnberg gewann zusehends an wirtschaftlicher und politischer Bedeutung. Zwar gelang es dem Bischof, einige der gräflichen Territorien seines Landes zu vereinnahmen, doch in der Machtkonkurrenz zog er letztlich den kürzeren.

All dies wirkte sich in der bischöflichen Bautätigkeit aus. Seit der Gründung des Bistums hatten die Bischöfe im alten Palast neben dem Dom residiert. Das Aussehen dieser Alten Hofhaltung ist uns aus Zeichnungen des späten 15.Jahrhundert bekannt. Man hatte die Bauten aus der Gründerzeit des Bistums beibehalten: die achteckige, zweigeschossige Andreaskapelle im Süden, im Norden die Thomaskapelle und dazwischen den langgestreckten eigentlichen Palas*, der einen großen Saal enthielt. Auf der alten Ansicht können wir erkennen, daß der Saalbau wahrscheinlich nach einem Brand 1185 umgebaut worden war und nun eine Reihe von Fensterarkaden besaß. Die Thomaskapelle im Norden hatte man durch einen großen Turm ersetzt, die 'Hohe Warte', in deren Erdgeschoß sich eine neue Kathari-

Bamberger Meister, Ende 15. Jh., Pflugscharprobe der hl. Kunigunde, im Hintergrund die Alte Hofhaltung und anschließende Domherrenhöfe

nenkapelle befand. Auch die Neu- und Umbauten des 16. Jahrhunderts folgten der Tradition und selbst der heutige, durch Abbrüche Ende des 18. Jahrhunderts ruinöse Zustand der Alten Hofhaltung spiegelt noch die Anlage Kaiser Heinrichs II. Zumindest die Fassade zum Domplatz hin sollte nicht verändert werden; etwas grundsätzlich Neues war nicht erwünscht.

Die Bischöfe verzichteten bis zur Mitte des 16. Jahrhunderts auf repräsentative Bauten. Zwar entstanden hinter dem alten Bischofspalast umfangreiche Neubauten, doch sind sie nur in Fachwerk gebaut. Die offenen Lauben, Prunkwappen und Bemalung können nicht als die einem Bischof gemäße architektonische Zier gelten, obwohl die Gebäude auch repräsentative Räume enthielten. Entgegen den damaligen Vorstellungen von der Rangfolge der geistlichen und weltlichen Stände unterscheiden sich die fürstbischöflichen Neubauten kaum von den Domherrenhöfen auf ihrer Westseite und nicht einmal von den größeren Bürgerhäusern. Architektonisch zeigt sich hier der Rückzug des Bischofs aus der Stadt.

Seit dem späten 14. Jahrhundert zog es die Bischöfe auf einen Höhenrücken oberhalb der Stadt, in die **Altenburg**. Der Bischof, der mit dem heutigen Bau begann, war Lambert von Brunn (1374-1399). Er war nicht vom Domkapitel gewählt; vielmehr hatte ihn der Papst auf Bitten Kaiser Karls IV. aus Straßburg nach Bamberg versetzt, um das Domkapitel zu zähmen. Dessen Einfluß konnte sich der Bischof auf der Burg entziehen. Die Anlage verschlang viel Geld für Neubau und Unterhalt. Vor allem im 15. Jahrhundert liest man in den Quellen immer wieder davon, daß das Kapitel dem Bischof Mittel für Baumaßnahmen verweigerte. So wurde der Ausbau der Altenburg zu einem Zeichen der Macht der Bischöfe, denn sie konnten nur dann bauen, wenn sie genügend Selbständigkeit und Geld besaßen.

Das Kastell sollte ihren Anspruch als Landesherrn über Domkapitel, Immunitäten und Bürgerschaft demonstrieren. Wir dürfen den militärischen Nutzen der Burg jedoch nicht zu hoch ansetzen. Vorbild war die böhmische Burg Karlstein Kaiser Karls IV., dem Lambert von Brunn als Geheimer Rat diente. Auch Karlstein lag abseits der Hauptstraße, und es war eher ein ‘romantisches’ Refugium für den Fürsten als eine Festung. Man könnte sich sogar fragen, ob nicht die gute Aussicht einer der Gründe für den Burgbau war. Das Castrum erhebt sich auf annähernd rechteckigem Grundriß, besitzt vier Ecktürme sowie je einen Rundturm in der Mitte der Nord- und Südmauer. Es folgt damit dem alten staufischen Kastelltypus. Das Torhaus ist nach Westen gerichtet. Als einziger Rest der ursprünglichen

Alt-St. Martin

Burggebäude steht noch der runde Bergfried. Früher war jedoch der Hauptakzent ein großer Wohnturm über rechteckigem Grundriß auf der Stadtseite. Auf den erwähnten Stadtansichten Bambergs ist er das beherrschende Bauwerk. Der heute dort befindliche Palas ist ein frei erfundener Neubau vom Anfang unseres Jahrhunderts.

Trotz des wehrhaften Aussehens war der Festungstyp der Altenburg im späten 14.Jahrhunderts bereits veraltet, erst recht, seit man zur Kriegsführung mit Feuerwaffen überging. So kam es, daß der Bischof schon während des Hussitenkrieges und der gleichzeitigen Aufstände kein allzugroßes Vertrauen in die Sicherheit der Burg hatte: Er rettete die Archivbestände und sich selbst lieber nach Forchheim. Die dortige bischöfliche Pfalz, ebenfalls großteils unter Lambert von Brunn neu errichtet, ist eine nach damaligen Maßstäben modernere Burg. Auch die Festung Rosenberg oberhalb Kronachs wurde während des 15.Jahrhunderts zu einem wehrhaften Bau, der selbst noch die Stürme des 30jährigen Krieges überstand.

Das größte Bauprojekt Bambergs im 14. Jahrhundert war die der Muttergottes geweihte **Obere Pfarrkirche**. Sie hat von allen großen mittelalterlichen Kirchen der Stadt (außer dem Dom) am ehesten ihre ursprüngliche Außenerscheinung behalten. Aus den Quellen ist wenig über sie zu erfahren. Aber wer diese Architektur zu 'lesen' versteht, dem sagt sie soviel wie manche Urkunde. Wir möchten dazu animieren, uns in der 'Lektüre' zu folgen.

Eine nur noch schwer entzifferbare Inschrift in der Dachkehle an der Nordseite teilt uns mit, daß das Langhaus 1338 begonnen wurde; ein Turm an der Südseite war von Anfang an mitgeplant. Das Kirchenschiff ist schlicht: Die Außenwände sind bis auf einen Bogenfries an den Seitenschiffen unverziert. Von den ursprünglichen Fenstern ist nur noch eines, über dem Ölberghäuschen an der Westfassade, vorhanden. Die zugemauerten Spitzbogenfenster sind am Obergaden des Langhauses noch zu erkennen; sie liegen zwischen Rundbögen, die im 18.Jahrhundert in veränderten Abständen eingebro-

Obere Pfarre. Chorumgang

chen wurden. Die Öffnungen der Seitenschiffe waren bereits im 16. Jahrhundert in Anlehnung an Fenster des Nürnberger Baumeisters Hans Beheim verändert worden. Innen ist der Eindruck durch die Barockstuckierung verändert. Man kann einen schlichten Raum mit weiten Arkadenöffnungen und achteckigen Pfeilern rekonstruieren, ähnlich dem von Bettelordenskirchen*. Spuren im Dachraum weisen darauf hin, daß die ursprüngliche Decke eine Holztonne war.

Turm- und Chorneubau heben sich durch ihren Schmuckreichtum ab. Am Turm wurde der Zierat während der ersten Bauzeit laufend gesteigert. Das Erdgeschoß steht im Verband mit der Langhausmauer und erhielt einfache Spitzbogenblenden mit Blättern. Die beiden folgenden Geschosse entsprechen sich in der Höhe und haben bereits Zierbänder. An der Westseite, die als Ansichtsseite gedacht war, stehen in Nischen zwei Statuen unter Baldachinen. Daß das immer noch nicht genügte, zeigen das vierte und fünfte Stockwerk, die höher als die unteren Geschosse sind, wobei das fünfte das vierte übertrifft. Aus übereck gestellten Quadraten entsteht ein 'Waffelmuster', das die Wand großflächig überzieht. Zusätzlich rahmen dreieckige Vorlagen die Fenster; sie gliedern die Wandfläche und verbinden die beiden Geschosse auch vertikal. Ähnliche Quadrate zieren auch den Giebel des kleinen Portalvorbaus, der nachträglich vor die Brautpforte gesetzt wurde. Vermutlich entstanden diese Bauteile gemeinsam um 1350. Über den ursprünglich geplanten Abschluß des Turmes wissen wir nichts. Der heutige Fachwerkaufbau stammt von 1537-38 und war Arbeitsplatz und Dienstwohnung des über das Wohl der Stadt wachenden Türmers.

Laut Inschrift an der Sakramentsnische wurde anno m ccc lxxxx ii (= 1392) am montag nach egidii (. . .) der erst stain gelait. Das bezieht sich sehr wahrscheinlich nicht auf das Sakramentshaus, das keiner Grundsteinlegung bedarf und stilgeschichtlich um 1420-30 zu datieren ist, sondern auf den Chorneubau. Die Gewölbe sind erst spät eingezogen worden. Darauf deuten ihr unregelmäßiger Ansatz, der auf eine Bauunterbrechung schließen läßt, und das Wappen des Bischofs Friedrich von Aufseß (1421-1431) am zentralen Schlußstein des Chorumganges. Und noch eins zeigen die Wappen in den Gewölben: Daß es sich zwar um eine Pfarrkirche, weniger aber um eine 'Kirche der Bürger' handelte, die sich eher der heute abgerissenen 'Unteren' Pfarrkirche St. Martin (Maxplatz) zuwandten. Die Obere Pfarre gehörte dem Domkapitel, das auch den Chorneubau zum Teil bezahlte. Die meisten Wappen im Chorumgang stammen von Domherren, andere von Adeligen. Der oberste Pfarrer der Kirche war ein Domkapitular, für den ein Vikar die Gottesdienste versah. Daß die Bürgerschaft überhaupt am Bau beteiligt war, können wir nur aus dem Wappen der Bäckerzunft im untersten Turmgewölbe erschließen - und dieses wurde unter Änderung der ursprünglichen Pläne erst im 15. Jahrhundert eingebaut.

Was auf den ersten Blick ein "Stilwandel" zwischen Langhaus und Chor zu sein scheint, erweist sich als Unterschied der Funktion einzelner Bauteile und vielleicht auch der sozialen Zuordnung. Doch schauen wir noch genauer hin: Der Chor steht auf einem mächtigen Unterbau, der wegen des abfallenden Geländes nötig wurde. Darauf errichtete man einen basilikalen Umgangschor, dessen Obergaden* eigene Fenster besitzt. Die Außenwände des Umganges sind an die Stirnseiten der Strebepfeiler hinausgerückt, um innen Platz für schmale Kapellennischen zu schaffen. Diese sollten der Stiftung von Privatmessen Anreiz bieten, eine der wichtigsten Einnahmequellen. Daher treten außen die Strebepfeiler im unteren Bereich nicht in Erscheinung. Das Ergebnis war, daß die Kirche mit ihrem geschlossenen Unterbau und dem darübergetürmten Obergaden ihre Hauptwirkung nach Osten entfaltet. Im Mittelalter ließen die im 19. Jahrhundert abgebrochenen Anbauten von Sakristei und Katharinenkapelle sowie die engere, unregelmäßige Bebauung den Chor noch höher und mächtiger erscheinen als heute.

In ihrer äußeren Erscheinung übertraf die Obere Pfarre die Pfarrkirche der Inselstadt. Außer dem Dom hat keine der mittelalterlichen Kirchen Bambergs den Chor der Oberen Pfarre an Zierat überboten. Offenbar sah man in der Kirche mehr als nur eine Pfarrkirche: das wichtigste Marienheiligtum der Stadt und mehr noch - eine Wallfahrtskirche in unmittelbarer Nähe des Doms. Für die Prozessionen und 'Umgänge' der Wallfahrer benötigte man einen Chorumgang, während Pfarrkirchen normalerweise mit Staffelchören auskamen, wie zum Beispiel die Pfarrkirche der Inselstadt.

Das Ziel der Wallfahrer, die Marienstatue im Innern, steht heute in dem prächtig inszenierten Gnadenaltar von 1714. Auch wenn seine Vorgänger einfacher ausgesehen haben, da es die Aufgabe der Chorarchitektur war, um die Statue einen Schrein zu bilden und sie so zu erhöhen, sagt er uns doch etwas über die Wertschätzung, die das Bildwerk genoß. Stilkritisch läßt sich die Figur nach Köln lokalisieren und um 1330/40 datieren.

Wenn man sich in der zeitgenössischen Architektur nach möglichen Bezügen umsieht, stößt man auf die 1378 vollendete Stadtpfarrkirche St. Sebald in Nürnberg, das damals zur Bamberger Diözese gehörte. Die Kirche beherbergte die Reliquien des Stadtheiligen Sebald, auf dessen Heiligsprechung man damals hinarbeitete. Schon im Grundriß ist der Chor der Oberen Pfarre verwandt. Hier wie dort wechseln im Chorumgang Dreistrahl- und Kreuzrippengewölbe, ist das innere Polygon als 5/8-Schluß gestaltet. Sogar die Sakramentsnischen sind ähnlich und liegen an derselben Stelle im Chorumgang.

Verwandt ist auch der Aufriß, von dem man sich allerdings nur noch im Chorumgang der Oberen Pfarre ein Bild machen kann: Dort ist zu sehen, daß die Gewölberippen wie in St. Sebald zu einem Bündel zusammenlaufen und ohne Kapitell bis zum Sockel am Boden heruntergezogen sind. In den Einzelformen ist in Bamberg alles reicher und raffinierter.

Besonders aufwendig (auch dies ähnelt der Nürnberger Kirche) sind die äußeren Schmuckformen des Chors der Oberen Pfarre. Zwischen die breiten Fenster der Umgangskapellen und die Fialen an den Ecken wurden Nischen eingefügt, so daß Wandflächen und Eckakzente durch eine gemeinsame, horizontale Gliederung zusammengefaßt werden. Hier sollten offensichtlich Figuren Platz finden, doch kamen nur die Konsolen mit Büsten, Blattmasken und Fratzen zur Ausführung. Der Bamberger Chor, soviel können wir beobachten, sollte aufwendiger sein als der von St. Sebald, mit dem die Reichsstadt Nürnberg neue Maßstäbe im Pfarrkirchenbau gesetzt hatte. Aber man wählte in Bamberg die basilikale Form: Sie wurde als höherrangig betrachtet.

Man hat am Bamberger Chor weit mehr als in Nürnberg den Bezug zur Mutterkirche des Bistums, zum Dom, gesucht: Die Außenkanten des Chorumgangs sind durch runde Vorlagen und darüber durch dreieckige Fialen akzentuiert. Diese Art der plastischen Betonung zitiert in abgewandelter Form ein Motiv der Domchöre, ebenso der ringsumlaufende Bogenfries. Im 2. Kapitel wurde bereits ausgeführt, daß viele (Pfarr-)Kirchen des Mittelalters architektonische Elemente der Mutterkirche des Bistums aufgriffen, um die Zugehörigkeit optisch darzustellen (in ihren älteren Teilen auch noch die Nürnberger Sebalduskirche). Einige Formmotive - zum Beispiel die Kielbögen über den Fenstern - gehen auf die Bauhütte der Parler in Prag zurück. Dafür gibt es Gründe: Prag war damals Hauptstadt des Reiches. Bischof Lambert von Brunn hatte wichtige kaiserliche Hofämter inne. Der Kaiser bemühte sich, Bamberg unter Prager Einfluß zu bringen. Der Prager Veitsdom war seit der Mitte des Jahrhunderts eine der modernsten Bauunternehmungen Europas; an ihr arbeiteten und lernten viele Bauhandwerker und Architekten. Daß ein Mitglied der Familie Parler selbst in Bamberg am Werk war, wie man vermutet hat, ist unwahrscheinlich. Wer der Baumeister war, der sich an der Südseite des Chorumganges in einer Konsole verewigt hat, ist unbekannt. Verglichen mit dem Baumeister von St. Sebald in Nürnberg war er der bessere Entwerfer. Das System der Rippenprofile ist sehr fein abgestimmt – vor allem bei den Chorumgangskapellen. Unregelmäßigkeiten in der Ausführung gehen auf das Konto der Steinmetzen und - häufiger noch - späterer Veränderungen und ‘Restaurierungen’.

Neben den Pfarrkirchen spielten die Bettelordensklöster im Leben der Bürger eine bedeutende Rolle. Da sie für das allgemeine Verständnis der (kunst-)historischen Abläufe in Bamberg nicht so wichtig sind, seien sie hier nur erwähnt. Die Männerklöster lagen im zentralen Bereich der Stadt: Das **Franziskanerkloster** mit seiner 1807 abgerissenen Kirche an der Schranne, das verschwundene **Karmelitenkloster** in der Austraße, und das 1310 unter Bischof Wulfing von Stubenberg gegründete **Dominikanerkloster** mit der Kirche St.Christoph in der Sandstraße (heute Kulturraum der Stadt und noch Spielstätte der Symphoniker). In den Vorstädten lagen die Klöster der **Klarissen**, 1340 gegründet und ab 1936 abgebrochen, sowie der **Dominikanerinnen**; dessen einschiffige Heilig-Grab-Kirche an der Klosterstraße, in der Nähe des Bahnhofs, lohnt einen Abstecher.- Im 14. Jahrhundert baute das **Zisterzienserinnenkloster** St.Theodor am Kaulberg, heute Karmelitenkloster, einen neuen Kreuzgang. Dieser fällt vor allem durch die Verwendung von längst veralteten Formen auf: Sähe man nicht das scharfkantige Blattwerk, das eine Datierung ins 14. Jahrhundert erzwingt, könnte man die Kapitelle und Rundbögen auch für romanischen Ursprungs halten

Im Umland wurden im 14. und 15.Jahrhundert eine ganze Reihe erwähnenswerter Kirchen gebaut. Basilikal und mit Querhaus die im 13. Jahrhundert begonnene und vielfach umgebaute Stadtpfarrkirche St. Martin in **Forchheim**, spätere Bauten meistens als Hallenkirchen: Eine zweischiffige Anlage in **Pottenstein**, stattliche dreischiffige in **Ebern, Hallstadt, Scheßlitz** und **Kronach**. Bauherr der letzteren war wie bei der Bamberger Oberen Pfarre das Domkapitel. Chor (Mitte 14. Jahrhundert) und Langhaus (nach 1404) geben sich im Vergleich zur Bamberger Wallfahrtskirche betont bescheiden. Um 1500 verfolgte die Stadt Kronach augenscheinlich verstärkt eigene Interessen: Man begann mit einem größeren Neubau; der stark erhöhte Westteil mit dem aufwendigen Portal an der Nordseite schließt sich in seiner polygonalen Form mit eingezogenen Strebepfeilern und dazwischenliegenden flachen Kapellen der obersächsischen Architektur an. Man sieht, wohin sich die Stadt damals ausrichtete. Sie war, ähnlich wie die sächsischen Nachbarn, zu Reichtum gekommen, der nun in einer modernen Hallenkirche ausgedrückt werden sollte. Geld und Macht reichten allerdings nicht besonders weit: Man kam über den Westbau nie hinaus, obwohl - wie die Wartesteine beweisen - auch das Langhaus ersetzt werden sollte. Die Holz-Wölbung wurde erst im 17. Jahrhundert eingezogen.- Die Stadtkirchen von **Staffelstein** und **Lichtenfels** sind im wesentlichen noch mittelalterlich, wurden aber im Innern barockisiert und im 19. bzw. 20. Jahrhundert wieder purifiziert.

Neben einigen Pfarrkirchen haben sich die alten Beinhäuser (Karner) erhalten: In **Kronach** die auf die Stadtmauer gesetzte Kapelle St.Anna mit einer auffällig gestalteten Einzelsäule im Innern, in **Ebern** (St.Peter und Paul), in **Waischenfeld** (St.Anna). An fast jeder Kirche findet sich noch der Ölberg, erwähnt sei nur der aufwendige von Burgebrach, der in einer eigenen, sechseckigen Kapelle untergebracht wurde.- Unter den Dorfkirchen fällt die von **Seußling** wegen ihrer Krypta auf.- An das im späten Mittelalter blühende Wallfahrtswesen (auch die Wallfahrt zu den Vierzehn Heiligen bei Staffelstein entstand in der Mitte des 15. Jahrhunderts) erinnern die Kirchen auf dem **Gügel** bei Scheßlitz und die **Kreuzbergkapelle** bei Hallerndorf (Krs. Forchheim).

Von den mittelalterlichen Klosterkirchen im Bereich des Bistums Bamberg sind nur wenige erhalten. Herausragend waren vor allem die großen Kirchen der Zisterzienser: Die von **Ebrach** (freilich schon im Gebiet der Diözese Würzburg, 1200-1285) ist einer der größten und bedeutendsten Bauten des Ordens in Deutschland, innen Ende des 18. Jahrhunderts umgebaut. Die Kirche des Klosters **Langheim** brannte 1802 aus und wurde beseitigt. Mehrere Klosterkirchen der Zisterzienserinnen stehen noch im Umland Bambergs: Den mittelalterlichen Zustand vermittelt am besten die von **Himmelkron** bei Kulmbach, die als Grablege der Grafen von Orlamünde diente und im 15. Jahrhundert einen schönen Kreuzgang erhielt. Im Süden Bambergs liegt **Schlüsselau, Sonnefeld** in der Nähe von Coburg. Gut erhalten und eine Besichtigung wert, wenngleich bereits auf dem Gebiet der Würzburger Diözese, das Kloster **Mariaburghausen** bei Haßfurt.- Bei Erlangen liegt das Augustinerchorherrenstift **Neunkirchen am Brand** mit seiner interessanten, vielfach umgebauten und reich ausgestatteten Kirche.

Die Landstädte des Fürstbistums Bamberg (die wichtigsten waren Kronach, Forchheim, Staffelstein und Lichtenfels) haben durchweg ihr mittelalterliches Stadtbild bewahrt, wenn auch größtenteils unter barocken Fassaden.

Vielfach ist der Mauerring, mit dem sich die Stadt gegen die Umgebung abschloß, aber auch Reichtum und Einfluß demonstrierte, noch erhalten, so teilweise in Lichtenfels und Staffelstein, am besten in Kronach. **Forchheim** wurde später zur Festung ausgebaut (s. Kap.6). Diese Stadt, schon in der Zeit Bischof Ottos I., des Heiligen, einer der wichtigsten Orte der Diözese, besitzt mit ihrer Pfalz und dem Rathaus zwei der bedeutendsten Profanbauten des Bamberger Umlandes. Erstere, in der Südwestecke der Stadtanlage gelegen und früher in die Stadtmauer integriert, ist heute im Kern ein Bau aus dem 14. Jahrhundert, dessen Schmuck mit Wandmalereien (um 1390) noch in Teilen vorhanden ist. Von der Pfalz führt als wichtigste Achse die Hauptstraße zum Marktplatz; er wird beherrscht vom Fachwerkrathaus (1490 ff.). Eine mittelalterliche Sozialeinrichtung ist das öfters umgebaute Spital an der Wiesent.

Da die Stadt Bamberg weitgehend unbefestigt war, wurde wenigstens an den Grenzen des Territoriums für wehrhafte Befestigungen gesorgt. Neben den erwähnten Städten bildete im Osten die Burg **Veldenstein** über Neuhaus/Pegnitz den Außenposten der bischöflichen Herrschaft, im Westen **Schmachtenberg** bei Zeil. Hier waren zumindest in der Neuzeit solch schwere Geschütze nicht mehr notwendig: Die Grenzburg ist heute eine romantisch zerfallene Ruine, denn sie wurde nach der Zerstörung im Markgrafenkrieg 1552 nicht wieder aufgebaut.- Mehr im Zentrum des Territoriums liegt die neben Forchheim wichtigste bischöfliche Burg, die weithin sichtbare **Giechburg** bei Scheßlitz. Sie war in Kriegszeiten mehrfach Zuflucht des Landesherren.

Obere Pfarre. Pfeifermännchen

Altenburg 1483. Ausschnitt aus Apostelabschied

Dom. Grabmal des Bischofs Friedrich v. Hohenlohe (+ 1352)

Statuen und Bilder für Fürstbischöfe und Bürger

1300–1500

Die Geschichte und deshalb auch die Kunst der Epoche des Spätmittelalters ist vielfältig, zuweilen sogar verworren und deshalb nur schwer begreiflich zu machen. Das vorangehende Kapitel hat an den Bauten verdeutlicht, wie die gesellschaftlichen Mächte auseinanderstrebten, dabei aber ihre Kräfte verzettelten, so daß große, gemeinsame Bauvorhaben kaum noch durchführbar waren. Selbst innerhalb einer sozialen Gruppe und einer Aufgabe zeigt sich, wie unbeständig, ja widersprüchlich die Verhältnisse waren; beispielhaft an den **Bischofsgrabsteinen** dieser beiden Jahrhunderte. Während des Domneubaus hatte man um 1230 die ersten figürlichen Grabtumben aufgestellt. Doch waren es die längst Verstorbenen, die Bildgrabsteine erhielten, so Papst Clemens oder Bischof Gunther, nicht die großen Zeitgenossen wie der Domerbauer Bischof Ekbert (sein Grab im südlichen Domseitenschiff ist eine Kopie des 17. Jahrhunderts nach dem Gunthers). Man behielt den Brauch der Bildnisgrabsteine jedoch in der folgenden Zeit nicht bei, anders als in Mainz und Würzburg.

Das Würzburger Vorbild war es wohl, das in der Mitte des 14. Jahrhunderts zum Wiedereinsetzen des Brauchs führte. Das ist an sich schon bemerkenswert. Denn Heinrichs Neugründung des Bamberger Bistums war großteils auf Kosten des Würzburger gegangen. Entsprechend waren von dort die Widerstände am größten, dauerte die Abneigung am längsten, bis ins 13. und 14. Jahrhundert. Im entfernten Mainz kopierte man um 1250 den Bamberger Skulpturenstil, im zwei Tagesritte nahen Würzburg nicht. Erst um 1340 brachte gemeinsame Gegnerschaft gegen Kaiser Ludwig den Bayern und sanfter Druck des Papstes die Bistümer näher zusammen, nachdem schon zuvor Kanoniker Pfründen an beiden Domen angenommen hatten.

Der Würzburger Grabstein des Otto von Wolfskeel (+1345) war Vorbild für die Figur des 1352 verstorbenen **Friedrich von Hohenlohe** (am linken Eingangspfeiler des Peterschores im Bamberger Dom), gemäß damaligem Brauch nach seinem Tode vom Nachfolger aufgerichtet. Während aber der Würzburger Bildhauer sich bemühte, die Konventionen einzuhalten bzw. nur wenig abzuwandeln, ging der Bamberger auf neue Weise an sein Thema heran:

Seine Bischofsgestalt tritt nicht männlich oder herrschaftlich auf. Sie ist nicht, wie damals üblich, 30jährig gegeben, dem als ideal geltenden Alter, das Christus zum Zeitpunkt seines Todes hatte. Friedrich wird als alter Mann gezeigt. Er leidet sichtlich unter der Bürde seines Amtes; die Gewänder schlottern um seinen Körper; der Kragen ist zu weit, das Buch zu schwer. Den Bischofsstab, Zeichen seines Hirtenamtes führt er nicht, sondern er braucht ihn zur Stütze. Sein Gesicht ist gramzerfurcht und eingefallen. Man meint, den Grund zu sehen, wenn man erfährt, daß in den Jahren zuvor die Seuche der Schwarzen Pest in Europa gewütet und manchenorts mehr als ein Drittel der Bevölkerung weggerafft hatte. Doch sollte man sich vor zu einfachen Kombinationen hüten. Denn schon die vom selben Bischof gestifteten Wandmalereien (an einem der südlichen Pfeiler) verraten nicht diese Schwermut. sondern eine sinnliche, lebensfrohe Auffassung. Beides waren gleichermaßen mögliche Reaktionen auf die große Pestkrise.

Eigenwillig ist die Einstellung des Meisters zur Bildhauerkunst. Wenn man von der Synagoge und den anderen Hauptwerken des 13. Jahrhunderts zu dieser Bischofsfigur kommt, möchte man zunächst meinen, ihr Bildhauer sei ein Stümper gewesen: die Augenlider und Haare sind nur grob skizziert, der Körper unorganisch aufgefaßt. Da dies Werk aber in der Erfindung, d.h. der Grundidee so herausragend ist, fällt ein Tadel schwer. Vielmehr muß man wohl annehmen, daß in einer bewußten Abkehr von der als äußerlich empfundenen Schönheit auf handwerkliche Perfektion und formale Verfeinerung verzichtet wurde. Derartige Bestrebungen sind in der spätgotischen Kunst immer wieder anzutreffen.

An dieser Figur kann man gut die Rolle des Gewandes für die Gestaltung der gotischen Skulptur begreifen: Es ist nicht einfach Abbild der getragenen Kleidung; dem Bildhauer kam es kaum darauf an, die reiche liturgische Gewandung in ihrer Abfolge von Albe, Dalmatika, Kasel usw. differenziert darzustellen. Vor allem: Ein Bischof würde sich nie so aufstellen, daß eine derartige Schwungfalte vom rechten Fuß zum Buch entsteht wie in diesem Bildwerk. Ja das Gewand würde und könnte so gar nicht fallen. Andererseits wirkt es so aber auch nicht ganz und gar unwahrscheinlich. In diesem Zwischenbereich zwischen Abbild und Schein kann das Gewand also Gestaltungsaufgaben übernehmen, die dem körperlichen Ausdruck nicht gegeben waren; außerdem war antike Leibessinnlichkeit gerade nicht das Ziel mittelalterlicher Kunst. In diesem Bildwerk fällt die Ausdrucksfunktion, der 'leidenschaftliche Zug' der großen Gewandfalte auf. Sie wird hierzu isoliert, zugleich als Leitmotiv von anderen Faltenformen begleitet, ergänzt oder paraphrasiert. Auf diese Weise kann ein Faltenrhythmus entstehen. Außerdem aber kann das Gewand auch primär Schmuck sein wie am Grab Albert von Wertheims (s.u.). Es ist also notwendig, beim Studium gotischer Figuren immer die Gewandsprache zu beachten.

Diese Bischofsfigur steht so außer der Reihe, daß sie keine Tradition begründen konnte. Allerdings ist das Grab des Friedrich von Truhendingen (+ 1366) im nördlichen Langhausseitenschiff eine manierierte Abwandlung des Hohenlohegrabes. Einige Bischöfe erhielten nur gemalte Epitaphien. Lambert von Brunn (+1399), Geheimer Rat, zeitweise Kanzler am Prager Hof unter Kaiser Karl IV. und König Wenzel, außerdem Kardinal, begnügte sich mit einer kleinen Bronzeplatte. Sie ist wie viele wichtige Denkmäler im Peterschor eingelassen und somit nicht öffentlich zugänglich.

Kruzifixus St. Gangolf

Wie groß die künstlerischen Sprünge waren, zeigt die Grabstatue (S. 83) des **Albert von Wertheim** (+1421) im nördlichen Seitenschiff, von ihm selbst in Auftrag gegeben. Der Bischof war Gefolgsmann des gescheiterten Ersatzkaisers Ruprecht von der Pfalz. Der Grabstein ist wohl von einem Pfälzer Bildhauer aus dem Umkreis dieses Fürsten gemeißelt. Im Gegensatz zum Hohenlohe ist die Faktur* perfekt: mit dem Meißel wurde so fein gearbeitet, daß man es kaum für möglich halten möchte. Wo zuvor die ästhetische Normen verletzt wurden, wird nun, der zeitgenössischen Kunstmode folgend, in Faltenkaskaden und Saumkadenzen geschwelgt; die Figur wirkt fast überladen. Ihr Schwung ist weniger Ausdruck des Leidens oder der Leidenschaft, sondern Geziertheit.

Es ist die Zeit des ‘Schönen Stils’, dessen mitteleuropäisches Zentrum Prag war. Dort aber wandte man sich auch zuerst von der schönheitlichen Konvention ab. Daß wir uns bei der Wertheim-Statue vor einem in sich unstimmigen Werk befinden, ist zu spüren: Zeigt die Gewandung eine ins Ornamentale übergehende, er-

St. Martin. Vesperbild

fundene, nicht der Natur abgeschaute Formengebung, so ist etwa das Gesicht ein scharf beobachtetes Porträt eines aufgeschwemmten und etwas blasierten Prälaten. Die feisten Finger sind genau wiedergegeben, auch andere Dinge wie das Tüchlein um den Bischofsstab oder dessen Krümme; man muß von genauem Naturstudium sprechen, sogar von einer Durchbrechung der Naturnachahmung: ursprünglich gaben Glasflüsse in metallener Fassung auf Buch, Mitra, Handschuhe usw. der Grabfigur täuschende Echtheit; auch war sie farbig gefaßt. Aber gerade dieser 'Naturalismus' läßt die Gewandung, die Insignien und den Löwen zu Füßen des Bischofs fassadenhaft und äußerlich erscheinen. Hier werden innere Widersprüche sichtbar, die unausgeglichen bleiben. Das mindert keineswegs den Wert dieser Bildhauerarbeit, die zu den besten Frankens zählt, auch von den Nürnberger Hauptwerken nicht übertroffen.

Neben dieser bischöflichen Repräsentationskunst haben wir nun auch eine **Kunst für die Bürger** der Stadt. Sie hatte ganz andere Aufgaben. Für manche bestanden offenbar kaum eigene Traditionen in Bamberg. Jedenfalls holte man für die Obere Pfarrkirche ein Kultbild der thronenden Muttergottes mit dem Kind aus einer Kölner Werkstatt (um 1330/40). Wahrscheinlich ebenfalls aus Köln und zur selben Zeit gelangte auch das **Vesperbild** in die Pfarrkirche St. Martin der Inselstadt, die eigentliche städtische Hauptpfarrkirche (heute in der Jesuitenkirche im rechten Altar unter der Kuppel). Die beiden Bildwerke wurden schnell zu hochverehrten Gnadenbildern, die heute noch bei Prozessionen durch die Straßen getragen werden. Sie bildeten die Pole der spätmittelalterlichen Andacht, einer freudigen, fast jubilierenden und der alle Schmerzen auskostenden Passionsfrömmigkeit. Während in dem einen Bild die Freude über die Menschwerdung des Erlösers thematisiert wird, ist das Vesperbild gedanklich hochkompliziert: Jesus (die Figur erneuert, aber in der alten Form) ist klein wie ein Kind, nicht etwa weil es der Bildschnitzer nicht anders vermocht hätte, sondern weil damit der Gedanke auszudrücken war, daß Menschwerdung und Passion ineins gehen. Deshalb auch lächelt Maria über ihren toten Sohn; sie weiß, daß er auferstehen wird und freut sich über die Erlösung. In dieser Bilderfindung wird versucht, paradox erscheinende theologische Lehren bildlich einleuchtend zu machen. Je mehr sich in den folgenden Jahrzehnten jedoch die psychologische Auffassung durchsetzte, wonach den Menschen nicht zugleich zwei einander scharf entgegengesetzte Gefühle erfüllen können, desto mehr mußten derartige Bildthemen widersinnig erscheinen. Man entschied sich folglich dazu, bei der Pietà nur noch das Leiden Christi und das Miterleiden seiner Mutter herauszuarbeiten.

Andere Werke dieser Passionskunst aus dem 14. Jahrhundert sind in Bamberg und seinem Umland erhalten, so Bilder des Schmerzensmannes in St. Michael (aus dem Jahr 1350, am nördlichen Eingang zum Chor), in der Oberen Pfarrkirche (südl. Seitenschiff), im Diözesanmuseum, außen an St. Martin in Forchheim usw. Bemerkenswert ist auch ein Kruzifixus in St. Gangolf, der allerdings späteren Zeiten zu fürchterlich erschien, weshalb man die Blutstrauben entfernte und das Bildwerk 'schönte'. Sie sind die eigentlichen Zeitgenossen der Bischofsfigur des Friedrich von Hohenlohe.

Die Werkstatt des Hohenlohe hat auch für die Bürger gearbeitet. Schon die Absicht der Bischofsstatue war belehrend und aufrufend. Es wäre unsinnig gewesen, eine derart auf öffentliche Wirkung zielende Kunst einem kleinen Kreis zu reservieren. Das wichtigste Werk ist das **Brautportal** an der Oberen Pfarrkirche, wohl um 1350 geschaffen. Da nach den alten Rechtsanschauungen germanischer Herkunft Rechtsakte öffentlich stattfinden mußten, um gültig zu sein, wurde die Eheschließung, die man primär als sakramental abgesegneten Rechtsakt sah, im Freien geschlossen. Hierzu diente u.a. die Brautpforte; deshalb ihr (später angefügter) Vorbau. Entsprechend wurde das Thema gewählt, die biblische Parabel von den Klugen und Törichten Jungfrauen, die in Erwartung des Himmlischen Bräutigams ihr Öl bewahrt oder vorzeitig vergeudet hatten.

Der Gegensatz beider Gruppen wird nicht allein durch die Gefühlsregungen ausgedrückt, sondern auch etwa darin, daß die Törichten modische Kleidung tragen – sehr auffällig bei der Figur vorne rechts.

Die Parabel findet sich in Franken zum ersten Mal an der Nürnberger Sebalduskirche. Meist steht sie als Warnung in einem programmatischen Zusammenhang mit dem Jüngsten Gericht. Hier aber ist sie mit der Marienkrönung verbunden. Maria ist einerseits als Muster und Vorbild der Frömmigkeit dargestellt. Die Begleitung durch Paulus und Petrus

Obere Pfarre. Detail des Brautportals, Törichte Jungfrauen

(in einer spezifisch römischen Themenfassung) macht aber deutlich, daß Maria auch als Bild der Kirche gemeint ist, ihre Krönung als deren Triumph.

Andere Skulpturen dieser Werkstatt finden sich im Diözesanmuseum (Gruppe der Hl. Drei Könige aus der Oberen Pfarre - dort außen noch die zugehörige Madonna), im Historischen Museum (zwei Madonnen), außerdem in Altenkunstadt. Zu erwähnen sind noch zwei Äbtissinnengrabsteine in den ehem. Zisterzienserinnenklöstern Sonnefeld bei Coburg und Himmelkron bei Kulmbach.

Weitere bemerkenswerte gotische Skulpturen sind die ältere Ottotumba von 1287/88 in St. Michael und die ihr verwandten Würzburger Bischofsgräber in Ebrach (die jüngere Ottotumba erst um 1440), außerdem die Chorgestühle des Doms (um 1340 und 1360), Statuen im Domkreuzgang, sowie die Hl. Drei Könige in der Kirche von Neunkirchen am Brand.

Machen wir einen Sprung in die Mitte des 15. Jahrhunderts. Wie im Kap. 3 bereits gezeigt wurde, überwand man nur langsam die Folgen der hussitischen Revolution. Zwei Reformkonzilien in Konstanz und Basel und viele Versuche, die Zustände zu bessern, hatten stattgefunden. In diesen Jahrzehnten wurden statt der Skulpturen große **Tafelgemälde** mit Kalvarienbergen und andere figurenreiche Erzählungen zur führenden Aufgabe. Nur die Malerei konnte dem Anspruch auf genauere Wiedergabe der Wirklichkeit gerecht werden. Und man versprach sich von den erzählenden Bildern dramatischere und somit stärkere Wirkung. Die Nürnberger Kirchen sind noch voll von Gemälden dieser Epoche; aus Bamberg ist fast alles verschwunden. Besonders zu bedauern ist der Verkauf des 1429 datierten Retabels der Franziskanerkirche an das Nationalmuseum München.

Die Bamberger Tafelmaler studierten besonders früh die großen ausländischen Errungenschaften. Etwas von der Reichsperspektive der hiesigen Bischöfe wirkte hier nach. Im Franziskanerretabel sind es italienische Vorbilder, in den späteren Bildern vor allem niederländische. In der Filialgalerie der Bayerischen Staatsgemäldesammlungen in der Residenz hängen **Tafeln aus der Klarenkirche**, d.h. der 1936 abgerissenen Kirche der Franziskanerinnen (ehem. bei der Nonnenbrücke). Dargestellt sind Ereignisse aus dem Leben der Hll. Franziskus und Klara von Assisi. Bei der Szene der Stigmatisation kann man die Kopie eines Jan van Eyckschen Bildes nachweisen. Doch orientierte sich der beachtenswerte Maler dieses Retabels keineswegs nur an diesem einen Niederländer. Die warme, reich abgestufte Farbigkeit und die weiten Räume mit ihren lichten Landschaften verraten Kenntnis der Kunst des Dirk Bouts. Er war aber kein Imitator: Er erzählte selbständig, beobachtete genau die Ausstattung der Räume und hatte eine Vorliebe für schöne Stoffe und Teppiche.

Vergleicht man diese Bilder mit den berühmteren zeitgenössischen Tafeln um 1450/70 in Nürnberg, steht man vor einem Paradox: Die Nürnberger haben offenbar die niederländischen Neuerungen nicht oder nicht so genau studiert. Sie haben serienmäßiger gemalt. Der erste wirklich niederländisch orientierte Nürnberger Maler, **Hans Pleydenwurff**, stammt aus Bamberg und hat für Bamberger Auftraggeber besonders schöne Bilder geschaffen (heute in Nürnberg, Germanisches National-Museum, das überhaupt mehr und bessere Bamberger Bilder besitzt als die hiesige Galerie). Dem entspricht, daß die Bamberger in der Einführung des neu erfundenen Buchdrucks schneller waren als die Nürnberger (Pfisterdrucke ab etwa 1460). Auch das erste überhaupt je illustriert gedruckte Buch entstand in Bamberg 1460/61. Erst gegen Ende des Jahrhunderts fiel man zurück.

Hier zeigt sich eine fruchtbare **Spannung zwischen Residenz- und Reichsstadt**. Im Bamberg bestimmte der bischöfliche Hof. Obwohl bisher Künstler nicht als Hofbedienstete nachgewiesen wurden, wirkte sich der höfische Geschmack aus, dem es nicht allein um die dargestellten Inhalte ging, sondern um das ästhetisch Reizvolle und Ausgefallene. Ausgeprägt konkurrenzbewußt

Klarenaltar. Ausschnitt (Residenz)

waren die Fürsten schon seit dem 14. Jahrhundert, bestrebt, möglichst die Besten für sich arbeiten zu lassen, sich durch den Besitz der schönsten und sonderbarsten Werke und Schätze hervorzutun. Die ersten Sammler waren Fürsten; leider sind wir über ihre 'Kunst- und Wunderkammern', von denen eine besonders bemerkenswerte auf der Bamberger Altenburg zu finden war, nur aus knappen Quellennotizen oder nüchternen Inventaren informiert. Man kannte selbst an einem kleinen fränkischen Hof sehr wohl auch die weitab, etwa in Burgund oder am päpstlichen Hof herrschenden Kunstrichtungen. An ihnen orientierte man sich, mit ihnen wetteiferte man, schickte Lehrlinge oder warb Künstler ab.

Die städtischen Kaufleute waren durch ihre Handels- und Wirtschaftsbeziehungen zwar ebenso mobil. Doch beobachten wir bei reichsstädtischen Handwerkern und Künstlern immer wieder einen Hang zur Seßhaftigkeit im stillen Winkel. Einmal Etabliertes wurde immer weiter betrieben; an Veränderung bestand kein Interesse. Konkurrenz wurde am liebsten mit Zunftbestimmungen ausgeschaltet. Zwar versuchten damals schon einige Städte wie Ulm eine aktivere, innovative Kunstpolitik; Nürnberg gehörte trotz des Fehlens mächtiger Zünfte zunächst nicht dazu, bis man weit hinter den Nachbarstädten zurücklag. Die Antwort war dann, von Regensburg, Bamberg und anderen Orten erfolgreiche Künstler abzuwerben.

Aber bald stagnierte das Nürnberger Kunstleben, während man in Bamberg wiederum auf Neuerungen in den Niederlanden und am Oberrhein reagiert hatte. Dieser Abschnitt der Bamberger Kunstgeschichte wurde gekennzeichnet durch die Maler um den **Meister des Hersbrucker Retabels** (nach dem Hauptwerk in der Pfarrkirche in Hersbruck/Fränkische Schweiz). Er muß zumindest Zeichnungen nach Bildern des Flamen Hugo van der Goes gekannt haben. Einige Gemälde dieses Kreises hängen in der hiesigen Filialgalerie; vor allem zu nennen ist eine Kreuzigungstafel. Aus diesem Künstlerkreis stammt auch der bedeutendste Maler und Kupferstecher Frankens vor Dürer, der **Monogrammist LCM**. In Nürnberg, wo Wolgemut eher spröde Bilder malte, erkannte man die überlegene Qualität dieses Bamberger Malers durchaus: Hans Tucher, einer der mächtigsten Nürnberger Patrizier, stiftete 1485 in die Hauptpfarrkirche St. Sebald eine figurenreiche Passionstafel dieses Meisters. Dieser konnte es sich leisten, in den Hintergrund der Kreuzigung eine Ansicht der Stadt Bamberg zu malen; gemeint war ein Abbild der Stadt Jerusalem, womit man in Nürnberg beruhigt sein konnte (s. Kap.l).

Die Bamberger Maler waren Bahnbrecher der **topographisch getreuen Darstellung**. Dies zeigt z.B. die soganannte Capestrano-Tafel der Bamberger Galerie. Sie bezieht sich auf eine Folge berühmter Bußpredigten, die der italienische Franziskaner Johannes Capestrano 1451 in Bamberg hielt. Gegen 1475 widmete man im Zusammenhang mit den Bemühungen um die Heiligsprechung des Predigers der Erinnerung an dies Ereignis die Tafel. Auf der Rückseite waren die Kernthemen seiner Predigt als eine Art Erinnerungsbild zusammengefaßt. Hinter

Capestranotafel (Residenz)

dem Prediger ist eine topographisch genaue Ansicht von einigen Domherrenhöfen auf dem Domberg gegeben, die durch den Neubau des Schlosses (ab 1695) zerstört wurden. Diese Bamberger Neuerungen befruchteten den größten der fränkischen Maler, den Nürnberger Albrecht Dürer.

Dennoch konnte Dürer zu dieser Zeit nur in Nürnberg das werden, was er wurde. Auch ein Bamberger Landeskind wie Lukas Cranach d.Ä. aus Kronach kam erst außerhalb Oberfrankens zu wirklichen Ehren. Beide verdanken ihren Aufstieg u.a. der Tatsache, daß am Ende des 15. Jahrhunderts das reichsstädtische Bürgertum nicht nur in seinem kaufmännischen Handeln, sondern auch im Denken wie im Kunstgeschmack offener, innovativer und mäzenatischer wurde. Aus Dürers Aufzeichnungen wissen wir, daß dies im Vergleich zu Venedig immer noch armselig genug war; ohne fürstliche Aufträge wäre seine Existenz provinziell geblieben.

Spätgotische Bilder Bamberger Provenienz hängen in großer Zahl in der Filialgalerie der Bayerischen Staatsgemäldesammlungen in der Residenz, einige auch im Historischen Museum, jedoch meist verrestauriert, so etwa die **Apostelabschiedstafel** von 1483, die im Hintergrund eine berühmte Ansicht des damaligen Bamberg zeigt. Auf ihr kann man sehen, in welchem Maße Bamberg damals noch Fachwerkstadt war, ebenso den kümmerlichem Zustand der Befestigung. Viele Bamberger Bilder hängen auch in der Fränkischen Galerie auf der Veste Rosenberg in Kronach, meist unter dem Etikett 'fränkisch' versteckt. In den Kirchen finden sich nur noch wenige Tafeln, in Bamberg z.B. noch in St. Gangolf; außerdem in der Martinskirche in Forchheim und in der Pfarrkirche zu Hersbruck in der Fränkischen Schweiz. Ein schöner Bamberger Tafelzyklus wurde in die Marienkirche in Neumarkt (Oberpfalz) verschlagen.

Die Glasfenster der Epoche sind fast alle verloren; einige interessante Scheiben des frühen 15. Jahrhunderts werden im Bamberger Diözesanmuseum aufbewahrt. An künstlerisch bedeutsamer und halbwegs gut erhaltener Wandmalerei ist vor allem der um 1380 entstandene, an der böhmischen Hofkunst orientierte Freskenzyklus in der bambergisch bischöflichen Pfalz in Forchheim zu nennen. Erwähnenswert sind noch die um 1420/30 gemalten Fresken in der Augustinuskapelle des ehem. Stifts in Neunkirchen am Brand (im Pfarrhaus).

Seit dem späten 15. Jahrhunderts orientierte sich das Bamberger Kunst und Kulturleben zusehends nach Nürnberg; es entsprach ja höfischen Gepflogenheiten, das Beste vom Besten zu wollen. Dürer hat für den Bamberger Fürstbischof und andere dortige Auftraggeber gemalt und gezeichnet. Diese Werke sind samt und sonders verloren, Beute der Raubzüge und Plünderungen des Kulmbach-Bayreuther Markgrafen Albrecht Alcibiades; immerhin ist Einiges aus Kopien bekannt.

Immer häufiger vergab man wichtige Aufträge nach außen. Von dem Nürnberger **Adam Kraft** besitzen wir z.B. noch einen Wappenstein an der Alten Hofhaltung (Osttor außen). Der Grabstein des Bischofs Philipp von Henneberg (+1487) im südlichen Querhaus neben dem Retabel des Veit Stoß wurde durch den Bruder des Verstorbenen, der Erzbischof von Mainz war, aus dieser Stadt 1493 geliefert; eine Aktennotiz berichtet von seiner Ausladung am Bamberger Hafen (Am Kranen neben dem Inselrathaus). Es ist ein qualitätvolles Werk, das den Bischof in das Buch der Lehre vertieft zeigt.

Von außen kamen auch die **Bronzewerke**. Offenbar hatte man in Bamberg keine Bronzegießer, oder wenigstens keine, die in Qualität und Preis mit der Vischer'schen Gießhütte in Nürnberg konkurrieren konnten. Die Wände der Nagelkapelle, des ehemaligen Kapitelsaales am südlichen Domquerhaus, die im 15. Jahrhundert nur noch als Kapelle und Begräbnisstätte für Domherren benutzt wurde, sind mit flachen Bronzeepitaphien bedeckt. Auch Bischöfe folgten gelegentlich diesem bescheidenen Typus. Erst Bischof Georg von Limpurg strebte nach größerer Pracht und ließ sich 1518/19 eine plastische Grabfigur von dem berühmten Eichstätter Bildhauer Loy Hering aus Solnhofer Kalkmarmor errichten, vielleicht nach einem Entwurf Dürers. Leider ist das Werk im Peterschor den Besuchern verborgen.

Seine Nachfolger aber überboten sich nach und nach in immer aufwendigeren Grabmälern (s. Kap. 6).

Selbst da, wo Bamberger Künstler zum Zuge kamen, merkt man die Orientierung nach auswärts, vor allem nach Nürnberg. Beispiele finden sich in der Oberen Pfarrkirche, deren Ausstattung in den Jahrzehnten nach ihrer Erbauung noch vielfältig bereichert wurde. An der rechten, südlichen Langhauswand hängt ein schönes Relieffragment mit der Himmelfahrt und Krönung Mariens aus der Zeit um 1505 (s. Kap. 7). Der Bildtyp folgt einer älteren fränkischen Tradition; die Apostel verraten jedoch deutlich die Kenntnis von Veit Stoß' berühmtem Retabel in der Krakauer Marienkirche (ca. 1481-85). Man bestellte aber auch direkt in der Werkstatt des Veit Stoß, wie das Relief der Beweinung Christi aus Wattendorf im Diözesanmuseum beweist.

Die knorrigen Apostel Ulrich Widmanns von 1482 und ein Christophorus in derselben Oberen Pfarrkirche von etwa 1520, durch die barocke Weißfassung verfremdet, wirken eigenständiger, ebenso das bemerkenswerte Relief mit dem Abschied Christi von Maria im Chor der Martinskirche in Forchheim aus der Zeit um 1510. Andere Werke verraten die Vorbildwirkung des Würzburger Hofkünstlers Tilmann Riemenschneider, so eine Madonna im Diözesanmuseum; bei Riemenschneider bestellt sind auch einige Grabstatuen derer von Stiebar in der Pfarrkirche Buttenheim. Die Figuren aus dem Hochaltarretabel in der Hersbrukker Pfarrkirche (um 1490) weisen auf den Ulmer Schnitzer Michel Erhart.

Aus etwas späterer Zeit stammen: Der älteste vollständig erhaltene Kreuzweg Deutschlands, Steinreliefs der Zeit um 1503, die von der Elisabethkirche am Sand in Bamberg zur ehem. benediktinischen Propsteikirche St. Getreu führen - dort der Kalvarienberg, außerdem andere spätgotische Skulpturen von Rang aus St. Michael; in der Nagelkapelle des Bamberger Domes das Retabel des Apostelabschieds; mehrere Stücke im Diözesanmuseum, im Historischen Museum und in der Fränkischen Galerie auf der Veste Rosenberg in Kronach; Skulpturen in der ehemalige Stiftskirche in Neunkirchen am Brand, vor allem eine schöne

Madonna kurz nach der Mitte des 15. Jahrhunderts in der Augustinus-Kapelle; das Schaumberg-Epitaph in der Pfarrkirche von Lichtenfels aus der jüngeren Vischerwerkstatt.

Man darf nicht über die Kunst des 15. Jahrhunderts schreiben, ohne wenigstens mit einigen Worten auf die Ausstattungskünste einzugehen. Zwar sind in Oberfranken Holzvertäfelungen und Möbel dieser Zeit fast vollständig verloren. Doch gibt es einige Zeugnisse der Teppichwirkerei und Goldschmiedekunst, die den hohen Stand dieser Künste in Bamberg aufzuzeigen vermögen.

Das Diözesanmuseum besitzt einen **Teppich mit einem Zyklus der Passion Christi**, zu datieren um 1490. Unten auf der Randbordüre sieht man Dominikanerinnen am Webstuhl. Diese stolze Selbstdarstellung der geistlichen Künstlerinnen geschah zurecht. Auch wenn wir annehmen müssen, daß ihnen der Karton eines Bamberger Malers aus der Nachfolge des Meisters des Hersbrucker Altars als Vorlage diente, so ist doch ihre Webkunst erstaunlich; sie liegt weit über dem Niveau damaliger Klosterwerkstätten. Schon am Altarretabel des Klarenklosters (s.o.) war aufgefallen, welchen Wert man in den Bamberger Frauenklöstern auf Textilausstattung legte, so daß man sie unbedingt auch in den Bildern dargestellt haben wollte. So aufwendige Teppiche wie diese haben die Nonnen jedoch wohl kaum für sich selbst hergestellt; Empfänger bzw. Auftraggeber dürften am ehesten andere geistliche Institutionen gewesen sein. Wozu sie dienten, ist immer noch nicht sicher; wir wissen nur, daß sie in den schlecht beheizten Räumen warm hielten und an Festtagen Altäre und Chorgestühle schmückten. Der Passionszyklus und darin vor allem das auffällige Fehlen der Kreuzigung als Hauptbild lassen vermuten, daß das Werk als Fastentuch, d.h. zur Verhängung eines Altares oder Kruzifixus während der Fastenzeit diente.

Passionsteppich. Ausschnitt (Diözesanmuseum)

Der Teppich ist ein schönes Beispiel für einen erzählenden Andachtsbilderzyklus. In drei Zeilen zu je drei Bildern wird die Passion

Christi vom Abendmahl bis zur Auferstehung geschildert. Christus steht meist in der Mitte. Diese Achsialität (und z.T. Frontalität) stammten aus der Tradition des Altarbildes; denn auch diese Bilder dienen der Verehrung. Und doch fällt bei näherem Hinschauen auf, wie allein durch die Anbringung einer oder zweier weiterer Ereignisse im Hintergrund im Vor und Zurück des Blickes eine Abfolge der Geschichte entsteht. Sehr geschickt sind die Überleitungen von Bild zu Bild. Der Entwerfer war ein bedeutender Erzähler: einerseits wird in den jeweiligen Streifen ein gemeinsamer Hintergrund gewählt; doch gibt es nicht für alle drei Szenen einen gemeinsamen Blickpunkt, vielmehr wird das linke der drei Bilder von rechts, das rechte eher von links gesehen, nur das mittlere achsial (gut ablesbar etwa an den Bodenplatten). Man kann also nicht bestätigen, wie der Begriff 'Kunsthandwerk' meint, daß es sich um Gebrauchskunst oder ein Kunstwerk minderen Ranges handle.

Die Neigung des Zeitalters gehörte jedoch der **Goldschmiedekunst** und den kostbaren Steinen. Aber genau diese meist mit höchster Kunst gefertigten Werke waren immer auch leichte Beute für die begehrlichen Nachfahren. Zu leicht ließen sie sich 'ummünzen'. So wundert es, daß überhaupt noch irgendetwas die stürmischen Zeitläufte von den Bürgeraufständen über Reformation und Bauernkrieg bis hin zum 30jährigen Krieg und den Preußenkontributionen überlebt hat. Stellvertretend für alle Werke sei nur auf das **Reliquiar des Hl. Nagels** im Diözesanmuseum hingewiesen. Es wurde **1485/86** von dem Bamberger Goldschmied **Thomas Rockenbach** für die nach dieser Reliquie benannte Nagelkapelle des Doms gefertigt. Die Montur des

Nagelreliquiar (Diözesanmuseum)

Nagels wurde später verändert; die abgerissenen Steine im 18. Jahrhundert erneuert. Der Goldschmied entwarf ein kaum auflösbares Mischgebilde aus geometrischen, vegetabilen und architektonischen Formen, das im rhythmischen Wechsel von Ausbreitung und Einziehung die Reliquie geschickt inszeniert. In der Form ist eine Säule paraphrasiert, wie sie seit uralter Zeit für Kultbilder und Heilszeichen verwendet wurde. Die Bekrönung bilden zwei kniende Engel, die den Nagel halten. In Gebilden wie diesem zeigt sich aber auch eine schier unerschöpfliche Phantasie, die zwar Anleihen bei der Baukunst macht, sie aber in der Ausschöpfung gestalterischer Möglichkeiten bei weitem übertrifft.

Obere Pfarre. Himmelfahrt

Dom. Grabmal des Bischofs Albert v. Wertheim (+ 1421)

Dom. Marienaltar des Veit Stoß

Krise und Verwandlung

Von 1500 bis zum Ende des Dreißigjährigen Krieges 1648

Von etwa 1470 ab steigt das Kunstschaffen in Mitteleuropa zu einem vorher nicht und später nie wieder gekannten Rang auf, stürzt aber von 1520 an durch das Zusammentreffen der hierzulande meist bilderfeindlichen Bewegungen von Reformation und Humanismus mit einer schweren und dauerhaften Wirtschaftskrise ab. Träger der Bewegung waren die großen Reichsstädte, in geringerem Maße auch die Höfe; denn diese wandten sich meist mit ihren Aufträgen an städtische Künstler, der Kaiser voran. Die wichtigste Aufgabe war weiterhin das religiöse Bild; selbst das Porträt steht noch z.T. in geistlichem Zusammenhang (als Memorienbild). Eine profane Kunst wie in Italien war erst im Entstehen. Deswegen führte die Krise des religiösen Bildes zur Krise der Kunstproduktion selbst. Zudem orientierten sich die höfischen und humanistischen Auftraggeber zunehmend, bald sogar ausschließlich nach Italien, so daß es zu einem Bruch mit den deutschen Traditionen kam.

Die Lage der Bischofsstädte war schon während der Blütezeit zwiespältig. Als fürstliche Residenzen waren sie für eine große Kunstproduktion meist nicht finanzkräftig, für das aufstrebende Geldbürgertum nicht anziehend genug. Der Vater des großen Bamberger, dann Nürnberger Malers Hans Pleydenwurff, Cuntz, war zeitweilig Bambergs Bürgermeister. Das bezeugt, wie hoch das Ansehen eines Handwerkers in dieser Stadt steigen konnte; von ähnlich hohen Ämtern für Künstler hören wir in Nürnberg nie. Aber das Mißvergnügen der hiesigen Bürger über die politischen Mißerfolge (s. Kap. 4) dürfte gerade bei den Ratsherren am größten gewesen sein. Wir wissen nicht, ob das den Weggang seines begabten Sohnes nach Nürnberg mitbestimmt hat; zu vermuten ist es. Andere Künstler wanderten in die aufblühenden mitteldeutschen Bergwerksstädte und Residenzen; der berühmteste ist Lukas Cranach aus dem bambergischen Kronach. Trostlos wurde das Bamberger Kunstleben aber erst im frühen 16. Jahrhundert. Wir können keine größere künstlerische Begabung mehr nennen. Ein angesehener Maler wie **Paul Lautensack** (Bilder in der Galerie der Residenz) klammert sich immer noch an die Erfindungen des Meisters der Hersbrucker Altartafel, wenn er nicht nach Dürerscher Graphik arbeitet.

Die Lage ist jedoch in den Bistümern nicht gleich. Der Würzburger Bischof z.B. hatte schon im 12. Jahrhundert mit der Verleihung der Würde eines Herzogs von Franken größere politische Macht in seinem Land gewonnen als irgendeiner seiner Nachbarn. Obendrein hatten von der Mitte des 15. Jahrhunderts an, in einer der Stärkung fürstlicher Macht günstigen Zeit, entschiedene Bischöfe wie Rudolf von Scherenberg die Herrschaft ausgebaut; Riemenschneiders meisterhafter Grabstein im Würzburger Dom gibt ein einprägsames Bild dieser Persönlichkeit. Würzburg bestimmte in Unterfranken, wie es Bamberg kaum für sein bischöfliches Territorium konnte, geschweige denn für die ganze Diözese, zu der Nürnberg oder markgräfliche Städte wie Bayreuth gehörten; wenn man hingegen die alte Diözesangrenze überschreitet und in das Bamberg so nahe gelegenen Haßfurt kommt, spürt man das Würzburgische: die Riemenschneiderfiguren in der Kirche, die Architektur und Ausstattung der Pfarrkirche und der Ritterkapelle, später dann die Barockbauten, bezeugen es.

Diese politischen **Strukturen** bestimmten die Geschichte und Kunst des 16. Jahrhunderts. Der Bamberger Bischof konnte sich nicht einmal gegenüber seinem Domkapitel durchsetzen; wie dann gegenüber den benachbarten, immer mächtiger werdenden Hohenzollern oder gegen die Reichsstadt Nürnberg mit ihrem großen Territorium? Selbst Ritter konnten sich selbständige Herrschaftsbereiche schaffen, oft nur zwei oder drei Dörfer, geschart um die Burg, zumal in der von Bamberg ferneren Fränkischen Schweiz oder im Steigerwald. Das Bistum Bamberg wäre in den politischen und religiösen Wirren dieser Epoche sicher untergegangen, wenn nicht die Würzburger Bischöfe, zumal der zupakkende Julius Echter von Mespelbrunn (Bischof 1573-1617), unterstützt von Bayern, eingegriffen hätte. Das 16. Jahrhundert wird so die Zeit der Abwendung von den eigentlichen Nachbarstädten wie Nürnberg, Bayreuth oder Coburg. An ihre Stelle tritt die Gefolgschaft gegenüber Würzburg. Bamberg gelangte erst wieder zur Blüte, als die Bischöfe die volle fürstliche Gewalt gewonnen hatten, letztlich erst unter Lothar Franz von Schönborn (s. Kap. 8).

Die kunsthistorische Lage in den ersten Jahrzehnten nach 1500 wird den Besuchern an zwei Hauptwerken im Dom deutlich, **Tilmann Riemenschneiders Grab des heiligen Kaiserpaares** und dem sog. **Bamberger Altar des Veit Stoß**. Das Kaisergrab wurde 1499 in Auftrag gegeben, wahrscheinlich für das 500jährige Jubiläum des Bistums 1507. Aufgestellt wurde es nach vielen Mahnschreiben im Jahre 1513. Das Meiste wurde nicht vom Würzburger Künstler selbst, sondern von

Dom. Deckplatte des Kaisergrabes

seiner Werkstatt gearbeitet. Der Auftrag ist rückwärtsgewandt; das Bistum vergewisserte sich in ihm öffentlich seiner Ursprünge. Zugleich ist es ein zeittypisches Werk, indem es auf das gewachsene Schaubedürfnis des Volkes reagierte, das durch die vorher anscheinend bildlose Grabstätte nicht befriedigt wurde; dadurch hatte wohl auch die Wallfahrt an Zulauf verloren. Kurz zuvor hatte außerdem der Nürnberger Rat große Pläne gefaßt, das Grab des Stadtheiligen Sebald umfassend neuzugestalten. Wallfahrten waren einträglich, und sie waren deshalb Konkurrenzunternehmen. Die Realisierung verzögerte sich allerdings auch dort. Das Bamberger Kaisergrab war ursprünglich mitten im Domlanghaus aufgestellt, das somit zum Wallfahrtsraum zwischen den beiden Chören gemacht wurde. An seiner Stirnseite stand ein Kunigundenaltar.

Schon im Material versuchte man sichtbar zu machen, daß es sich um ein Kaisergrab handelt. Es ist Juramarmor, nur an wenigen Teilen golden gefaßt. Marmor galt damals als das kaiserliche, römische Baumaterial schlechthin; mit ähnlicher Absicht war es schon für die Tumba des Papstes Clemens im Peterschor verwendet worden, ein im 13. Jahrhundert noch ungewöhnlicherer Schritt. Auffällig ist auch die mehrfach getreppte Form des Podestes oder die reiche rahmende Architektur; dieser Prunk ist ein Versuch, die Grabstätte des Kaiserpaares angemessen auszugestalten.

Daß man auf die öffentliche Einschätzung des Kaiserpaares zielte, nicht auf die offizielle, erkennt man schon daran, daß die Kaiserin auf dem Tumbendeckel in die Ehrenposition der rechten oder - vom Kirchenbau aus betrachtet - südlichen Seite gerückt ist; bei Grabmälern von Ehepaaren und erst recht bei offiziellen Darstellungen nahm sonst der Mann die übergeordnete Position ein. Doch hatte schon das Adamsportal im 13. Jahrhundert diesen Leitbildwechsel angezeigt (s. Kap. 3). Weiter fällt auf, daß man nicht versuchte, das Kaiserpaar nach älteren Bamberger Mustern darzustellen, sondern in zeitgenössischer Tracht. Ein Gefühl historischer Distanz und damit der Lebensferne sollte nicht aufkommen. In Gestaltung und Zier folgte man jedoch nicht der neuesten, italienisierenden Kunstmode. Man beauftragte einen Künstler, dessen Popularität schon damals erwiesen war - und die geblieben ist, zum Schaden etwa der Wertschätzung des Veit Stoß.

Abweichend von bisherigen Gepflogenheiten wurden die Seitenwände der Tumba mit Bildern ausgestattet, so daß diese Reliefs das Eigentliche werden, während die Figuren auf dem Deckel kaum zu sehen waren (aus der Nähe auch heute nach der Versetzung an den Georgenchor nicht - doch gibt es einen guten Gipsabguß im Kreuzgang). Wahrscheinlich gehen die Szenen auf Entwürfe des Bamberger Malers Wolfgang Katzheimer zurück. Dies geschah jedoch weniger, weil man Riemenschneider als Künstler mißachtete, sondern weil man sichergehen wollte, daß die richtigen Szenen in der eigentlich nur in Bamberg bekannten Formulierung dargestellt wurden. Denn hier kam es aufs Detail an.

In Werken dieser Art gibt es immer vordergründige und hintergründige Gedanken. Oder anders: Für den einen konnte dasselbe Bild weniger, für den anderen mehr bieten. Bestimmte Botschaften waren nur von Eingeweihten zu entschlüsseln, vielleicht sogar erst durch gezielte Erläuterungen. Übergänge waren möglich, oft erwünscht. Man hatte vielerlei Geschichten in den Legenden zur Auswahl, man konnte auch neue (er-)finden. So taucht z.B. die hier dargestellte Legende vom Schüsselwunder Kunigundes erst spät im 15. Jahrhundert auf. Erzählt wird, daß die Kaiserin persönlich die Bauleute ihrer Stiftung St. Stephan aus einer Kristallschüssel entlohnte (die als Reliquiar im Domschatz erhalten geblieben sein soll). Jeder konnte in sie hineingreifen; aber er konnte nur das ergreifen, was er auch wirklich verdient hatte. Der erste Gedanke ist der, daß durch die Kaiserin der Himmel Gerechtigkeit übt, daß sie gleichsam ein Sendbote des Himmels ist. Das Bild antwortet aber auch auf lebhafte zeitgenössische Diskussionen um den gerechten Lohn und um das Verhältnis von Arbeitslohn und Kapitaleinnahmen; der Kapitalismus machte damals nördlich der Alpen einen Dimensionssprung mit allen sich daraus ergebenden Problemen. Das Bild ist also eine indirekte Parteinahme. Außerdem mag noch der Immunitätenstreit eine Rolle gespielt haben, d.h. der Kampf um die Autonomie der geistlichen Institutionen; mit diesem Bild mag eine Zuständigkeit der Zentralinstitution Dom auch über die Stiftskirche angedeutet sein.

Die anderen Bilder sind: die des Ehebruchs verleumdete Kaiserin geht in einem Gottesurteil über glühende Pflugscharen, ohne sich zu verbrennen; der Tod des Kaisers; seine Seelenwägung, wobei allein der für die Laurentiuskathedrale in Merseburg gestiftete und vom Hl. Laurentius in die Waagschale geworfene Kelch alle Verunglimpfungen der Teufel zunichtemacht; und die Befreiung des Kaisers von seinen Blasensteinen durch den Hl. Benedikt. Dies alles sind Bilder, in denen die Gläubigen ihre irdischen Sorgen und Nöte wiederfanden, aber auch Vorbilder und Fürbitter für ihre Bemühungen um die Sicherung des Seelenheiles.

Das **Retabel des Veit Stoß** im südlichen Domquerhaus führt uns in die Zeit des reformatorischen Umbruchs. Es ist nicht für Bamberg geschaffen, sondern fand nach der Einführung der Reformation in Nürnberg in der Oberen Pfarre eine Heimat, wo es lange als Krippe diente. 1937 kam es in den Dom im Tausch für ein Tintorettobild (s. Kap. 7). Ursprünglich war es das Hochaltarretabel der Nürnberger Karmeliterkirche. Über seine Geschichte sind wir ungewöhnlich gut unterrichtet: Der Prior Andreas Stoß, Sohn des Künstlers, hatte seinem Vater den Auftrag 1520 gegeben. Absicht war, dem durch Prozesse und Streitigkeiten mit dem Rat als Außenseiter gebrandmarkten Vater endlich in Nürnberg die Gelegenheit zu geben, ein großes Werk ganz nach eigenen Vorstellungen zu errichten. Es sollte ein Denkmal seiner Kunst werden.

Das Werk ist gänzlich eigenhändig, im Gegensatz zum Kaisergrab. In drei Jahren wurde es vollendet. Es durfte nie bemalt werden; nur Lippen, Augen und wenige Einzelheiten wurden mit dem Pinsel näher gekennzeichnet. Das Lindenholz wurde honiggelb eingelassen. Doch leider haben wir heute keineswegs mehr das originale Werk vor uns. Unter Abstrich aller Veränderungen und Zerstörungen müssen wir den 'Urtext' erst rekonstruieren, ehe wir die Qualitäten dieser Kunst erfahren und genießen können. Nur ein Flügel blieb erhalten; zwar sehen wir zwei, doch stammen die beiden oberen, flacheren Reliefs von der Außen-, die unteren von der Innenseite. Fragmente von Predella* und Auszug* sind teils im Diözesanmuseum zu bewundern, teils im Mittelschrein verstreut.

Man hat später das Werk dunkel gefirnißt. Beeinträchtigender sind die Umstellungen von Figuren; sie zerstören die Komposition und fälschen den Eindruck mehr als die kleineren Zerstörungen und Verluste, unter denen sich allerdings auch das Christuskind befindet. Josef steht viel zu hoch; man sieht es an der unterschiedlichen Höhe des Standorts der Tiere links und rechts. Zu hoch steht auch der rechte Engel mit dem Kreuz, das auf die Passion vorwegweist. Alle Figuren sind verschoben. Leider ist auch die in Krakau erhaltene Entwurfszeichnung des Künstlers kaum eine Hilfe, da er von seiner ersten Idee während der Arbeit abwich.

Dennoch bleibt es ein außerordentliches Werk, in Bamberg die herausragendste Bildschnitzerei dieser großen Epoche. Im Vertrag war eine genaue Stufung der Teile vorgesehen, die Außenflügel flach, die inneren erhaben und die Schreinfiguren als Statuen. Der Künstler unterschied weiter.

In den Außenflügeln wird erzählt: die Flucht nach Ägypten wird zur Reiseszene, die Geburt Mariens zur Darstellung einer Wochenstube; alle notwendigen Geräte wie Wasserkessel oder Zange werden genauso liebevoll geschildert wie der Raum und die Überreichung der ersten Mahlzeit an die Wöchnerin.Die Innenreliefs hingegen werden zur repräsentativen Zeremonie um die Muttergottes in der Mitte. Sie rahmen den Schrein, der wie die Innenflügel nach den Vorschriften nur ein dutzendmal im Jahr zu sehen war. Hier wird feierlich, geradezu gravitätisch das Ereignis der Geburt Christi in seiner Erhabenheit dargestellt. Josef und Maria sind gedankenversunken, ergriffen von der Musik der Engel. Selbst in anderen Werken so stürmischen Hirten verharren schüchtern im Hintergrund.

Sonst waren Hochaltarschreine meistens als Aufreihungen von Heiligen konzipiert. Hier wurde das Ereignis der Menschwerdung szenisch in den Mittelpunkt gestellt. Der alte Meister griff dabei Neuerungen der Altargemälde des Venezianers Giovanni Bellini auf und formte sie auf seine Weise um. Diese Neuprägung geschah nicht allein aus künstlerischen Gesichtspunkten, sondern auch im Dienste des Karmelitenordens, dem er nahestand: Im Mittelpunkt der karmelitischen Frömmigkeit standen Maria und ihre Familie, vor allem das Geheimnis der Inkarnation. Ein Relief mit dem Ordensgründer und ersten Eremiten Elias (nach der karmelitischen Legende) vom Flügelaufsatz ist im Diözesanmuseum erhalten. Das gesamte Bildprogramm, das hier zu analysieren nicht genug Raum ist, folgt karmelitischem Denken. Zugleich spiegelt es die Spannung der sich anbahnenden Reformation: Nürnberg war schon vor dem Ausbruch der Religionsstreitigkeiten eine Pflanzstätte der Gedanken von Staupitz und Luther. In kaum einer Stadt hatten die Reformatoren so früh gewonnene Sache. Ihre Hauptgegner waren die Bettelordensklöster, voran die Karmeliten. Das Programm des 1523 fertiggestellten Retabels hatte in seiner ausgeprägt katholischen Mariologie und in der Betonung des Meßopfers eine antilutherische Spitze. Deshalb verweigerte der Rat nach Aufhebung der Klöster die Restzahlung. Und deshalb kam nach langem Hin und Her das Retabel nach Bamberg, wohin sich auch Andreas Stoß zurückgezogen hatte.

Das Werk ist durch seine Geschichte zu einem Symbol für die Größe und zugleich das abrupte Ende der altdeutschen Kunst geworden, die alte kirchliche Ziele mit modernen künstlerischen Mitteln zu einer vorher nie gekannten Wirkkraft gebracht hatte.

Ein wesentlicher Teil des damaligen Bamberger Kunstlebens ist uns so gut wie ganz verloren:die privaten Sammlungen, vor allem die des Fürsten. Was derartige Sammlungen damals für Bilder enthielten, kann man an einem kostbaren Werk der Bamberger Gemäldegalerie ermessen, der **Sintflut von Hans Baldung gen. Grien** von 1516. Das Thema ist christlich, der Zusammenhang aber nicht kirchlich; das Bild war für ein 'Kunstkabinett' gedacht. Baldung, Dürers berühmtester Schüler, hat italienische Vorbilder, vor allem aus Ferrara, verarbeitet. Italienisch und neuartig war es, die meisten Menschen nackt zu gestalten. Besonders eindrucksvoll ist die Gruppe der verzweifelten Mutter mit dem Kind links unten, Einleitung und Einstimmung in das Geschehen. Zugleich enthält das Bild eine Vielzahl von Zitaten nach antiken und anderen durch den Humanismus beliebt gewordenen Motiven. Der

Baldung Grien. Sintflut (Residenz)

Maler erfand eine 'kunstreiche' Darstellung und schuf doch keineswegs nur ein Kunststück, sondern drückte in ihm die eigenen Ängste und die seiner Zeit vor einer durch die Astrologen angekündigten neuen Katastrophe aus.

Die Baupläne des Fürstbischofs Georg III. Schenk von Limburg für einen neuen Fürstensitz am Domberg scheiterten am Widerstand des Domkapitels. Die Regierungszeit seines Nachfolgers Weigand von Redwitz jedoch war ganz von den reformatorischen und kriegerischen Wirren bestimmt, eine künstlerisch arme Epoche.

Schon Bischof Georg hatte versucht, den Einfluß der lutherischen Lehre einzudämmen, aber das Domkapitel schlug eine Verzöge-

St. Michael. Epitaph des Bischofs Weigand von Redwitz

rungstaktik ein: Es beschloß erst ein halbes Jahr nach der päpstlichen Bulle gegen Luther und nach der Ächtung durch den Kaiser die Veröffentlichung dieser Dokumente. Und dem Beschluß folgte nicht gleich die Ausführung, denn zuerst wollte man noch abwarten und sehen, wie es die benachbarten Fürsten hielten. Weigand von Redwitz (1522-1556) ergriff dann schärfere Maßnahmen, so entließ er 1524 den kritischen Bamberger Prediger und Custos des Stiftes St. Gangolf, Johann Schwanhausen. Schon vorher war wegen der drückenden Steuerlast bei zurückgehender Konjunktur überall im Hochstift protestiert oder der Zehnte einfach nicht gezahlt worden, doch nun kam es zum Volksaufstand: In kürzester Zeit zogen mehrere tausend Bauern nach Bamberg, und der Bischof floh auf die Altenburg; das Domkapitel hatte sich vorsichtshalber aus dem Bistum abgesetzt. Die Furcht war nicht unberechtigt: über 100 Burgen und feste Schlösser zündeten die Bauern in jenen Tagen an und forderten, daß keine stehenbleiben dürften. Der Schrecken war so groß, daß Adelige von selbst begannen, ihre Behausungen zu demontieren, um nur mit dem Leben davonzukommen. Viele Bauern folgten wohl einem spontanen Gefühl, nun endlich etwas ändern zu können, jahrzehntealte Unterdrükkung abzureagieren. Man plünderte Klöster und trank den Wein der Ritter. Auch alte Rivalitäten spielten mit: So entschlossen sich die Bewohner der Bamberger Theuerstadt, das Heilig-Grab-Kloster zu plündern, weil sie fürchteten, die Hallstadter könnten ihnen zuvorkommen.

Als es hieß, das vom Bischof zuhilfe gerufene Heer des Schwäbischen Bundes nähere sich Bamberg, zerfiel der Aufstand, denn diesem eilte ein so fürchterlicher Ruf voraus, daß viele Bauern in ihre Dörfer zurückkehrten oder sich im Wald versteckten. Auch Bamberg unterwarf sich sofort "auf gnad und ungnad" dem Bischof. Man hoffte, das Strafgericht werde glimpflicher ausgehen, wenn es der Bischof allein abhielte. Die Strafexpeditionen im Bamberger Land führte dann aber doch Markgraf Casimir von Brandenburg-Kulmbach durch. Dreizehn der 'Aufrührer' wurden sofort auf dem Bamberger Markt hingerichtet, der Rest der Bevölkerung wurde zu schweren Abgaben oder zum Wiederaufbau verbrannter Schlösser gezwungen.

Weigand von Redwitz hatte die erste Bewährungsprobe seiner Amtszeit mit Müh und Not hinter sich gebracht. Weiterhin mußte er gegen die um sich greifende lutherische Lehre ankämpfen, wollte er seine geistliche und weltliche Herrschaft retten: 1525 schloß sich die mächtige Reichsstadt Nürnberg, die im Süden der Bamberger Diözese über ein großes Landgebiet herrschte, offiziell der Reformation an. Auch der unmittelbare Nachbar des Fürstbistums, der Hohenzollerische Markgraf, wurde samt seinem Land evangelisch. Viele Adelige des Hochstiftes reformierten die Pfarreien, in denen sie die Patronatsrechte hatten, d.h. den Pfarrer einsetzten. So wurde etwa die halbe Diözese lutherisch und löste sich aus der alten kirchlichen Bindung.

1553 nahmen die Truppen des Markgrafen Albrecht Alcibiades von Brandenburg-Ansbach im sogenannten 2.Markgrafenkrieg, der auch das Bamberger Land schwer heimsuchte, die Altenburg ein. Der Markgraf ließ die Gebäude niederbrennen, nicht aber die Mauern schleifen. Offenbar sah er in der Burg keine militärische Bedrohung, sondern allenfalls ein architektonisches Zeichen bischöflicher Macht, das demonstrativ zerstört wurde.

So waren, als Weigand von Redwitz 1556 starb, die Kassen leer, die bischöfliche Residenz zerstört. Die Gefahr, daß das katholische Fürstentum von den Nachbarn annektiert wurde oder sich dem Protestantismus zuwandte, war bis zum Beginn des 17. Jahrhunderts nie ganz gebannt.

Erst in der zweiten Hälfte des Jahrhunderts begannen sich die konfessionellen und politischen Verhältnisse zu stabilisieren; einzelne Bischöfe bemühten sich um eine Reform ihrer Kirche, die notwendige Voraussetzung, um ihre Herrschaft auf Dauer zu sichern. Nun wurde auch wieder gebaut; allerdings floß im Unterschied zu den vorausgegangenen Epochen das meiste Geld ins Festungsbauwesen.

Zuerst bemühte man sich um die Sicherung der Grenzstädte des Landes, um Einfälle wie die des Markgrafen Albrecht Alcibiades von Brandenburg 1553 in Zukunft zu verhindern. Am wichtigsten waren Kronach im Norden und Forchheim im Süden. Hier, den gefährlichen Nachbarn am nächsten, begann unmittelbar nach dem Krieg der Ausbau zur Festung nach modernem, italienischem Vorbild. Einige der frühen Anlagen sind noch vorhanden, so die St. Veits-Bastion (1553) und die Bastion beim Saltorturm (1560-63). In Kronach, das seit 1122 zum Bamberger Hochstift gehörte, ist die gewaltige Festung Rosenberg nahezu unversehrt erhalten. Sie war in verschiedenen Kriegen ein sicheres, nie erobertes bischöfliches Bollwerk. Ihr in vielen Etappen entstandener mittelalterlicher Kern wurde allerdings erst 1656-1699 zum heutigen Fünfeck ausgebaut.

Nach der Zerstörung der Altenburg nahmen die Bischöfe wieder ihren Platz auf dem Domberg ein. 1568 begann Veit von Würzburg (1561-1577) den Neubau der **Alten Hofhaltung**, gegen den Widerstand des Domkapitels, das nun (im Gegensatz zu früheren Bestrebungen) den Wiederaufbau der Altenburg bevorzugt hätte.

Leider ist uns der ältere Bischofspalast am Domplatz nur in Resten erhalten, denn wesentliche Teile wurden 1777-78 wegen Baufälligkeit abgerissen. Auf Gemälden dieser Zeit sieht man, daß die Baugruppe ursprünglich imposanter wirkte als heute.

Alte Hofhaltung um 1750

Der Neubau sollte die altehrwürdigen Bauten aus der Heinrichszeit nicht durch etwas völlig Anderes ersetzen. Die romanische Andreaskapelle wurde zur Bibliothek umgebaut, indem man sie ummantelte und einen repräsentativen Giebel aufsetzte. Dann entstand als wichtigster Teil der Anlage die sogenannte Neue Ratsstube. Zuletzt wurde der dazwischenliegende einstöckige Trakt, der Kanzleibau, eingefügt, wie man an den Baufugen deutlich ablesen kann. In Grund- und Aufriß zeigen sich Analogien zum romanischen Vorgängerbau, von dem einzelne Mauern integriert wurden.

Am architektonischen Reichtum der Ratsstube kann man den ihr zugedachten Rang ablesen: Sie diente den offiziellen Amtsgeschäften des Bischofs. Im ersten Stock liegt der Ratssaal, darüber die Fürstenzimmer, kleine Räume, die durch eine enge, seitlich angebaute Wendeltreppe verbunden sind. Das entspricht dem herkömmlichen deutschen Bürgerhausbau: Daß man im zweiten Stock wohnte, war in den mittelalterlichen Burgtürmen ebenso angebracht wie in den engen Städten. Bequemlichkeit war noch kein Gesichtspunkt für fürstliches Bauen.

Zwar nennen wir den Stil der Ratsstube 'Renaissance', doch hat er mit dem, was dieser Begriff in Italien bezeichnet, so gut wie nichts zu tun. Der Giebel ist durch Lisenen* und Gesimse gegliedert, die der klassischen Architektur entstammen, doch wären weder dieser Giebel noch der asymmetrisch versetzte Erker in der Antike oder der italienischen Renaissance denkbar gewesen. Spätgotische Architekturideen wirkten nach: So wurden bei den Fenstergewänden und den kunstvoll sich durchschneidenden Rippen am Fuß des Erkers Motive weiterverwendet, die hundert Jahre vorher aufgekommen waren. Ein Bruch ist nicht zu bemerken, allenfalls eine Vermischung der alten Formen mit neuen. Am Erker hat sich der Architekt als Trägerfigur des Gebäudes dargestellt. Das erinnert an die Art, wie sich Adam Kraft Jahrzehnte früher unter dem Sakramentshaus von St. Lorenz in Nürnberg verewigt hatte. Er ist mehr der selbstbewußte Handwerker, der das Werk trägt, als ein bloß seinem Ingenium verpflichteter Künstler, wie wir ihn aus der italienischen Renaissance kennen. Sein Name ist **Asmus Braun**; gelernt hat er bei Caspar Vischer, dem Erbauer eines Teils des Heidelberger Schlosses und der Plassenburg oberhalb Kulmbachs. Vischer wurde 1569 auch zur Beratung über die Bamberger Neubauplanungen hinzugezogen, denn eine Trennung in ein evangelisches und ein katholisches Bauwesen wie seit dem 30jährigen Krieg bestand damals nicht. Die Plassenburg des evangelischen Markgrafen und die neue Residenz des Fürstbischofs: Baumeister und Stil waren noch dieselben.

Wie die deutschen Architekten antike Motive aufgriffen und verwandelten, kann man an der Schönen Pforte nördlich der Ratsstube beobachten. Der Aufbau des Portals kombiniert Motive des antiken Triumphbogens (mit einem großen Mittelbogen und zwei kleineren flankierenden Durchgängen) und des herkömmlichen Burgtores. Denn der rechte Bogen fehlt, und man könnte meinen, das Portal sei unvollendet. Doch sind an deutschen Burgen asymmetrische Toranlagen die Regel und auch das Tor des Vorgängerbaus folgte dieser Form. Antikisch im Motiv, aber nicht in der Form sind die rahmenden Hermenpilaster*. Ebenso orientierte sich der Bildhauer der beiden Liegefiguren an antiken Flußgottstatuen (in Bamberg sind die Flüsse Main und Regnitz gemeint), ohne doch deren Körperverständnis nachzuahmen. Auch der Figurenfries erinnert an antike Triumphbögen. Im Gegensatz zum antikisierenden Stil der Flußgötter und anderer Teile folgen die Figuren der Patrone spätgotischen Vorbildern der Zeit um 1520. Offenbar hielt man die Ausdrucksmittel der zeitgenössischen Skulptur nicht für religiöse Themen geeignet, denn dargestellt sind die Dompatrone: In der Mitte steht die Muttergottes, flankiert von Heinrich und Kunigunde, die hinter ihr ein Dommodell halten, so daß die Identifikation von Maria und Ecclesia augenfällig wird. Petrus und Georg sind, anders als beim Gnadenportal des Domes, nun auf die Außenplätze verwiesen: Die Verehrung des Kaiserpaares hatte die der angestammten Patrone längst überflügelt. Außen folgen zwei Bischöfe, einer ist mit Sicherheit der heilige Otto von Bamberg, der andere wahrscheinlich Kilian, der 'Apostel Frankens'.

Bischof Ernst von Mengersdorf (1583-1591) baute auf der Insel **Geyerswörth**, unmittelbar neben dem Inselrathaus, ein Wasser-, Garten- und Sommerschloß. Unter Asmus Braun entstand bis 1587 eine geschlossene, asymmetrisch-vierflügelige Anlage mit innenliegendem Turm. Ursprünglich muß das Geyerswörthschloß einen wehrhafteren und prächtigeren Eindruck gemacht haben, denn die Insel war nur über eine Brücke erreichbar, und auf der Seite zum Rathaus und zur Stadt hin erhoben sich zwei verzierte Stufengiebel. Von der Ausstattung sind nur Reste der Rankenbemalung erhalten. Der bedeutende Garten an der Südseite, mit ehemals berühmten Wasserspielen und exotischen Pflanzen, der im 17.Jahrhundert den Ruf Bambergs begründete, das Italien des Nordens zu sein, ist ganz verschwunden (heute liegt hier ein moderner Rosengarten über der Tiefgarage).

Allgemein ist festzustellen, daß man sich in dieser Epoche mehr als zuvor den öffentlichen, 'weltlichen' Bauaufgaben zuwandte. In ihnen wurden zuerst die aus Italien kommenden Bau- und Ziermotive antikischer Prägung durchgesetzt, wenn auch (wie wir sahen) nicht immer in ihrer antikischen Form. Überhaupt waren die Baumeister dieser Zeit in der einzelnen Steinmetzarbeit besser als im architektonischen Gesamtentwurf, die ornamentalen Teile in der Regel qualitätvoller als die figuralen.

Man bemühte sich mehr darum, neue Ornamentmoden zu schaffen, als Räume und Architekturen zu entwerfen. Leider sind bei fast allen Bauten dieses Jahrhunderts in Bamberg die Ornamente verschwunden, etwa die Giebel des Hochzeitshauses (Am Kranen 12) oder der Schmuck des Residenzneubaus des Bischofs Gebsattel (bis auf einen Giebel zur Karolinenstraße). Übrig geblieben sind eher unerfreulich anzusehende Kuben. Die Alte Maut, der bis dahin ansehnlichste Renaissancebau der Stadt, brannte 1945 aus. Leider hat man die Ruine nach dem Krieg abgebrochen.

Ein besonders aufwendiges Werk ist das Portal der alten **Universitätsaula** (heute An der Universität), entstanden 1611-13 im Zusammenhang mit der Übergabe des Collegiums an die Jesuiten (die übrigen Zieraten des Gebäudes gingen bei einem Umbau im frühen 19. Jahrhundert verloren). Der eigentümliche Charakter der Aula und damit auch das offizielle Verständnis der Bamberger Universität wird am ehesten deut-

Universitätsaula. Portal

lich im Vergleich zur alten städtischen Nürnberger Universität in Altdorf. Räumlich war die Nürnberger Akademie größer, in der Inneneinrichtung, etwa der Bibliothek und des Hörsaals, angemessener, doch wurde dort keinerlei Wert auf eine nach außen wirkende baukünstlerische und bildnerische Ausstattung gelegt. Zwar gibt sich das Bamberger Portal in der Wahl der Säulenordnungen (s.dazu Kap. 8) absichtlich bescheiden: Motive zweier unterer Ordnungen*, der dorischen und der ionischen, herrschen vor, dazu die Rustica*, die auf eine Nutzfunktion verweist; der Bau liegt ja auch an einer Nebenstraße. Die Art der Inszenierung der Bischofswappen wie überhaupt der Aufwand wollen jedoch höchste Aufmerksamkeit wecken, wollen beeindrucken. Die Beschäftigung des Würzburger Bildhauers Nikolaus Lenkhart für die figürlichen Teile des Portals zeigt, woran man sich orientierte: An dem dortigen, vom Bischof Julius Echter von Mespelbrunn in den Dienst der Gegenreformation gestellten Stil. Diese Verbindung von Selbstdarstellung und Kunstaufwand bezeugt das erwachende Selbstbewußtsein der von den Jesuiten und den ihnen verbündeten Fürstbischöfen getragenen Gegenreformation; diese machte in der Tat im Bamberger Territorium in jenen Jahren große Fortschritte. Zur selben Zeit erneuerten die Benediktiner auf dem **Michelsberg** nach und nach ihre Kirche, beginnend mit neuen Gewölben im Chor seit dem späten 16. Jahrhundert Nach einem von Dachdeckern ausgelösten Brand 1610 wurden auch die übrigen Teile weitgehend neu errichtet, vor allem von dem aus dem Etschland stammenden Baumeister Lazaro Agostino, der sonst vor allem für den Würzburger Bischof Echter tätig war. 1617 fand die abschließende Weihe statt.

Wenn man nicht genau hinsieht, gewinnt man den Eindruck, sich in einer romanischen Basilika mit spätgotischen Gewölben zu befinden. Doch der genauere Vergleich mit wirklichen romanischen oder spätgotischen Bauformen beweist, daß hier nur eine besonders getreu rückwärtsgewandte Baukunst verwirklicht wurde. Das sollte zunächst keineswegs als ein Zurückgebliebensein der Bamberger Benediktiner verstanden werden, denn eine ähnliche sogenannte 'Nachgotik' läßt sich bei Bauwerken der rheinischen und westfälischen Jesuiten, des Würzburger Bischofs und anderswo im katholischen Bauwesen dieser Zeit nachweisen. In dieser Epoche wird nur deutlicher als in anderen, daß Stile nicht etwas 'Naturwüchsiges', zwanghaft Auftretendes sind, sondern daß man sie bewußt auswählte oder auch neu schuf. Gerade in der Zeit und zumal in den Regionen ihrer größten Bedrohung hielt die katholische Kirche für den Kirchenbau an den traditionellen, durch ihr Alter geheiligten Formen der Gotik fest, während sich dieselben Bauherren nicht scheuten, andere Gebäude, auch wenn sie wie das Collegium eigentlich geistlichen Charakters waren, in moderner Weise zu gestalten.

Hierbei bestand jedoch eine Freiheit der Wahl: Es zeigt sich, daß die Benediktiner doch traditionalistischer dachten als etwa die Chorherren von St.Stephan, die nach 1626 ihren Neubau in stärker klassisch orientierten Formen begannen, ohne allerdings ganz auf gotische Gewölbe zu verzichten. Daß man im übrigen auf dem Michelsberg das Alte mit Neuem zu verbinden wußte, sieht man nicht nur an der Orgel, sondern mehr noch an der reizvollen, in dieser Art einmaligen Ausmalung der

Gewölbe mit insgesamt 578 verschiedenen Bildern von Pflanzen, wie sie in damaligen Herbarien zu finden waren: Zumindest einige von ihnen sind in symbolischer Absicht angebracht, vor allem diejenigen der Vierung.

Nachgotische Bauten von Interesse sind im Bamberger Raum auch die Wallfahrtskapelle auf dem **Gügel** in der Nähe der Giechburg oberhalb der Landstadt Scheßlitz gelegen, ebenso deren Pfarrkirche.

Der Demonstration des Herrschaftsanspruchs und der Sicherung des Nachruhms der Fürstbischöfe dienten nicht nur die Gebäude, die die Bischöfe zu ihren Lebzeiten errichten ließen; besser noch kommt der Wille zur Repräsentation in ihren **Grabmälern** zum Ausdruck. Gerade in der Zeit des 16. und 17. Jahrhunderts, die für Bamberg so schwierig war und deshalb nur verhältnismäßig wenige Spuren hinterlassen hat, sind die Grabmonumente aufschlußreiche Zeugnisse für den zaghaften Versuch eines künstlerischen Neuanfangs. Die meisten wurden, als man den Dom im 19. Jahrhundert von der nachmittelalterlichen Ausstattung 'reinigte', in die Michaelskirche gebracht. Das ist insofern unpassend, als sich Benediktinerkloster und Dom schon seit dem 13. Jahrhunder mehr oder weniger feindlich gesinnt waren, also kaum ein Bischof auf die Idee gekommen wäre, sich dort begraben zu lassen. Wenigstens lassen sich so die Monumente, in Reih und Glied aufgestellt, gut miteinander vergleichen. Die (nicht konsequent eingehaltene) chronologische Reihe beginnt im Westen des linken Seitenschiffs gleich unter der Empore mit dem Grabmal des Bischofs Weigand von Redwitz. Es beweist, daß die Erfolge dieses Bischofs weniger auf künstlerischem Gebiet zu finden waren: Dem Bildhauer geriet die Darstellung des wohlbeleibten und kriegserfahrenen Bischofs, der (wie auch die Inschrift hervorhebt) schwere Zeiten zu überwinden hatte, zum kurzen, naiv blikkenden Prälaten.

Im Gegensatz dazu ließ sich Veit II. von Würzburg (1561-77), der Erbauer der Ratsstube, durch den Bildhauer Hans von Wemding ein bombastisches Monument errichten (l.von Osten): Nicht nur zwei (wie bei den bisher erwähnten Denkmälern), sondern vier voluminöse Säulen flankieren den Bischof, der streng, ja zürnend blickt. Sie verdecken fast vollständig Reliefs und zwei Figuren in Nischen. Derartige Ideen sind in jener Zeit zwar nicht unmöglich, vielleicht aber handelt es sich in diesem Fall doch um eine Planänderung, weil dem Bischof die anspruchsvollen Säulen, die den Herrscher verherrlichen und herausheben, fehlten.

Zeitlich folgt das Grabmal Ernst von Mengersdorfs (3.von Westen): Hier liegt der Schwerpunkt der Gestaltung auf einer szenischen Darstellung des 12jährigen Jesus im Tempel. Wieso er gerade dieses Thema wählte, wird bei der Figur des Bischofs deutlich, der darunter liegt: Sein Kopf ruht auf Büchern. So wird ausgedrückt, daß er, selbst hochgebildet, die Bildung gefördert hat. Er gründete das Priesterseminar (es heißt nach ihm Ernestinum) und ein Gymnasium als vorbereitende Schule.

Daß diese Politik einen weitergreifenden Hintergrund hatten, wird in den Seitenteilen deutlich: Hier bauen Handwerker die Bögen einer neuen Kirche. Dies meint die erneuerte katholische Kirche, die nach dem Konzil von Trient (1561-1566) durch eine aktive, zum Teil agressive Politik die von den reformatorischen Bewegungen geschlagenen Wunden zu heilen und Terrain gutzumachen begann. Dabei wurden auch manche Forderungen alter Kritiker mitberücksichtigt, unter anderem die Reform der Priesterausbildung. Der Konzilsbeschluß, sie zu vereinheitlichen, wurde in Bamberg als einer der ersten deutschen Diözesen in die Tat umgesetzt - obwohl die hiesige Geistlichkeit zuvor keineswegs zu den besonders fortschrittlichen Kräften zählte. Die 'Speerspitze' der Gegenreformation, der Jesuitenorden, kam freilich erst 35 Jahre später nach Bamberg, unter Bischof Johann Gottfried von Aschhausen.

Von beachtenswerter künstlerischer Qualität sind auch die anderen Grabmäler, besonders die beiden, die der Forchtenberger Bildhauer **Michael Kern** 1610 für Neidhart von Thüngen (2.von Osten) und Johann Philipp von Gebsattel (2.von Westen) geschaffen hat. Doch macht die Bischofsreihe als Ganzes deutlich, daß man zwischen 1500 und 1650 keine klare Linie verfolgte. Immer wieder änderten sich die Vorstellungen, wie ein Bischofsgrab auszusehen habe, und die meisten Aufträge wurden an auswärtige Künstler vergeben.

Alte Hofhaltung. Baumeister Asmus Braun (Selbstporträt)

St. Michael. Epitaph des Bischofs Ernst von Mengersdorf

Tintoretto: Himmelfahrt Mariens (Obere Pfarre)

Der langsame Aufstieg
1648–1693

Der Barock entfaltete seine glanzvolle Kunst in anderen europäischen Ländern, den Niederlanden, Frankreich oder Italien im frühen 17. Jahrhundert. In Mitteleuropa aber wurde diese Blüte der Künste durch den Dreißigjährigen Krieg 1618-48 verhindert. Bamberg z.B. war während all dieser Jahre Durchzugsgebiet vieler Truppen, mit den dabei 'üblichen' Plünderungen und Brandschatzungen. 1631 und 1633 wurde es von den Schweden besetzt. Was an Schätzen in dieser Zeit verloren ging, ist kaum zu ermessen. Es dauerte Jahrzehnte, bis das ausgeplünderte Land wieder auf den Vorkriegsstand kam, und der entsprach keineswegs Bambergs Glanzzeit. Die Bevölkerung war dezimiert. Die Kriegskontributionen waren riesenhaft: Das Hochstift mußte zudem nach 1648 noch einmal 100.000 Gulden an die Schweden zahlen. Noch 1697, so erfahren wir aus den Chroniken, waren in der Stadt viele Häuserruinen zu sehen. Es wundert, daß die künstlerische Arbeit nicht ganz aufhörte.

Ab der Mitte des 16. Jahrhunderts bestimmte ein rückwärtsgewandtes und ängstliches Denken das künstlerische Schaffen Bambergs. Analogien zur kraftstrotzenden, optimistischen Kunst von Rubens oder zum Pathos von Caravaggio und Bernini sind nicht zu entdecken. Noch die Altarbilder des frühen 17. Jahrhunderts, wie sie heute etwa im nördlichen Querhaus des Domes zu sehen sind, sind retrospektiv an Dürer orientierte, kraftlose Werke. Und doch löste man sich schon vor 1620 aus der Defensive. Die Jesuiten, Kapuziner und andere geistliche Kräfte der katholischen Reformation verhalfen dem eingeengten, mutlos gewordenen Katholizismus zur religiösen Erneuerung. Man sieht es u.a. daran, daß es den protestantischen Besetzern des Dreißigjährigen Krieges nicht gelang, die Bevölkerung des Bamberger Landes ihrer Religion (und ihren geistlichen Herren) abspenstig zu machen.

Zugleich ist an eine 'Geisteskrankheit' der Gesellschaft dieser Zeit zu erinnern, den Hexenwahn, der im Bambergischen verstärkt 1601 einsetzte und erst 1631 durch den Kaiser gestoppt wurde. Die 'Theorie' der Hexerei war im späten 15. Jahrhundert systematisch aufgebaut worden. Aber erst unter dem krankhaften Fürstbischof Johann Fuchs von Dornheim (1623-1633) und seinem Weihbischof Friedrich Förner (1612-1630) wurde sie zum Massenwahn. Ausgehend von einer Gruppe von Drahtziehern unter den Räten und Juristen des Bischofs führte die Automatik der unter Folter erpreßten Geständnisse zu einer Mordserie, der über 600 Menschen zum Opfer fielen; am Ende war z.B. das kleine Bamberger Städtchen Zeil am Main fast menschenleer; die bischöflichen Kassen aber hatten sich durch die Beschlagnahmen um über 500.000 Gulden gefüllt. Der u.a. von den Jesuiten unterstützte Sineswandel bewirkte, daß dies Geschwür nach den Kriegswirren nie wieder aufbrach.

Wenn man nach einem Kunstwerk sucht, das den Neubeginn am ehesten zum Ausdruck bringt, so ist es das große Altargemälde der Aufnahme Mariens in den Himmel des Venezianers **Jacopo Tintoretto**, das etwas unglücklich an der Rückwand des rechten Seitenschiffes in der Oberen Pfarrkirche am Kaulberg hängt. Das Bild wurde in der Mitte des 16. Jahrhundert gemalt, und man kann deshalb fragen, warum wir es erst im Zusammenhang der 100 Jahre später geschaffenen Kunst besprechen? Dies liegt zunächst in der Geschichte des Bildes begründet: es stammt aus dem Bamberger Dom (in die Pfarrkirche gelangte es erst 1937 im Tausch mit dem Retabel des Veit Stoß - s.Kap. 6). Der 1639 gestorbene, bedeutende Dompropst Neustetter gen. Stürmer hatte es wohl in Venedig gekauft und dann dem Dom vermacht. Einen angemessenen Platz erhielt es jedoch erst mit der barokken Umgestaltung des Domes nach 1648. Erst dann begann seine eigentliche Wirkungsgeschichte in Bamberg. Nicht weit von dem Standort des Bildes in der Oberen Pfarrkirche hängt ein nicht unbedeutendes Relief aus dem frühen 16. Jahrhundert, mit Anklängen an die Kunst des Veit Stoß. Auch dort ist das Thema die Aufnahme Mariens in den Himmel, allerdings in Verbindung mit der Marienkrönung. Die beiden Werke sind in einem Zeitabstand von höchstens 50 Jahren geschaffen. Und doch gibt es kaum einen größeren Gegensatz. An ihnen zeigt sich eine epochale Wende. Das ältere Bild hat viele Züge eines hieratisch geordneten und symmetrischen Altarbildes aus dem Mittelalter. Gold mußte aussprechen, was mit künstlerischen Mitteln nicht gesagt werden konnte, daß es sich bei diesem Ereignis um ein Heilsmysterium und großes Wunder handelt. Tintoretto hingegen hat in dem 4 1/2 Meter hohen Bild ein ergreifendes 'arae spectaculum', ein Altarschauspiel voller dramatischer Bewegungen entfaltet.

Der Legende nach wurden die Apostel durch Engel aus allen Ländern an das Totenlager der Gottesmutter in Ephesos gebracht. Etwas davon findet sich auch noch in dieser Szene der Erhebung Mariens aus dem Grab. Einige Apostel stürmen zum Ort, als wären sie eben erst angekommen, aber es hat sich auch einer (rechts) erschöpft niedergelassen. Wir sehen, daß sie auf Wanderschaft waren, einfache Männer des Volkes, z.T. mit bloßen Füßen oder noch den Stab in der Hand, während in dem spätgotischen Relief die

Apostel als prachtvoll gewandete Würdenträger in feierlicher Liturgie auftreten. In dem Bild des Venezianers herrschen die Erdfarben vor, und nur schmale Lichtstreifen um die Häupter verdeutlichen die Heiligkeit dieser Männer. Tintoretto hat gar nicht erst versucht, alle Jünger Jesu gleichermaßen darzustellen: wirklich entfalten können sich nur fünf. Sie aber drücken jeder auf seine Weise eine andere Empfindung aus: der Jünger in der linken untern Ecke schreckt, wie vom Donner gerührt, von der Lektüre auf und weicht zurück; dabei breitet er seine Arme aus (vom Maler in einer gewagten Verkürzung dargestellt) und weist damit einerseits den Betrachter zurück und führt ihn zugleich in das Geschehen ein. Eine entgegengesetzte Bewegung macht Petrus, so als wolle er Maria nacheilen, sie begeistert umarmen. Auf diese Weise könnte man Figur um Figur durchgehen. Jede von ihnen verhält sich anders und steht somit auch für die Verschiedenartigkeit der Betrachter; sie sind deren Stellvertreter im Bild. Johannes links von Petrus ist ein innig frommer Mann, der Apostel mit den hochgerissenen Armen leidenschaftlich-stürmisch. Andere zögern oder bleiben verhalten. Jede dieser Figuren hat eine Bedeutung und ist zugleich Teil einer kunstvollen Komposition.

Über ihnen beginnt die himmlische Sphäre, mit lichteren Farben, prächtig gekleideten Engeln, jedoch vor einem gedeckt blauen Grund. Tintoretto verdeutlicht, daß Maria nicht aus eigener Kraft gen Himmel fährt, sondern getragen werden muß; dies zu sagen, war dem spätgotischen Schnitzer keineswegs gelungen, dessen Engel eher Schleppenträger sind. In dem venezianischen Bild ist Maria selbst noch voller Verwunderung über das Ereignis; demutsvoll wie bei der Verkündigung hat sie die Arme ausgebreitet, um die Botschaft von ihrem herabschwebenden Sohn zu empfangen und seiner göttlichen Kraft teilhaftig zu werden. Der Maler macht es sich nicht einfach: Das Ereignis wird nicht als triumphaler Aufstieg geschildert, eher als ein mühsames Sich-Loslösen aus der irdischen Sphäre, als ein Emportauchen aus der Nacht des Todes. Die Bewegung im unteren Teil des Bildes ist dynamischer und eindeutiger. Auch ist die Gruppe der Apostel heller beleuchtet, die Mariens eher umschattet. Es wird hier also nicht der Eindruck eines 'leichten Sieges' über den Tod geschaffen; wir spüren, daß das Bild aus einer problembewußten, keineswegs zweifelsfreien Zeit stammt.

1651 wurde das Gemälde Mittelpunkt eines großen, mit Triumphalarchitektur ausgestatteten Marienaltares im Südquerhaus des Domes, dort, wo heute das Stoß'sche Retabel steht, Blickpunkt für jene, die durch die Adamspforte eintraten, für fast alle Besucher also. Mit diesem von außen kommenden Bild wurde in Bamberg eine neue religiöse Kultur eingeführt, ähnlich wie unter Kaiser Heinrich eine von außen kommende Kultur in den fränkischen Boden eingepflanzt worden war. Die Verbindung von Wirklichkeitssinn, religiöser Leidenschaft und künstlerischer Vision war so zuvor nicht gegeben. Zwar hatte schon immer der Triumph Mariens theologisch auch den Triumph der Kirche bedeutet. Die neue Kraft aber, mit der das Thema von Tintoretto verwirklicht wurde, bezeugte zugleich eine Wiederbelebung der katholischen Kirche und das Ende der vorangehenden Rückwärtsgewandtheit.

Dies Bild ist eine Manifestation einer Kunst neuer Art und neuen malerischen Ranges. Es wurde zu einem der Vorbilder für die hiesige Barockmalerei. Noch in der Schönbornära war das Werk, eins der wenigen weitgehend eigenhändigen Gemälde des großen Venezianers, hoch geschätzt. Heute wundert man sich, wie es so sehr in Vergessenheit geraten konnte, daß es 1938 wiederentdeckt werden mußte, obendrein von auswärtigen Gelehrten.

Bezeichnend ist, daß man im ersten Aufatmen nach dem Dreißigjährigen Krieg nicht baute. Dazu reichte das Geld nicht. Aber man machte sich an die **Umgestaltung des Domes**, die leider der schrittweisen Stil-Purifizierung seit dem frühen 19. Jahrhundert zum Opfer fiel. Mit den Arbeiten hatte man schon vor dem großen Krieg begonnen, mußte sie dann aber unterbrechen. Bischof Melchior Otto Voit von Salzburg finanzierte ab 1648 die wichtigsten Maßnahmen. Der Umbau zog sich jedoch noch über drei Jahrzehnte hin. Einige der damals errichteten Altäre gelangten bei der Purifizierung in Bamberger Landkirchen. Einige Altarblätter sind im Diözesanmuseum. Sie stammen von den besten Malern der Zeit, Matthäus Merian d.J. aus Frankfurt und Joachim von Sandrart aus Nürnberg; daß es sich dabei um protestantische Künstler handelte, störte offenbar nicht. Die Laurentiusmarter Merians (im Diözesanmuseum) geht z.B. auf ein berühmtes Tizianbild der Jesuitenkirche in Venedig zurück. Das Sandrartsche Schutzmantelbild (ebenda), das in unmittelbarer Nähe des Tintorettobildes hing, bezieht sich auf die Neuerungen des berühmtesten in Rom tätigen Malers, Caravaggio, etwa in der Gestalt des knienden Kapuziners; doch werden auch Ideen der Bologneser Schule aufgegriffen, vor allem Guido Renis.

Besonders schmerzlich sind heute die Verluste der großen barocken **Hochaltartabernakel**, die von dem in Frankfurt tätigen Flamen **Justus Glesker** 1648-53 gefertigt wurden. Ihre monumentalen Bronzesäulen wurden eingeschmolzen. Auf den alten Domansichten von Georg Arnold (im Historischen Museum und im Diözesanmuseum) kann man erkennen, daß sie Berninis Tabernakel in der römischen Petersbasilika kopierten. Dies entsprach Bamberger Tradition und war zugleich ein Treuebekenntnis zum Papsttum. Immerhin trugen die Engel auf dem Georgenchortabernakel (heute im Diözesanmuseum, fragmentarisch erhalten) kaiserliche Insignien. Diese gern als

Inbegriff 'barocken Pathos' angesehenen gedrehten Säulen des Berninischen Tabernakels sind genaue Kopien von spätantiken Säulen, die in St. Peter wieder verbaut wurden. Diese wiederum galten in der Legende als Stücke aus Salomons Tempel in Jerusalem. Folglich bezogen sich auch die Bamberger Tabernakel über Rom auf Jerusalem und griffen somit eine alte Tradition wieder auf (s. Kap. 1).

Die Figuren Gleskers sind der Neubeginn der monumentalen Skulptur in Bamberg. Die Bildwerke waren so aufgestellt, daß sie von weitem zu sehen waren. Die mittelalterlichen Lettner fielen. Eine Abschrankung erfolgte nur noch durch Gitter. Man dachte also in den antiken Kategorien, wonach für die vornehmsten Aufgaben innerhalb der Heiligtümer die Skulptur einzig angemessen war, auch wenn die Malerei bereits zur führenden Aufgabe in der Kunst und zur eigentlich populären Gattung geworden war. Deshalb wurden die Hochchöre mit Skulpturen ausgestattet; gemalte Altarretabel aber dominierten in Quer- und Langhaus.

In falscher Aufstellung und grober Neuvergoldung sind die vier Figuren der Kreuzigungsgruppe erhalten, ehemals am Kaisergrab vor dem Ostchor, den Blicken der Beschauer nun im Peterschor leider weitgehend entzogen, so daß wir auf ihre bedeutsame Erfindung und Ausführung nicht weiter eingehen wollen. Wer sich einen Eindruck von dem künstlerischen Rang dieses Bildschnitzers machen will, sollte sich im Diözesanmuseum die vier Baldachinengel anschauen oder auch die Figur des Auferstandenen; bei ihr ist zu berücksichtigen, daß sie für einen hohen Standort geschaffen ist: deshalb erscheint ihre Proportion verschoben.

Dom. Maria der Kreuzigungsgruppe von Justus Glesker

Gleskers Fähigkeiten als architektonischer Entwerfer sind am Grabmal für Bischof Melchior Otto Voit von Salzburg im linken Seitenschiff von St. Michael zu bewundern (die Ausführung 1659 von Hans Mathes Sebert).

Die Stiftungen an Kunstwerken aus den Jahren nach 1648 hatten ein Zeichen gesetzt. Aber sie konnten noch keine neue Kunstblüte hervorrufen, da das Hochstift zu arm war und guten Künstlern kaum genug Aufträge verschaffen konnte. Erst

St. Stephan. Fassadenansicht

mit der allmählichen Entschuldung und vor allem der Besserung der Konjunktur ab etwa 1670 entstanden die Voraussetzungen für einen künstlerischen Neubeginn. Und er setzte wie schon zuvor mit großen Bauvorhaben ein. Bis dahin griff man vor allem auf Würzburger Künstler zurück, wo die Lage besser war. Von dort kam der erste der großen Barockbaumeister in Franken, der Trientiner **Antonio Petrini**. Sein ältestes Bamberger Werk ist die Erweiterung der **Stephanskirche** nach 1677. Wir wollen uns nur mit der Fassade beschäftigen. Sie ist auf Fernwirkung berechnet, da vor dem Bau nicht der nötige Abstand zu gewinnen ist (am besten zu sehen vom Vierkirchenblick in der Unteren Seelgasse).

Die Fassade nimmt die steilen, von der Gotik festgelegten Proportionen des dahinter liegenden Kirchenraumes auf, überhöht sie sogar noch. Aber sie zeigt keinerlei Rückerinnerungen an gotische Architekturformen. Sie bedient sich ausschließlich der von den italienischen Renaissancebaumeistern eingeführten 'Sprache'; diese war in Anlehnung an antike Bauwerke und vor allem den Architekturtheoretiker Vitruv ausgebildet worden. Da sie aber gewissermaßen eine künstliche Neuschöpfung war, war sie nicht ganz einheitlich und ließ somit den Baumeistern ein hohes Maß an gestalterischer Freiheit. Petrini hält sich hier

St. Martin. Fassadenansicht

an Motive aus der toskanischen und dorischen Säulenordnung.

Die Schauwand wird von ihm als Hauptgeschoß mit attikaartig aufgestocktem Giebel konzipiert. Um dies zu zeigen, bedient er sich nicht allein unterschiedlicher Größenmaßstäbe. Das Hauptgeschoß hat auch die reicheren Formen: so zeigt z.B. das Gebälk Triglyphen*, die oben fehlen. Ein genauerer Vergleich des oberen mit dem unteren Fenster lohnt: Der Rundbogen unten ist mit einem figürlichen Schlußstein ausgestattet, oben nur mit einem Keil; seitlich tritt unten je ein diamantierter Buckel nach vorn, oben sind die Zwickel eingetieft. Gerade diese gegensätzliche Reliefbildung weist auf einen wesentlichen Zug dieser Architektur: das Arbeiten mit plastisch-räumlichen Effekten. Das Hauptgeschoß hat z.B. zwischen den seitlichen Doppelpilastern eingetiefte Nischen, die oben fehlen. Unten treten die Pilaster stärker nach vorne, vor allem im Basenbereich. Auch der Höhendrang ist im Hauptgeschoß stärker ausgeprägt, abzulesen an der Stelzung der Fensterzone und den eher rundbogigen Formen (im Gegensatz zum flacheren Segmentbogen des Giebels). Unten erscheinen die Glieder freier und mächtiger, oben sind sie sorgfältiger ineinandergesetzt und variiert.

Wenige Jahre nach Errichtung der Petrinifassade von St. Stephan begannen die **Jesuiten** mit der Errichtung ihres **Kirchenneubaus**, nachdem es ihnen endlich gelungen war, ein hinreichend großes Grundstück zum Grünen Markt hin zu erwerben, so daß sich auch ihr Bau angemessen öffentlich darstellen konnte. 1686 war Baubeginn. Die Jahreszahl 1690 im Giebel bezeichnet den Abschluß der Arbeiten an der Fassade. Die Kirche war ursprünglich auf den Heiligsten Namen Jesu geweiht; nach Abbruch der alten Pfarrkirche auf dem Maxplatz erhielt sie deren Weihetitel St. Martin. Baumeister war **Georg Dientzenhofer** (1643-1689), der erste in Franken tätige Architekt dieser großen Baumeisterfamilie, die aus der Gegend des oberbayerischen Bad Aibling stammte, aber erst in Prag aufstieg. Nach seinem Tode führte sein Bruder Leonhard die Arbeiten fort.

Die Jesuitenkirche ist größer als St. Stephan. Sie ist überhaupt der geräumigste Kirchenbau Bambergs. Doch wäre es falsch, sich mit dem Hinweis auf die gesteigerte Quantität zu begnügen. Denn mit ihr erfolgte im Bamberger Bauen ein Qualitätssprung. Wer Bearbeitung und Steinversatz der Petrinikirche näher in Augenschein nimmt, stellt Ungleichheiten in der Ausführung fest; manches ist stümperhaft zu nennen. Offenbar war das Bamberger Baugewerbe noch nicht auf der für ein Großbauvorhaben erforderlichen Höhe. Mit den Dientzenhofern wurde das anders.

Prag war in diesen Jahrzehnten wieder zu einem der bedeutendsten künstlerischen Zentren Mitteleuropas aufgestiegen. Und dies, obwohl im Dreißigjährigen Krieg und danach die alten Sozial- und Wirtschaftsstrukturen gründlich zerschlagen worden waren. Doch bestand ein lange angestauter Baubedarf. An Geld fehlte es nicht. Unter diesen Umständen zogen einige Bauleute große Unternehmen auf, mit einer Vielzahl von Mitarbeitern, wie dies in den vorhergehenden zünftischen Zeiten undenkbar war. Diese neuen 'Firmen', zu denen auch die der Gebrüder Dientzenhofer gehörte, vermochten Bauvorhaben von vorher ungekannter Größe in erstaunlich kurzer Zeit durchzuziehen. Westlich des Böhmerwaldes konnten sie ihre ersten Lorbeeren mit mehreren großen Neubauten in der rekatholisierten Oberpfalz gewinnen. Dort war vielleicht der Druck am größten, schnell, kostengünstig und zugleich beeindruckend prächtig zu bauen, um das Volk wieder an den alten Glauben zu binden.

Die Jesuiten, deren künstlerischer Horizont ebenso Italien wie Frankreich oder Böhmen umfaßte, hatten erst ihr Amberger Kolleg, dann die Bamberger Kirche an die Prager 'Firma' vergeben. Sie hatten recht: In weniger als sieben Jahren war der Riesenraum fertig. Dieser Erfolg führte dazu, daß einige Mitglieder der Familie Dientzenhofer in Oberfranken seßhaft werden konnten. So erhielten die Bamberger wieder eigene Architekten von Rang und waren nicht mehr auf Würzburger Baumeister angewiesen. Die Dientzenhofer verwirklichten viele der größten Bauvorhaben, wie Kirche und Kloster Banz, die Fassade von St. Michael, die Klostergebäude dort sowie in Ebrach, vor allem aber die Bamberger Residenz, das Schloß Pommersfelden und dazu noch zahlreiche andere kleinere und mittlere Bauten. Sie führten den Neubau der Fuldaer Kirche durch und hatten in den ersten Jahren sogar die Bauführung der Würzburger Residenz, eine bei der traditionellen Überlegenheit der Würzburger Künstler besonders bemerkenswerte Tatsache. In Bamberg rückten sie in den Rang von Hofbaumeistern auf. Dies hatte für sie den Vorteil, sich nicht an die Einschränkungen der Zunftregeln halten zu müssen. Auf Initiative der Dientzenhofer nahm die Zahl der Bauhandwerker um ein Vielfaches zu. Etwas überspitzt kann man sagen, daß erst damals das Bamberger Steinmetzhandwerk zu dem hohen Stand seiner Kunst gelangte, wie wir ihn an allen Arbeiten des 18. Jahrhunderts bewundern. Erst mit ihnen wurde aus der Fachwerkstadt Bamberg eine Sandsteinstadt. Der Bischof und alle herrschaftlichen Institutionen bauten in Stein, auch auf dem Lande, während die ländlichen und ackerbürgerlichen Auftraggeber außerhalb der Residenzstadt weiterhin Fachwerk errichten ließen, im übrigen schöner als je zuvor, wie die vielen Beispiele etwa in Scheßlitz, Marktzeuln, Staffelstein oder Zeil belegen.

Die Raumlösung der Jesuitenkirche hat kaum neuartige Züge. Der Orden bevorzugte damals den konventionellen Typ der Wandpfeilerkirche mit Emporen, wie er auf die Jesuitenkirche St. Michael in München (1583-97) zurückgeht; das Konzept von Querhaus und (Schein-) Kuppel stammt aus der Hauptkirche des Ordens in Rom, Il Gesú (1568-83). Leider hat die Raumwirkung durch die neuerliche 'Restaurierung'

Säulenordnungen nach Sebastiano Serlio

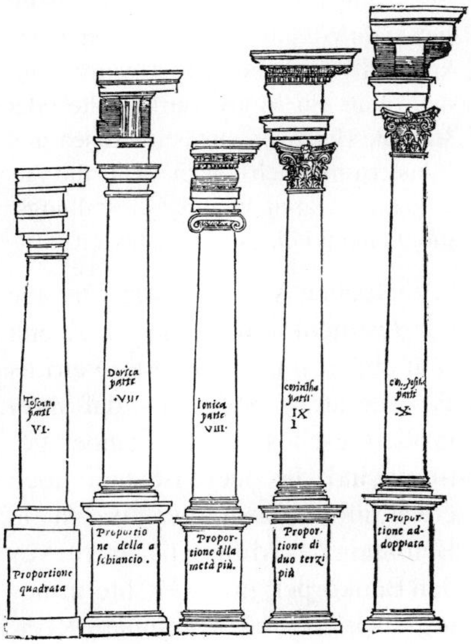

nicht nur gewonnen. Genaue Untersuchungen hatten gezeigt, daß die Kirche ursprünglich in abgestuften, recht dunklen Grautönen ausgemalt war. Die durchaus mögliche Wiederherstellung dieser Fassung hätte den strengen Ernst des Raumes sichtbar gemacht; die Gemeinde zog vor, den Raum unter Rückgriff auf eine jüngere zweite Fassung in Einheitsweiß zu baden und auch sonst viel falschen Glanz zu geben, so daß nun die gemalte Kuppelarchitektur geradezu bedrückend düster lastet.

Das künstlerisch Neue des Baus zeigt sich am besten in seiner Fassade. Um sie zu verstehen, müssen wir die **Architektursprache der Klassischen Säulenordnungen** kurz erläutern, in der sich diese Baumeister wie alle ihre Kollegen zwischen 1500 und 1800 ausdrückten. Sie war damals jedermann verständlich, nicht nur dem Gebildeten, der die Grundprinzipien der 'Säulenbüchlein' kennen mußte. So hatten z.B. die Tischler und Zimmerleute Prozessionsstangen in den Formen der Fünf Säulenordnungen. Wer ein Meisterstück in den Kunsthandwerken anfertigte, mußte sich in dieser 'Sprache' auskennen - im übrigen: schwer zu lernen sind ihre Grundregeln nicht.

Die Säulenordnungen sind eine römische Kanonisierung der hauptsächlichen, während der griechischen Architekturgeschichte geschaffenen Säulentypen. Bestimmend waren die 'Zehn Bücher über die Architektur' des römischen Architekten und Ingenieurs Vitruv, die vor allem seit dem 15. Jahrhundert zunehmend beachtet wurden. Vitruv verband die Säulen mit menschlichen Körpertypen, wenn auch nicht konsequent: die dorische sollte dem männlichen Körperbau entsprechen, die jonische dem der Frau, die korinthische dem des jungen Mädchens. Damit deutet sich schon an, daß diese Baukunst anthropomorph denkt; sie wird zu einer darstellenden, bildenden Kunst, mehr noch als im Mittelalter. Die Bauglieder werden zumindest im Prinzip körperhaft verstanden; wie Körper können sie plastisch oder flächig reduziert erscheinen oder modelliert werden.

Die Ordnungen stehen in einer bestimmten Rangfolge zueinander. So ist der hohe Rang der korinthischen Ordnung historisch bedingt, da die großen Bauten der römischen Kaiserzeit die korinthische Ordnung bevorzugten oder die von ihr abgeleitete sogenannte komposite Ordnung, in der die korinthische und ionische verschmolzen sind. Außerdem hatten schon Bauten aus der Zeit des Kaisers Augustus, wie das Marcellustheater in Rom, erst recht aber das jüngere und berühmtere Kolosseum die Säulen in die kanonische Reihenfolge 'dorisch-ionisch-korinthisch' gebracht. Unterhalb der dorischen Ordnung steht noch die toskanische, die noch einfacher, 'rustikaler' ist. Die Wahl einer dieser Ausdrucksweisen konnte Anspruch und Funktion eines Gebäudes ausdrücken; so erklärt sich z.B., warum der von Küchel errichtete Pavillon im Hofgarten ionisch gehalten ist oder der vielleicht auf Entwürfe von Hildebrandt und Neumann zurückgehende Jagdzeugstadel (Siechenstraße/Memmelsdorfer Str.) toskanisch. Diese 'Sprache' ist nach den Säulen benannt, doch sie gilt für alle Bauteile, Fenster und Türen mit ihren Rahmungen und Giebeln, ebenso die Gebälke. Auch beschränkte sich ihre Ausdrucksmöglichkeit nicht auf die Wahl bestimmter Proportionen, Kapitelle oder Basentypen und Ziermotive. Sie konnte etwa kriegerische oder andere Nutzfunktionen durch die Ausstattung mit Beschlagbändern und/oder 'Rustizierung' (unregelmäßig behauene Quaderspiegel) darstellen. Besondere Feierlichkeit wurde durch die Anbringung von Kanneluren* erreicht.

Man konnte zwei Geschosse übergreifende (sog. 'Große Ordnung') und untergeordnete Formen unterscheiden. Ein weiteres Gestaltungsmittel war die plastische Abstufung: von der feinen Wandvorlage ohne Kapitell (Lisene) zum flachen Pilaster, zur halbrunden oder dreiviertelrunden Vorlage sowie zur vollrunden Säule bzw. ihrer Hinterlegung durch einen Pilaster bestanden erstaunlich viele Wandlungsmöglichkeiten. Sie konnten zudem bereichert werden, indem man ein Motiv verdoppelte oder staffelte (letzteres nur bei Lisenen und Pilastern möglich). Man sieht: die Architekten waren in ihrer Gestaltungsmöglichkeit keineswegs gefesselt.

Versuchen wir jetzt die Fassade der Jesuitenkirche zu lesen. Zuerst fällt auf - im Gegensatz zu Petrinis Fassade an St. Stephan -, daß zwei große Geschosse übereinander getürmt sind; das obere ist sogar noch etwas höher. Ebenso auffällig ist die Betonung des Mittelteils, er tritt vor den Baukörper; in der Fachterminologie spricht man von einem Risalit*. In der Mitte tritt das Mauerwerk wie bei einem Torbogen zurück. Für damalige Augen war klar, daß damit auf römische Triumphbögen angespielt wurde. Nur wurden zwei Triumphbogenmotive aufeinandergetürmt.

Jedes dieser in 'Großer Ordnung' errichteten Geschosse übergreift zwei kleinere. Dabei sind die Seiten der Mitte untergeordnet. Die Hauptordnung des Untergeschosses ist die dorische Ordnung, an der einfachen Form der Kapitelle und den Metopen* und Triglyphen* des Gebälks zu erkennen. In den untergeordneten Teilen wird jedoch noch einmal unterschieden: Die Seitenpforten zeigen die 'niedrigere' Rustica*-Bänderung; darüber werden zum ersten Mal einzelne ionische Motive verwendet (s. die Volutenkapitelle). Die Bauformen der Mitte werden durch Größenabstufung gesteigert, die Pilaster durch Säulen ersetzt, deren höherer Rang durch begleitende Pilaster und Nischen noch verdeutlicht wird.

Am Obergeschoß fällt vor allem die Höhenstaffelung auf. Der Mittelteil ist durch eine hohe Sockelzone erhoben. Die seitlichen Teile mit ihren Bogenöffnungen wirken dadurch eher wie ein Zwischengeschoß. Sie zeigen vor allem Motive der ionischen Ordnung, während in der Mitte die antik-kaiserliche, korinthische vorherrscht; hierbei wird nochmals zwischen den eingestellten, hinten liegenden Teilen und den nach vorne tretenden unterschieden.

Man könnte die Analyse der 'Instrumentierung' dieser Fassade noch fortführen; die Unterschiede der Sockel und Gebälke wären zu analysieren, die Abwandlungen und unterschiedlichen Höhenbewegungen der Giebelformen usw. Es kann hier aber nicht darum gehen, eine derartige Architektur restlos in 'Text' umzusetzen. Vielmehr wollten wir zeigen, daß diese architektonische Komposition nicht dazu gedacht war, entweder vor ihr sprachlos verwundert stehenzubleiben oder sich von ihrem Pathos abzuwenden. Sie hatte ihre eigene Art der Rhetorik, deren feine Verflechtung und Abstufung über das Auge aufgenommen werden sollte. Wieviel Aufmerksamkeit der jeweilige Betrachter dem Bau zuwandte, hing von seinem Interesse und seiner künstlerischen Bildung ab. Eine Wirkung aber hatte und hat sie schon auf den ersten Blick, auch auf den Unkundigen.

Im Blick auf die Säulenordnungen sei nur betont, daß bei dieser Fassadenarchitektur die Vitruvsche Idee von den verschiedenen Körperproportionen und Zuordnungen kaum eine Rolle spielte, daß man die Ordnungen als ein Mittel der Abwandlung und Steigerung verstand, vom Einfachen zum Erhabenen. Unter Verzicht auf die Säulenordnungen, d.h. unterhalb ihres Anspruches, errichteten die Jesuiten in den folgenden Jahren die Konventsgebäude. Sie sind von einer geradezu preußischen Strenge, ähnlich ihren Landsitzen in Sambach oder dem Sandhof bei Oberhaid. Sie bedienten sich bezeichnenderweise auch nicht eines bedeutenden Baumeisters, sondern vergaben den Auftrag an Maurer.

Und noch eins: Trotz des römischen Triumphbogenmotivs der Martinskirche fällt auf, daß künstlerisch nicht die neue römische Architektur Berninis und Borrominis Vorbild war; vielmehr suchte man Anschluß vor allem an die (deutsche) Baukunst der Zeit um 1600.

Das trifft besonders auch bei einem anderen, nur wenig später begonnen Bauwerk zu, der sog. **Marquardsburg auf dem Seehof** bei Bamberg, dem bevorzugten Jagdschloß und der Sommerfrische der Bamberger Bischöfe. Errichtet wurde es 1687-1696 für Bischof Marquard Schenk von Stauffenberg nach Plänen Antonio Petrinis. Georg Dientzenhofer war zumindest beratend tätig. Spätere Umbauten verwandelten vor allem das Innere, die Treppen und die Ausstattung der Säle. Der Bau entspricht nicht dem damals im tonangebenden Frankreich üblichen Typus eines Jagdschlosses, sondern folgt in seiner Kastellform mit den Ecktürmen älteren deutschen Schloßbauten; ein berühmtes Beispiel ist das Aschaffenburger Schloß der Mainzer Erzbischöfe (Georg Riedinger 1605-14).

Betrachtet man die Architekturformen aus der Nähe, so stellt man fest, daß auf Säulen, Pilaster und dergleichen verzichtet ist, außer an den beiden Portalen. Nur Wandvorlagen in Rustica-Bänderung fassen die Pavillons ein. Dieses Bezugnehmen auf die unterste aller Säulenordnungen macht deutlich, daß es sich der Nutzung nach um ein Jagdschloß, nicht um eine Residenz handelt, ungeachtet der Größe des Baus und der reichen Fensterzier. In den Portalen kommen dann Motive der nächsthöheren, d.h. der dorischen Ordnung zu Wort. Bestimmend wirken die langen Ketten horizontal aufgereihter Fenstergiebel, die von Geschoß zu Geschoß in der Form wechseln. Diese Formen treten plastisch vor. Deshalb übersieht man leicht, daß die Wand zwischen den Fensterachsen in feinem Relief abgestuft ist. Zwischen den Fenstern der Ecktürme sind Nischen zu bemerken, wie sie schon an der Fassade von St. Stephan aufgefallen waren. Doch kommen sie auch an der Jesuitenfassade Georg Dientzenhofers vor.

Seinen Reiz hatte das Schloß jedoch vor allem im Zusammenspiel mit dem unter Lothar Franz von Schönborn angelegten Garten, der im 18. Jahrhundert zu den bedeutendsten und berühmtesten Anlagen Europas zählte, vor allem seit der Umgestaltung unter Adam Friedrich von Seinsheim, deren wesentliche Grundzüge sich bis heute erhalten haben.

Der ursprünglich in sechs quadratische Abteilungen gegliederte Park (die beiden östlichen sind zerstört) ist auf drei Seiten von einer hohen, durch Tore unterbrochenen Mauer umschlossen; nach Süden öffnet er sich im Mittelteil über eine Balustrade zu den weiten Wasserflächen der Teiche, deren zentra-

Marquardsburg auf dem Seehof

ler mit Figurenfontänen von Ferdinand Tietz geschmückt ist. Den Zugang zum Park bilden im Westen die beiden 1737-38 von Johann Jakob Michael Küchel errichteten Wachhäuser, im Norden die ab 1733 entstandenen Orangeriebauten Balthasar Neumanns mit den ergänzenden Feigenhäusern Küchels. Im Osten stand ursprünglich der Marstall. Gemäß holländischen Vorbildern des 17. Jahrhunderts wurde das Schloß in die Mitte des Garten plaziert, allseits umgeben von Parterres* mit geometrischen Blumenbeeten. Früher bildete eine von Nord nach Süd verlaufende 'Wasserachse' mit Springbrunnen, Wasserbecken, Fontänen und einem Kanal das Herzstück der Anlage. Sichtbar erhalten hat sich davon vor allem die große Kaskade auf der Südseite mit der Herkulesgruppe von Tietz, zu deren Wasserversorgung eigens ein Stollen durch einen nahegelegenen Hügel getrieben wurde. Beidseitig an diese Wasserachse schlossen sich Boskettzonen* an, die mit regelmäßig beschnittenen Hecken bepflanzt waren. Am besten erhalten haben sich das Heckentheater im Südwesten sowie weitere Teile des alten Hainbuchenbestandes - nach zweihundert Jahren allerdings ziemlich hoch gewachsen und verwildert. Besonders zu beklagen ist der Verlust von über 400 großen Figuren, mit denen die Fürstbischöfe Johann Philipp Anton von Franckenstein und Adam Friedrich von Seinsheim den Park durch Ferdinand Tietz und seine Werkstatt ausstatten ließen; die wenigen erhaltenen Skulpturen sind heute um das Schloß aufgestellt.

Ehedem verbanden mehrere Sichtachsen Schloß und Park mit der umgebenden Landschaft: Nach Westen führte an den Wachhäusern vorbei eine inzwischen neu angelegte Allee zur Fasanerie, an deren Stelle sich heute ein historisierend angepaßtes Friedhofsgebäude befindet. Nach Osten blickte man am Marstall vorbei zur 1782/83 errichteten Schweizerei. Im Norden sah man hinter der Orangerie den Turm der Memmelsdorfer Kirche. Jenseits der Teiche im Süden, die früher Myriaden von Wasservögeln belebten, waren drei Schneisen in den Hauptsmoorwald geschlagen, deren westliche auf den optischen Endpunkt von Dom und Residenz führte.

Nach der Säkularisation verfiel die Anlage allmählich, die Ausstattung wurde im Laufe der Zeit fast vollständig verkauft. Seit 1982 sind Rekonstruktionsmaßnahmen im Gange, die mit hohem finanziellen Aufwand den Zustand von 1772 wiederherstellen wollen. Doch der Garten wird nie wieder das alte Bild bieten können, da zahlreiche Kleinarchitekturen, Figuren und sonstige Ausstattungsstücke unwiederbringlich verloren sind. Dennoch lohnt sich ein Besuch noch immer. Hier kann man unter schattigen Alleen dem Getümmel entgehen und sich an den Resten der Parkskulptur oder den witzigen Knaufvariationen der Gartenmauer erfreuen.

Nach dem Vorbild der Bischöfe errichteten die Hofleute und der Adel des Territoriums während des 18. Jahrhundert einen prächtigen Landsitz nach dem anderen. Besondere Erwähnung verdienen das Schloß **Reichmannsdorf**, das wahrscheinlich Johann Dientzenhofer 1714-19 für einen der 'Baudirigierungsgötter' des Fürstbischofs Lothar Franz von Schönborn, Wolf Philipp von Schrottenberg errichtet, oder die Schlösser in **Burgpreppach** und **Rentweinsdorf**. Auch die Domherren und zuletzt die Bürger begannen, sich Landsitze zu errichten; stellvertretend sei nur das Aufseßhöflein bei Hallstadt genannt.

Seehof. Detail der Gartenmauer

Schloß Seehof, Garten. Herkulesgruppe (Tietz)

Neue Residenz. Vierzehnheiligenpavillon

Die Schönborns
Des Heiligen Römischen Reiches Erzbaumeister
Bamberg als Barockstadt

Um 1690 waren in Bamberg die wirtschaftlichen und künstlerischen Voraussetzungen für eine neue kulturelle Blüte gegeben. Dennoch ist es ein historischer Glücksfall, daß mit der Wahl von **Lothar Franz von Schönborn** im Jahre 1693 ein Mann auf den Bamberger Bischofsstuhl kam, der ein leidenschaftlicher Bauherr und Kunstfreund war. Basis hierfür war eine erstaunliche Häufung politischer Ämter: Er war nicht nur Fürstbischof von Bamberg, sondern gleichzeitig Erzbischof von Mainz, damit einer der sieben Kurfürsten, die den Kaiser wählten. Zusätzlich hatte er als Erzkanzler eines der wichtigsten Reichsämter inne. Mehr noch: Er war Primas, d.h. der oberste der deutschen Bischöfe, nach damaligem deutschen Verständnis der zweithöchste Geistliche der Kirche nach dem Papst. Die Beziehungen zum Kaiser in Wien waren ausgezeichnet.

Diese Machtfülle ermöglichte es ihm, auch im Bamberger Territorium zielstrebig seine Interessen durchzusetzen. Das hieß, in erster Linie, die Verwaltung zu erneuern, die Wirtschaft zu fördern und die Gesellschaftsstruktur zu modernisieren. Der Einfluß des Domkapitels und die Eigenständigkeit der Bürgerschaft wurden eingeschränkt. Ein so mächtiger und erfolgreicher Mann wie Lothar Franz wollte aus 'seiner' Landeshauptstadt eine moderne Fürstenresidenz machen.

Der Neffe des Lothar Franz, **Friedrich Karl von Schönborn** (1729–1746), dem er die Bischofswürde in Bamberg quasi 'vererbt' hatte, führ-

Lothar Franz von Schönborn

te diese Reformen noch systematischer weiter. Er zeigte sich des öfteren verärgert über die "schläfrigen Franken" und mißmutig über den passiven Widerstand, den sie seinen zielstrebigen Neuerungen in Recht, Wirtschaft und Verwaltung entgegenbrachten. Gerade diese aber trugen zu vorher unbekannter Wirtschaftskraft und Höhe der Staatseinnahmen bei.

Diese Bischöfe waren sorgfältige Wirtschafter, ein prall gefülltes Staatssäckel war für sie jedoch kein Ziel an sich. Ihr Geld verwendeten sie für Bilder, Bücher, Stoffe, Möbel - vor allem aber für Bauten. Wenn man bedenkt, was diese Familie in den Bistümern und Bischofsresidenzen in Mainz, Trier und Koblenz, Speyer und Bruchsal, Konstanz und Meersburg, Würzburg und Bamberg errichtet hat, um wie vieles ärmer wäre Süddeutschland ohne sie. Man baute damals nicht nur aus reiner Freude an schönen Gebäuden; vielmehr war dies ein Weg der Selbstdarstellung und Machtbehauptung, und die Familie Schönborn verstand es, sich dieses Instruments zu bedienen. Bamberg sollte als Schönborn-Residenz sichtbar erneuert werden, und das nahegelegene Schloß Weißenstein bei Pommersfelden war der 'private', gleichwohl monumentale Familiensitz. Im familiären Umgang sprach man selbstironisch vom 'Bauwurm': "Das Bauen ist eine Lust und kostet viel Geld, aber einem jeden Narren seine Kappe gefällt", wie Lothar Franz sich ausdrückte. Nicht nur für ihn, den Erzbaumeister, der sich mit zahlreichen Architekten und Beratern, seinen 'Baudirigierungsgöttern' umgab, sondern für alle Mitglieder der Familie war Bauen "ein Teufelsding, denn wenn man einmal angefangen, danach nicht aufhören kann". So entstanden zum Beispiel unter Friedrich Karl in den Bistümern Bamberg und Würzburg neben zahlreichen Amtsgebäuden, Schlössern und Gärten allein 156 Um- und Neubauten von Kirchen.

Das Stadtbild Bambergs war zu Beginn der Schönbornherrschaft immer noch durch das Nebeneinander der politisch wie auch baulich nur locker verbundenen mittelalterlichen Zentren geprägt (s. Kap. 4). So bezeichnet eine Beschreibung des Jahres 1635 Bamberg als einen "großen und weitläufigen Ort, gleichsam von unterschiedlichen Städten". In dieser Form entsprach die Stadt ganz und gar nicht den Vorstellungen von der Residenz eines absolutistischen Fürsten an der Wende des 17. zum 18. Jahrhundert.

Lothar Franz von Schönborn begann also (und seine Nachfolger setzten das Werk fort), die Stadt modernen städtebaulichen Vorstellungen anzupassen. Die Voraussetzung für eine Raumgestaltung der Stadt war neben den wirtschaftlichen Reformen der Abbau der Privilegien der Immunitäten, die Lothar Franz - gegen den heftigen Widerstand des Domkapitels - durchsetzte und so die politische Zerstückelung der Stadt in mehrere selbständige Gebiete beendete.

Die Bamberger Bischöfe konnten dennoch keine neue Stadt nach symmetrischem Idealplan aus dem Boden stampfen, wie etwa die Fürsten in Mannheim, Karlsruhe oder (bescheidener) im benachbarten Erlangen. Dem stand die kleinteilige Stadt- und Straßenanlage des mittelalterlichen Bambergs entgegen. An lange, gerade Straßenzüge und eine regelmäßige Bebauung der gesamten Stadt war nicht zu denken. Verwirklichen ließ sich aber eine behutsame Systematisierung der Stadtanlage, die Angleichung der Baukörper und Fassaden, die Verbindung der innerstädtischen Räume, die Schaffung von Blickbeziehungen innerhalb der Stadt und zur umgebenden Landschaft.

So entstand die Idee einer **barokken Achse** vom Osten der Stadt, der Hauptstraße Nürnberg-Leipzig, über die Insel zum fürstbischöflichen Schloß auf dem Domplatz, dem Sitz des Stadt- und Landesherren (heute: Kettenbrücke, Hauptwachstraße, Maxplatz, Grüner Markt, Obstmarkt, Obere Brücke, Karolinenstraße, Domplatz). Diese Grundidee wurde im gesamten 18. Jahrhundert von allen Fürstbischöfen beibehalten und Stück für Stück ergänzt. Dabei finanzierten sie Neubauten nur selten selbst, sondern beschränkten sich meistens auf Steuervergünstigungen, Preisnachlässe oder kostenlose Holzlieferungen aus den Staatsforsten - bis hin zu sanftem Druck auf Unwillige. Einen einheitlichen Bauzwang gab es jedoch nicht. Vielfalt und Individualität waren innerhalb des von den Bischöfen gesteckten Rahmens gewährleistet.

Um die Bürger möglichst zahlreich zu Neubauten zu veranlassen, setzte Lothar Franz von Schönborn am 13. März 1700 ein 'Obereinnahmdekret' in Kraft, das später auch für Würzburg vorbildlich wurde. Darin gab er seiner Erwartung Ausdruck, daß "unsere Bürger und Inwohner eine mehrere Lust zur Erbauung sauberer und neuer Häuser von selbsten gewinnen: damit sie hierzu desto mehreres angefrischet, (. . .) so haben Wir für das zulänglichste Mittel erachtet, eine nahmhafte Befreiung auf geraumere Jahre von aller Steuer und anderen Beschwerden gnädigst auszuwerfen." Diese Steuerbefreiung war gestaffelt nach der Größe des Neubaus und reichte von sechs Jahren für einen zweigeschossigen, verputzten Fachwerkbau - offenliegendes Holz war aus ästhetischen und feuerpolizeilichen Gründen nicht mehr gestattet - bis zu 20 Jahren für einen dreigeschossigen reinen Hausteinbau. Eingeschossige Häuser innerhalb der eigentlichen Stadt wollte der Fürst "gar nicht mehr leiden".

Das Dekret verfehlte seine Wirkung nicht: Es setzte ein rascher Aufschwung der bürgerlichen Bautätigkeit ein. Die Verordnung blieb daher auch unter den späteren Bischöfen bis 1802 gültig; sie trug maßgeblich zur Entstehung des heutigen barocken Stadtbildes bei.

Ziel- und Höhepunkt der Achse ist die **Residenz**. Sie war das wichtigste Monument fürstlicher Selbstdarstellung; deshalb ließ Lothar Franz den bestehenden Bau umgestalten und erheblich erweitern. Zwar hatte er sich vor seiner Wahl unter anderem verpflichten müssen, "keine neue Schlösser zu bauen oder die eingefallenen kostbahrlich reparieren" zu lassen. Doch bereits 1695 erklärte der Papst, später auch der Kaiser, alle derartigen Wahlkapitulationen für ungültig. Lothar Franz bekam damit freie Hand für den Ausbau des Schlosses.

Die beiden Flügel, die Fürstbischof Johann Philipp von Gebsattel (1599-1609) seit 1605 hatte errichten lassen, große, wenig gegliederte Bauten mit geschweiften Ziergiebeln, ließ nun Lothar Franz nach neuester Mode einrichten, ihren Renaissancezierat aber entfernen. Dem neueren Geschmack der absolutistischen Schloßarchitektur (und folglich den Vorstellungen des Fürstbischofs) genügte der alte Bau aber nicht. Ab 1698 wurden deshalb durch den Hofbaumeister Leonhard Dientzenhofer (1660-1707) am Domplatz zwei neue Trakte angebaut. Nachdem während der Bauarbeiten mehrmals die Pläne geändert worden waren, sollte das Schloß zuletzt den Platz als dreiflügelige Anlage umschließen. Ein Giebel sollte die Ein-

Rom. Kolloseum nach Serlio

fahrt des Mittelbaues überhöhen, zwei Pavillons die Seitenflügel abschließen. Vorbild war der Typus des französischen Königsschlosses, wie er in dieser Zeit immer wieder nachgeahmt wurde. Für den westlichen Flügel hätte die Alte Hofhaltung abgebrochen werden müssen; man sieht noch die Wartesteine, wo er hätte anschließen sollen. Doch kam dieser Teil nie zur Ausführung, obwohl auch Friedrich Karl von Schönborn noch in den 1730er Jahren durch Johann Jakob Michael Küchel und Balthasar Neumann Pläne dazu erstellen ließ.

Die architektonische Gliederung der Residenzfassade wirkt auf uns etwas monoton, schon wegen des Fehlens von Risaliten. Bei stets gleichförmiger Wiederholung der Achsen sollte sie vor allem durch die enorme Längenausdehnung beeindrucken. In mustergültiger Weise wurden die Säulenordnungen nach ihrer 'Wertigkeit' übereinander angeordnet: zu dorischen, ionischen und korinthischen Pilastern kamen am Eckpavillon und am Mittelgiebel noch als viertes die komposite Ordnung. Der Architekt kopierte hier aber nicht bloß treu seinen trockenen Lehrbuchstoff, wie der heutige Betrachter meinen könnte. Vielmehr war derartige Architektur vor allem bei kaiserlichen Bauten der 1660er bis 1680er Jahre in Wien und Böhmen angewendet worden. Zwar war sie dort bei der Fertigstellung der Neuen Residenz 1703 bereits veraltet, aber es wird sichtbar, daß Lothar Franz von Schönborn in der Architektur seine Verbundenheit mit dem habsburgischen Kaiserhaus zum Ausdruck zu bringen wünschte. Auch bei den Vorbildern (z.B. beim Leopoldinischen Trakt der Wiener Hofburg) war das Motiv der Superposition* der Ordnungen nicht ohne tieferen Sinn angewendet worden. Jedem architektonisch Gebildeten war damals das Kolosseum in Rom geläufig, von dem die gleichmäßige Achsenreihung und Superposition übernommen worden waren. Daß diese Anordnung nicht selbstverständlich war, sondern für die Betrachter einen Rombezug herstellen sollte, sieht man daran, daß in anderen Bamberger Bauten dieser Ära regelmäßig die französische 'große Ordnung' gewählt wurde. Da auch das barocke Wien als 'nova Roma', als neues Rom , verstanden werden sollte, bezog man sich in Bamberg zugleich auf Wien und Rom.

Vor allem im Detail offenbart die Residenz hohe Qualität. Alles ist sehr genau abgestuft: Im Erdgeschoß fand der schlichteste Typ Verwendung, die dorische Säule. Mit einfacher Basis (dem 'Fuß' der Säule) und schmucklosem, gerade abschließenden Kapitell (dem 'Kopf'), stand sie als Bild für den kräftigen, ohne Schmuck schönen männlichen Körper, der bereit ist, Lasten zu tragen. Die Pilaster* sind breiter als die oberen und haben eine Schwellung (Entasis).

Die aufwendigere ionische Ordnung im ersten Obergeschoß zeigt der Theorie gemäß die Proportionen des weiblichen Körpers: schlanker als die dorische, mit reicherer Basis und Schnecken wie Haarlocken am Kapitell. Darauf folgt die 'mädchenhafte' korinthische Ordnung. Noch schlanker als die ionische gilt sie mit ihrem zierlichen Blattkapitell als Abbild von Zartheit und Anmut.

An Eckpavillon und Giebel schließlich kam die komposite Ordnung zur Anwendung – die hervorragendste, weil sie die Festlichkeit der korinthischen Akanthusblattkapitelle mit der Schönheit der ionischen Voluten verbindet.

Auch in den Fensterverdachungen ist eine Abstufung zu erkennen: im Erdgeschoß als gedrückte Hausdachformen gerade abschließend, werden sie im ersten Obergeschoß rhythmisch wechselnd mit dreieckigen und segmentbogigen Giebeln gebildet, die im zweiten Stock versetzt angeordnet und zusätzlich mit Blattwerk und Muscheln geschmückt sind.

So zeigt sich an den Fassaden der Residenz eine Steigerung von unten nach oben, von der schlichtesten zur aufwendigsten Ordnung. Das Erdgeschoß wird deutlich als unbedeutendstes, das zweite Obergeschoß als ranghöchstes gekennzeichnet. Das hat auch etwas mit der Funktion der Stockwerke zu tun: Im Erdgeschoß war die Verwaltung untergebracht, im ersten Stock befand sich die fürstbischöfliche Wohnung. Im zweiten Obergeschoß die Hauptrepräsentationsräume mit dem Kaisersaal.

Die Neue Residenz ist aus den besten Sandsteinen der Region gebaut (woran man sich leider bei den neueren Ergänzungen nicht immer hielt). Ihre Schaufassade hat sie zum Domplatz; die Stadtseite galt als weniger wichtig, sie ist nur verputzt und mit Fassadenmalerei gegliedert. Auch die Dachdeckung betont den herausragenden Charakter des Bauwerks. Wurden Holzschindeln oder Stroh höchstens noch auf dem Lande verwendet, so deckten Ziegel die gewöhnlichen städtischen Bauten. Allein Kirchen und Schloßbauten erhielten Dächer aus dem teuren Schiefer, der aus Thüringen herangeschafft werden mußte. So zeigt das Schloß durch seine Größe wie auch durch die Materialien, daß es sich um das wichtigste herrschaftliche Bauwerk der Stadt handelt.Die genaue Durchgestaltung der Fassade wird dem Betrachter gleichsam aus verschiedenen Entfernungen deutlich, vom 'weitwinkligen' Blick auf die Geschoßgliederung durch die Ordnungen, über die kleinteiligeren Formen des plastischen Dekors bis hin zur feinen Ausarbeitung der Steinoberfläche, die man nur aus unmittelbarer Nähe erkennen kann. Gerade der Blick für diese Feinheit der Oberflä-

Neue Residenz. Detail vom Portal

chenbehandlung ist uns heute, im Zeitalter der Beton-, Glas- und Rauhputzfassaden, kaum mehr geläufig; damals aber war sie ein Mittel der Fassadengestaltung, das mit viel Aufwand eingesetzt wurde. Das reicht von der Wahl unterschiedlicher Sandsteinarten für den Baukörper und die plastischen Elemente bis zum Herausarbeiten verschiedener Reliefstrukturen der Steinoberfläche durch Scharrieren. Wendet man seinen Blick zurück auf Petrinis Seehof, spürt man, wieviel feiner die neue Architektur Dientzenhofers ist: rhythmischer, detailreicher und deswegen niemals wirklich monoton.

Man sollte sich Fenster und Mauern der Residenz genau betrachten, solange die Strukturen noch zu sehen sind. Denn die Feinheiten der Steinbearbeitung fallen als erstes dem sauren Regen zum Opfer. Darüberhinaus setzt ihnen die Säuberung der Fassaden mit unangemessen aggressiven Mitteln zu, oft eine Abarbeitung mit Hammer und Meißel. Die Feinstruktur der Residenzfassade, so sorgfältig und aufwendig geschaffen, verschwindet so, langsam, aber sicher.

Es ist jedoch nicht die Liebe zum Detail, die uns veranlaßt, die Residenz so ausführlich zu beschreiben. Die Residenz nahm im Bauwesen von ihrer Entstehung an eine zentrale Stellung ein. Sie war der verbindliche Maßstab allen Bauens und durfte folglich auch nicht übertrumpft werden - außer vom Fürsten selbst. Sie lieferte eine 'Sprachform', die abzuwandeln und zu zitieren war. Als eindeutige Beispiele seien die Häuser Grüner Markt 7 und vor allem Karolinenstraße 11, das Bibra-Palais, genannt: Beide Häuser übernehmen einzelne Details der Residenzarchitektur (die säulengerahmten Portale mit gesprengten Giebeln und Liegefiguren darauf, die alternierenden Giebelbekrönungen der Fenster), die auch als solche sofort zu erkennen sind. Aber sie übernehmen nie den gesamten architektonischen Apparat, denn das wäre dem Haus eines Untertanen, und sei er auch adeliger Herkunft, nicht angemessen gewesen.

Jahrhundertelang waren Domkapitel und Fürstbischof mehr oder minder erbitterte Konkurrenten, sogar Gegner. Es verwundert daher nicht, daß das Kapitel einige Zeit nach Vollendung der Neuen Residenz, übrigens unter der Leitung des Bruders des Bischofs, des Dompropstes Marquart Wilhelm von Schönborn, ebenfalls einen Neubau seines Hauses begann. Von der Bautätigkeit der Bischöfe ging eine Sogwirkung aus – nun war man geradezu zum Bauen gezwungen, um nicht als völlig bedeutungslos dazustehen.

1717 bereits dachte man an den Neubau des **Kapitelhauses**, der dann 1730 durch Architekt **Balthasar Neumann** ins Werk gesetzt wurde.

Kapitelhaus. Mittelrisalit

1733 fand die Einweihung statt. Das Gebäude ist unmittelbar südlich neben den Ostchor des Domes an die Stelle des Vorgängers gesetzt und bezieht einige ältere Teile wie den Kreuzgang ein. Der zurückhaltende und doch wirkungsvolle Bau sollte das Schloß nicht kopieren oder zitieren: Er ist nur zweistöckig, besitzt aber das aufwendigere Mansarddach. Anders als beim Schloß wird hier die sogenannte 'große' oder 'kolossale' Ordnung verwendet, deren Pilaster über beide Stockwerke reichen. Aber nur die mittleren Achsen zeigen korinthische Pilaster, die als Risalit etwas nach vorn gezogen und von einem Dreiecksgiebel bekrönt werden, somit die Mitte hervorheben. Die Seitenteile sind untergeordnet und erhalten nur unmittelbar neben dem Risalit und an den äußeren Ecken (um dem Bau hier einen Abschluß zu geben) je einen Pilaster der toskanischen Ordnung.

Diese Kombination der reichsten und der bescheidensten der fünf Ordnungen ist ungewöhnlich. Sie signalisiert dem Betrachter zugleich Anspruch und Zurückhaltung. So

Skizze der Stadtachse

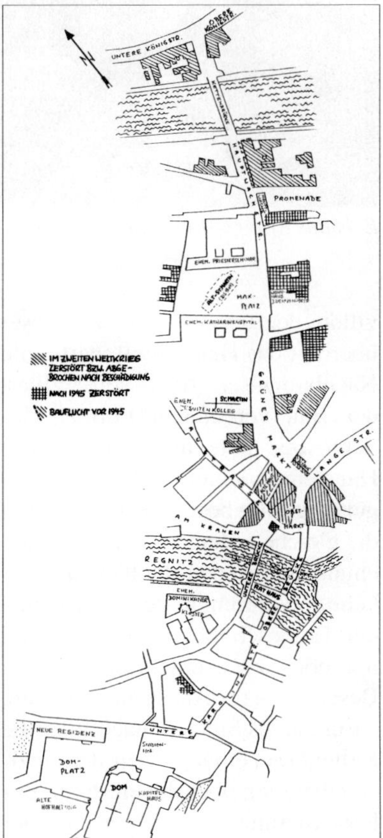

wird auch auf Giebel über den Fenstern verzichtet; nur der Wechsel von rechteckigen zu segmentbogig geschlossenen Fenstern drückt eine Steigerung innerhalb der beiden Geschosse aus.

Den besonderen Rang des Kapitelhauses macht auch die Art seiner Einpassung in die vorgegebene Situation, bestimmt durch den Dom, aus. Balthasar Neumann hat den Neubau feinfühlig angefügt. Auch das erklärt die Bescheidenheit der Architektur. Sie drückt sich außerdem in der Verwendung des billigeren Coburger Sandsteins aus und in der Anwendung der einfachsten Säulenordnung für die seitliche Fassadengliederung. Die heikle Stelle, bei der älteste und neueste Architektur aneinanderstoßen, ist der Anschluß zum Domturm. Neumann schob hier eine zusätzliche Achse ein, die das Kapitelhaus vom Dom absetzt, ohne eine Lücke entstehen zu lassen. Im Blick vom Domplatz her bleibt der einheitlich symmetrische Eindruck der Fassade gewahrt, da die Zwischenachse hinter dem Turmstrebepfeiler verschwindet. Probleme mit neuem Bauen in alter Umgebung gibt es also nicht erst in heutiger Zeit; nur hat man es offenbar in Bamberg früher besser verstanden, solche Probleme zu lösen und dabei zugleich etwas bedeutendes Neues zu schaffen.

Der Domberg mit der neuen Residenz als politisches und geistliches

Zentrum des Fürstbistums sollte also in der städtebaulichen Gesamtkonzeption der Schönbornbischöfe als Mittelpunkt von Stadt und Land erkennbar werden. Er war Ziel eines repräsentativen Weges durch die Landeshauptstadt zum Sitz des Fürstbischofs. Ausgangspunkt dieses Weges war die alte Fernhandelsstraße zwischen Nürnberg und Leipzig, die früher Steinweg hieß (heute Königsstraße), ein Teil des Skandinavien mit Italien verbindenden 'Romwegs'. Schon im Mittelalter hatte man sie näher an den rechten Regnitzarm und damit in die unmittelbare Nähe der Inselstadt gelegt. Damit konnte die Stadt durch Zölle und Stapelzwang* Einfluß auf den Handel nehmen. An diese frühere Bedeutung der Straße als Umschlag- und Lagerplatz erinnern noch heute die zahlreichen Wirtshäuser und Gasthöfe sowie die breiten Tordurchfahrten zu den ehemaligen Lagerhäusern.

An der Abzweigung dieses Handelsweges zur Innenstadt (Ecke Königs-/Kettenbrückstraße) setzt sich ein aufwendiger Eckbau des frühen 18. Jahrhunderts turmartig von der umgebenden Bebauung ab und markiert so mit deutlichem Akzent den Beginn der stadteinwärts führenden Straße. Sein auffällig geschwungenes Mansardwalmdach weist schon am Beginn des Weges auf dessen Endpunkt hin, nämlich auf die eigentümliche Dachform des Eckpa-

Eckhaus Königs-/Kettenbrückstraße

villons der Residenz. Und wie dieser überragt das Haus pavillonartig die Nachbarhäuser. Auch sonst zitiert der Bau vereinfacht Formen des Schlosses. Wie dieses ist er aus Haustein errichtet (allerdings weniger sorgfältig bearbeitet) und besitzt die gleiche Folge der Fensterverdachungen. Von den stadteinwärts gekehrten Köpfen an den Keilsteinen der Erdgeschoßbögen (leider sind nur noch zwei erhalten) wird der Besucher in die Achse eingewiesen.

Ein kurzes Stück danach folgt die Kettenbrücke, lange Zeit der einzige Übergang über die einst unregulierte Regnitz. Ab 1752 entstand hier nach Abbruch der alten Holzkonstruktion ein prächtiger Neubau. Die steinerne, vierbogige **Seesbrücke** nach Plänen von **Johann Jakob Michael Küchel** und Balthasar Neumann. Mit den 1768 aufgestellten großen Plastiken von Ferdinand Tietz galt sie als die 'Königin der Brücken Frankens' Doch das verheerende Hochwasser von 1784, dessen Eisgang bis auf die Obere Brücke sämtliche Flußübergänge der Stadt zum Opfer fielen, zerstörte auch die Seesbrücke und große Teile der umgebenden Bebauung. Erhalten blieb lediglich eines der beiden Häuser, die einst mit ihren einschwingenden Ecken den Brückenkopf am rechten Flußufer flankierten. Der Bau Küchels ist zwar verändert, aber noch in seinem derzeitigen Zustand kann er zeigen, wie nach den Vorstellungen der alten Architekten ein Gebäude an einem Eingangsort einladend gleichsam die Arme öffnet. Was aber soll man zu seinem Gegenüber sagen? Es sprengt als scharfkantiger Klotz den gegebenen Rahmen und seine einspringende Ecke läßt sich kaum als Antwort des 20. Jahrhunderts aufs barocke Gegenüber rühmen. Vom Skulpturenschmuck der Seesbrücke blieben nur Reste der Reiterstatue des Stadtpatrons Georg übrig, die einst mit Blick in Richtung Stadt und Residenz aufgestellt war und so dem Besucher den Weg wies. Die Teile wurden aus dem Fluß geborgen und stehen heute im Historischen Museum. Wie die Skulpturengruppe aussah, verdeutlicht der ebenfalls dort aufbewahrte Holzbozzetto*.

Im weiteren Verlauf der Straße kam man an den mittelalterlichen Graben der Inselstadt. Obwohl er heute zum großen Teil zugeschüttet ist, kann man seinen Verlauf noch an dem Straßenzug von Zwinger, Promenade, Kleberstraße und Vorderem Graben im Stadtbild ablesen. Hier steht seit 1772 das Eckgebäude der **Hauptwache**, ein zweigeschossiger Bau mit ursprünglich offenen Erdgeschoßarkaden und Mansard-

F. Tietz. Bozetto des Hl. Georg (Hist. Museum)

Seesbrücke von Süden

dach, errichtet nach Plänen von **Johann Georg Roppelt**. Die Trophäen- und Wappenreliefs, durch die das Haus als Repräsentationsbau der fürstbischöflichen Infanterie gekennzeichnet wird, stammen vom Hofbildhauer **Johann Bernhard Kamm**.

Den ersten Höhepunkt auf dem Weg des Besuchers zur fürstbischöflichen Residenz am Berg bildet die Baugruppe aus ehemaligem **Priesterseminar** (dem heutigen Neuen Rathaus) und **Katharinenspital**, die den heutigen Maxplatz rahmen. Beide entstanden in den 1730er Jahren im Auftrag Friedrich Karls von Schönborn nach Plänen **Balthasar Neumanns**. Doch die damalige Wirkung des Ensembles war eine ganz andere als heute: Ursprünglich standen die Bauten nicht um einen freien Platz, sondern flankierten die Stadtpfarrkirche St. Martin, die bis zum Abbruch 1804 von einem Friedhof umgeben war. Dieser Kirchenbereich war zur Straße hin durch ein schmiedeeisernes Gitter abgegrenzt, dessen Eckpfeiler mit den bekrönenden Vasen noch auf beiden Seiten an den Gebäuden zu sehen sind.

Die Fassaden zum Platz hin waren damals also nicht die Hauptansicht der Gebäude und wurden deshalb schlichter gehalten. Weil sie teilweise durch die Kirche verdeckt waren, konnte sie der Betrachter nicht in der heutigen Frontalansicht sehen. Hieraus erklärten sich der kahle Charakter des heutigen Platzes und das Fehlen einer Betonung der Mittelachse, denn die nördliche Häuserzeile war früher überhaupt nicht zu sehen. Lediglich am Katharinenspital hob Balthasar Neumann eine Achse durch Pilaster und einen großen Balkon hervor. Ursprünglich erhob sich darüber noch ein Dachreiter. So wurde die jetzt verbaute Hauskapelle betont, die sich über alle drei Stockwerke erstreckte.

Die eigentlichen Hauptfassaden von Spital und Priesterseminars wenden sich zur Straße. Über einem rustizierten Sockelgeschoß mit Ladenöffnungen erheben sich die beiden Hauptgeschosse, zusammengefaßt durch kolossale Pilaster. Fensterverdachungen kennzeichnen das erste Obergeschoß als wichtigstes Stockwerk. Im Priesterseminar befand sich hier die Wohnung des Weihbischofs, der traditionsgemäß gleichzeitig Pfarrer von St. Martin war. Nach der Verengung des Straßenzuges an der Ecke des Spitals öffnete Neumann die Fassade zum folgenden Platz, indem er sie asymmetrisch abknicken ließ. Diese Stelle betonte der Architekt noch durch Rückstufung der Pilaster, deutliches Gegeneinandersetzen zweier Wandschichten und einen Rhythmuswechsel durch breitere Fensterabstände.

So wird der Besucher auf den zweiten Höhepunkt vorbereitet, den langgestreckten **Grünen Markt**. Sein Mittelpunkt ist die Jesuitenkirche zum Heiligsten Namen Jesu, die bereits im 7.Kapitel behandelt wurde. Einen Akzent gegenüber der Jesuitenkirche und der ehemaligen Maut bildete der **Neptunsbrunnen** (im Volksmund 'Goblmoo' = Gabelmann genannt) an der Einmündung der Keßlerstraße. Diese städtebauliche Funktion als Blickpunkt an einer alten Straßenkreuzung ist heute durch die Vereinheitlichung des Straßenbelags in der Fußgängerzone und die Anordnung der Sitzsteine (sie haben sich den Spottnamen 'Affenfelsen' zugezogen) kaum noch zu erkennen. Errichtet wurde der Brunnen anstelle eines mittelalterlichen 'Schönen Brunnens' 1698 unter Lothar Franz von Schönborn. Zu seiner Regierungszeit entstand auch die **städtische Altane**, ein nach Beschädigung 1945 entfernter Verkündbau mit Empore am Gebäude des heutigen Geschäftshauses Kakerbeck, der den Grünen Markt verengte und sein Ende betonte. Zugleich bildete er die Ecke zur zweiten alten Hauptstraße, der sogenannten Langen Gasse.

Die leicht ansteigende Straße führt an einer Reihe repräsentativer Fassaden des 18.Jahrhunderts linker Hand vorbei weiter auf die Obere Brücke und damit zum **Alten Rathaus**, das als dritter Höhepunkt auf dem Weg zur Residenz liegt. Es markiert den Übergang über den linken Regnitzarm und gleichzeitig auch die alte Herrschaftsgrenze zwischen bischöflicher Stadt am Sand und bürgerlicher Stadt auf der Insel. Ab 1749 wurde der im Kern

Altes Rathaus. Turm

mittelalterliche Turm (s.Kap.4) durch den Stadtbaumeister Martin Mayer in seiner heutigen repräsentativen Form errichtet. Signalwirkung besitzt vor allem die Turmhaube, die wieder das Leitmotiv des geschwungenen Mansardwalmdaches der Residenz aufgreift. Die Wappen über der Durchfahrt (wie auch die Balkone von Bonaventura Mutschele geschaffen) sollten den Besucher daran erinnern, in wessen Einflußbereich er sich begab: Betrat er von der Inselstadt her die Brücke, sah er sich dem Wappen des Landesherrn gegenüber, auf dem Rückweg ins Tal dem Wappen der Stadt.

Auch das Rathaus selbst wurde neu gestaltet. Es erhielt durch **Johann Anwander** Freskenschmuck, der 1963 erneuert wurde. In allegorischer Form sind der Tod des alten (im Zentrum Chronos, der Gott der Zeit) und die Begrüßung des neuen Fürstbischofs (Engel mit Freudenposaune) dargestellt. Auf der Seite des Dombergs sieht man außerdem u.a. den Schutz von Recht und Gerechtigkeit, eine Haupttugend des Herrschers; auf der Seite der Inselstadt hingegen Bürgertugenden.

Die **Untere Brücke** wurde 1739-40 von Balthasar Neumann als fünfbogiger, monumentaler Neubau errichtet. Leider überstanden zwei Brückenbogen die erwähnte Hochwasserkatastrophe von 1784 nicht; die übriggebliebenen Pfeiler, geschmückt mit einem reichen Figurenprogramm von Johann Peter Benkert, verschwanden im Laufe des 19. Jahrhunderts bis auf einen mit der Figur der heiligen Kunigunde.

Besonders hier auf den beiden Brücken wird klar, daß bei der Planung der Stadtachse auch die Perspektiven neu ausgestaltet wurden, die sich dem Besucher - oder dem Bischof, der in seine Stadt einzog - auf dem Weg zum Domberg boten. So gestaltete man nicht nur das Rathaus neu, sondern auch die **Uferbebauung** des Flußarms, die man bis dahin kaum der Beachtung wert befunden hatte. Doch hatten seit dem 17.Jahrhundert die französischen Könige in Paris gezeigt, wie Uferbebauung städtebaulich wirken konnte. So wurde nun das ruinöse Schloß Geyerswörth, auf das der Blick von der Oberen Brücke fällt, unter Friedrich Karl von Schönborn 1743 in neuer Funktion als Ämtergebäude hergerichtet. Das linke Regnitzufer wurde flußabwärts durch Neubauten einheitlicher gestaltet: Ab 1732 errichteten die Dominikaner ein schlichtes Klostergebäude mit einer Fassade zum Ufer. Weiter abwärts entstand ab 1753 die 'Besserungsanstalt' (oder Arbeitshaus), beide unter Beteiligung Balthasar Neumanns. Neben der Fleischhalle am rechten Flußufer, deren Ochse an der Fassade an die ursprüngliche Funktion erinnert, öffnet sich der Blick auf den früheren Fischmarkt. Auch hier wurden die angrenzenden Bauten im Lauf des 18.Jahrhunderts systematisiert; so die beiden Bauten neben der Einmündung der Fischgasse und das Haus an der Stirnseite (Am Kranen 1). Die Kleinteiligkeit der Fischersiedlung hinter der Fleischhalle am rechten Regnitzufer, als 'Klein Venedig' heute eine Hauptattraktion im romantischen Bamberg, entsprach damals gerade nicht den Idealvorstellungen. Es waren vielmehr die großen Baukomplexe am linken Ufer, die im Stadtbild wirken sollten. Sie waren auch als ein optischer Sockel gedacht, über dem die Bebauung des Dombergs aufragte.

Hat der Besucher die Obere Brükke überquert, ändert sich das Bild. Im **Sand- und Berggebiet** waren die Planungen schwierig. Aufgrund der alten Rechte des Adels und der Bürger war eine Regulierung des Strassenverlaufs kaum möglich. Daher ist die Bebauung an den 'bischöflichen' Teilen des Weges enger und individueller; d.h. mittelalterlicher, die Straßenfronten sind weniger einheitlich. Dennoch wurden im 18. Jahrhundert zumindest die Fassaden aller Häuser modernisiert. Besonders hervorzuheben ist das Palais der Familie von Bibra (Karolinenstr. 11), erbaut 1716. Wie wir bereits erwähnten, zitiert es architektonische Motive der Residenz und weist so auf sie voraus. Denn kurz danach führt mit einer größeren Steigung das letzte Stück des Weges zum Domplatz hinauf.

Unter einem der Nachfolger der Schönborns, Fürstbischof Adam Friedrich von Seinsheim, wurde diese Auffahrt durch umfangreiche Aufschüttungen und Abtragungen bequemer gestaltet. Noch heute erinnert ein weit über dem jetzigen Straßenniveau gelegenes Kellerportal an den alten, steileren Verlauf der Straße. Die einheitlichere Gestaltung des südlichen Teils der Domberg-Stadtfront begann 1721 mit dem

Neubau der Kurie des Domdekans von Eyb. Nachdem dann 1734 das mittelalterliche Osttor der Domburg abgebrochen worden war, entstand an der Ecke 1739 der Stadionsche Domherrenhof. Nach Plankorrekturen Balthasar Neumanns wurde der stadtseitige Flügel in der Art eines Pavillons überhöht. Für den Heraufkommenden vermittelt er den Blick zum gegenüberliegenden Pavillon der Residenz, und wenn man in einer Linkskurve auf den Domplatz einbiegt, flankieren die beiden hohen Gebäudeteile die Öffnung des Platzes und den nun sichtbar werdenden Ostchor des Domes. Natürlich hatte sich der Stadionsche Domherrenhof unterzuordnen. Er erhielt keine Sandsteinfassade, erst recht keine Säulenordnung, sondern ist lediglich durch Brüstungsfelder unter den Fenstern gegliedert. So wurde er zum Echo des Schlosses.

Dieses Ansteigen zum Domberg, der durch die langgestreckten Baumassen der Residenz und den turmartigen Vierzehnheiligenpavillon noch eine Erinnerung an den Charakter einer geschlossenen Burg bewahrt hat, und das darauf folgende Sich-Öffnen des Platzes ist von besonderer städtebaulicher Raffinesse.

Die neugebauten oder erneuerten Häuser entlang der Stadtachse waren also Teil eines umfassenden Planes, der die Bauten zu Seiten des Weges in rhythmischer Abwechslung aufeinander bezog, sie aber insgesamt auf den Zielpunkt, die Residenz, ausrichtete. Das Beispiel des Stadionschen Domherrenhofes, der sich architektonisch auf die Residenz bezieht und sich ihr zugleich unterordnet, macht deutlich, daß dabei gesellschaftliche Rangabstufungen zum Ausdruck gebracht werden mußten. Auch Funktionsunterschiede wurden bei der Gestaltung berücksichtigt, man vergleiche nur einige Planungen Balthasar Neumanns von verschiedener Zweckbestimmung, etwa Arbeitshaus, Katharinenspital, Priesterseminar und den Stadionschen Hof. Innerhalb des Planes der Stadtachse war durchaus individuelle Vielfalt bei den einzelnen Bauwerken möglich. Sie wurden sowohl von gebildeten Architekten als auch von einfachen Bauhandwerkern ausgeführt; es entstanden nebeneinander Gebäude unterschiedlichen Ranges und abwechslungsreicher Gestaltung.

Der **Dom** blieb im Wesentlichen unverändert. Nur die Türme wurden durch Johann Jakob Michael Küchel 1765-73 in historisierenden Formen umgestaltet: Das westliche Turmpaar besaß bis zu diesem Zeitpunkt fünfteilige Dächer, jedes der Ecktürmchen und der Kern waren eigens bedacht. Die Osttürme waren niedriger. Nun wurden diese um ein Stockwerk erhöht und alle Helme einheitlich gebildet. Dies diente besonders dazu, die Fernwirkung der Mutterkirche des Bistums neben der imposanten Neuen Residenz zu erhöhen. Weltlicher und geistlicher Anspruch des Fürstbischofs wurden damit gleichermaßen unterstrichen, stand doch gerade der Dom für die von Heinrich II. begründete Tradition der Diözese. Zwar hat es Pläne gegeben, die Ostapsis des Chores durch eine Barockfassade zu ersetzen, doch diese scheiterten. Vermutlich war die Betonung des Alten, nicht nur Geldmangel, der Hauptgrund für derlei bewahrende Baumaßnahmen.

Bei anderen Kirchen dagegen blendete man seit dem späten 17. Jahrhundert neue Fassaden vor die alten Bauten. So erhielt die Karmelitenkirche St.Theodor am Kaulberg eine neue Ostfassade; damit wurde ihre ursprüngliche Ausrichtung umgedreht. Bei St. Jakob legte 1770 vermutlich der Würzburger Hofingenieur Johann Michael Fischer eine architektonisch fein abgestufte Hausteinfassade vor den alten Ostchor. Und der Chor der St. Michaelskirche bekam durch symmetrische Sakristei- und Kapellenbauten Johann Dientzenhofers schon in der ersten Hälfte des 18. Jahrhunderts den Charakter einer zweiten Fassade, die sich weithin sichtbar der Stadt zuwendet. Durch die Ausrichtung der sogenannten 'Stadtachse' einerseits und die Wendung der Fassaden zur Talebene andererseits entstanden städtebauliche Beziehungen, die auch politische Ansprüche ausdrükken. Die Stadt ist auf Dom und Resi-

St. Michael. Blick über die Gartenterrassen (1846)

denzplatz bezogen, das Zentrum der herrscherlichen Macht. Dieses wird von den Kirchen und Klöstern flankiert, denen man ihre ursprüngliche Unabhängigkeit weitgehend genommen hatte. Nur die Benediktinerabtei Michelsberg war immer noch relativ eigenständig und versuchte, dies mit der gewaltigen Anlage ihres Neubaus sichtbar zu machen.

In einem Punkt hatten die Mönche viel bessere Voraussetzungen: Sie hatten Platz, ihren Klostergarten zu inszenieren, während der Residenzpark zwischen den Flügeln des Schlosses eingezwängt war. Welch hohen Anspruch der **Michelsberger Garten** erhob, kann man heute noch an den weithin sichtbaren, aufwendigen Terrassen an der Ost- und Nordseite des Klosters ablesen. Sie waren ehemals mit geometrisch beschnittenen Obstbäumchen und Büschen bepflanzt; beiderseits erheben sich die vielleicht von Konrad Fink um 1730 erbauten Pavillons mit ihren geschwungenen Dächern, in der Mitte sind die Reste einer umfangreichen Treppenanlage mit der Delphinfontäne zu erkennen. Allerdings konnte der Garten nie ganz vollendet werden, da der angeblich geistig umnachtete Bauherr, Abt Gallus Brockard, von Fürstbischof Franz Ludwig von Erthal abgesetzt wurde, einerseits wegen seines Lebenswandels (die ständige Geliebte des Abtes wurde vom Volksmund als 'Frau Priorin' bezeichnet), andererseits wegen des übertriebenen finanziellen Aufwandes für den Garten, den der sozial gesonnene Fürst nicht billigen konnte.

Ganz anders war der intime, früher öffentlich nicht zugängliche **Residenzgarten** angelegt. Bereits Friedrich Karl von Schönborn hatte ihn durch Balthasar Neumann im modernsten Geschmack ausstatten lassen. Im Zusammenhang mit der Errichtung von Küchels Pavillon 1755-57 entstand dann der in seinen Grundzügen noch heute erhaltene Garten, der sich um ein Wegekreuz mit Springbrunnen gruppiert. Geometrisch gestaltete Beete mit Buchsbaumeinfassungen, in denen Kopien der Gartenfiguren des Ferdinand Tietz stehen, werden von beschnittenen Lindenalleen gerahmt. Die Bepflanzung der Beete mit Rosen stammt allerdings erst aus dem 19. Jahrhundert, als diese zunehmend in Mode kamen.

Die Bamberger Landstädte erhielten keine vergleichbare städtbauliche Gestaltung. Nur an markanten Stellen setzten fürstbischöfliche Bauten Akzente, so die Küchelhäuser in Forchheim, die Amtshäuser in Zeil (Main) oder das Pfarrhaus in Kronach. - Die Valentinskapelle **Unterleiterbach** ist eine vor dem Dorf in freier Lage errichteter Zentralbau Küchels, der durch feine Steinbearbeitung und die illusionistische Innenausmalung aus dem üblichen Rahmen herausfällt.

Im übrigen herrschte eine 'Ergebenheitsarchitektur' vor, d.h. man baute in

Bamberger Formen. Die meisten ländlichen und kleinbürgerlichen Bauten wurden in Fachwerk errichtet, das allerdings bei entsprechendem Wohlstand auch sehr reiche Formen annehmen konnte, z.B. am Rathaus von Staffelstein, an verschiedenen Bauten Burgkunstadts und Waischenfelds, oder aber am Dilligschen Haus in Scheßlitz, das einen besonders schönen, 1697 datierten 'Renaissance'-Erker aus Holz besitzt. Bei diesem Bau ist sogar der Zimmermannsarchitekt bekannt, Jörg Hoffmann, von dem auch in Zeil und Königsberg (Unterfranken) noch Bauten erhalten sind, die durch ihre fantasievollen Masken aus dem Rahmen des Üblichen fallen.

J. J. M. Küchel. Pavillon im Residenzgarten

Pommersfelden. Marstall des Schlosses. Mittelrisalit

Verfeinerung der Sinne und Blüte der Kunst

1710–1760

Die Bamberger Residenz wurde nicht nach den ursprünglichen Plänen vollendet. Gewöhnlich wird dies mit dem Widerstand des Domkapitels begründet. Liest man jedoch die Korrespondenz von Lothar Franz von Schönborn mit seinen Neffen, so drängt sich ein anderer Schluß auf: Dem 'Erzbaumeister' gefiel schon bald sein Bamberger Neubau nicht mehr. Ihm wurde klar (gemacht), daß es inzwischen Besseres und Moderneres gab. Zunächst verlegte er sich auf einen Mainzer Schloßbau, die von den französischen Revolutionstruppen zerstörte Favorite. Dann aber bot sich seinem Bauwurm ein neues Ziel: das Lehen der Truchsesse von **Pommersfelden** war an das Bamberger Stift zurückgefallen, das es seinem Bischof für das Haus Schönborn anbot. Das dort stehende Schloß nannte Lothar Franz abfällig eine 'Räuberhöhle', von der nichts zu erhalten lohne: Die Mauern klebten aneinander "wie die schwalbennester an einem haus", so daß sie mit "händen allein abreissen kann". Kaiser Karl VI. hatte ihm 1711 aus Dank für die Unterstützung bei seiner Wahl und anderen Reichsangelegenheiten 150.000 Gulden geschenkt. Die Chance für einen neuen, einen ganz anderen Schloßbau war gegeben, bald nach dem vorläufigen Abschluß der Bamberger Residenz (1707).

Inzwischen war sein Lieblingsneffe (und Nachfolger auf dem Bamberger Bischofsthron) Friedrich Karl Reichsvizekanzler in Wien geworden. Er pflegte Umgang mit den großen Wiener Mäzenen wie Prinz Eugen von Savoyen und mit Architekten wie Lukas von Hildebrand; das Verhältnis war so eng, daß man gemeinsam in den Mußestunden 'zirkelte'. Bald war der Einfluß des Wiener Neffen so groß, daß der Onkel kaum noch Größeres unternahm, ohne sich mit ihm zu beraten.

Es standen nunmehr auch andere Künstler zur Verfügung. Johann Dientzenhofer, der jüngere Bruder des 1707 verstorbenen Residenzbaumeisters Leonhard, hatte sich längere Zeit in Rom umgesehen. Lothar Franz schickte ihn 1711 auch noch nach Wien. Der Mainzer Hofbaumeister Maximilian von Welsch, der aus Kronach stammte, war über die französische Architektur gut unterrichtet. Die zuständigen Kavaliere wie von Ritter zu Groenesteyn und von Erthal taten das Ihre, um den Kenntnisstand des Kurfürsten zu

Pommersfelden. Mittelbau des Schlosses

vermehren. Sein Ehrgeiz war groß. Er wollte 'denen in Wien' zeigen, daß man in Franken 'nicht nur Kohl pflanzt'.

Seiner Absicht nach sollte Pommersfelden Sitz des Hauses Schönborn werden. Der Maßstab war aber nicht die neu erworbene Grafenwürde, sondern er wurde nach dem Ranganspruch des kurfürstlichen Bauherrn festgelegt, weshalb das Schloß u.a. einen Kaisersaal erhielt, wie ihn Reichsfürsten damals in ihren Schlössern errichteten, angeblich, um in ihnen den Kaiser angemessen empfangen zu können. Insgesamt gleicht Pommersfelden eher einem Königsschloß. Weil es aber kaum offizielle Funktionen hatte, konnte der 'Erzbaumeister' bauen, wie er Lust hatte, mit wenig Rücksicht auf das Zeremoniell. Da ihn der 'mahlereiwurm' genauso plagte wie der 'teufelsbauwurm', wurde der Gemäldegalerie viel Platz eingeräumt, wohingegen die Kapelle für das Schloß eines geistlichen Fürsten bescheiden ausfiel. Lothar Franz baute auch zu seiner Bequemlichkeit; der 'piano nobile'* war deshalb nicht mehr wie in Bamberg im zweiten, sondern im ersten Stock eingerichtet. Die klassische Zimmerabfolge wurde aufgegeben.

Am Entwurf dieses Gebäudes war der Bauherr in ebenso hohem Maße beteiligt wie die Hauptarchitekten Johann Dientzenhofer (Schloß) und Maximilian von Welsch (Marstall). Das Glanzstück des Inneren, die große Mittelstiege, ist nach Aussagen eines Briefes des Fürsten 'von meiner invention undt mein meisterstück'. Die Idee wurde jedoch erst durch die Mithilfe des Wiener Architekten Lukas von Hildebrandt ausführbar. Nicht zu vergessen sind der Jesuitenpater Loyson als Bauführer und die anderen 'Baudirigierungsgötter'.

Was unterscheidet nun diese Schloßarchitektur so sehr von der in Bamberg? Auch sie ordnet das Schloß als Dreiflügelanlage um einen Ehrenhof (die Bamberger Residenz sollte auch einmal so aussehen). Doch ist alles stärker durchgegliedert und gruppiert. Die gleichmäßige Reihe ist aufgegeben. Abwechslung findet sich nicht allein in den Giebelformen; die Baukörper selbst sind rhythmisiert. Eckpavillons wechseln mit Zwischenstücken und finden ihren Höhe- und Mittelpunkt im Hauptpavillon mit Treppenhaus und Kaisersaal. Ein wesentliches, neues Element der Gestaltung ist die Dachlandschaft mit ihren wechselnden Höhen, Formen und Neigungen. Den Rang des Hauptschlosses bestätigt das zurückweichende Gegenüber des Marstalls, ebenso die wie Trabanten um das 'Gestirn' sich lagernden kleinen Bauten. Die architektonische Feingliederung unterscheidet stärker und ist sparsamer. In der Bamberger Residenz erscheinen überall Pilaster, Giebel, Voluten und anderer Zierat; gegenüber Pommersfelden wirkt sie überladen. Im neuen Schloßbau ist das Untergeschoß durchgehend gebändert, mit einfachen rechteckigen Fenstern; gegliedert wird es nur durch Lisenen, die zum Sockel der darüber aufsteigenden Großen Ordnung werden, aufgelockert durch die Arkaden der seitlichen und mittleren Eingänge. In den Riegeln zwischen den Pavillons haben nur die Fenster des ersten Stocks Giebelverdachungen; sie weisen diesen als Hauptgeschoß aus. Darüber folgt nur noch ein Halb- oder Mezzaninstockwerk. Der Übergangscharakter der verbindenden Riegelbauten wird auch darin sichtbar, daß die Große Ordnung sich nur über anderthalb Geschosse erstreckt, daß die Pilaster gebändert sind und ionisierende Kapitelle tragen. Die Seitenflügel haben nur ein Paar Pilaster (in der Mitte), die mittleren Flügel je zwei Paare, als feine Andeutung der Rangfolge.

Die Eckpavillons sind für jeden Ankommenden, gleich aus welcher Richtung, Blickfang und Maßstab. Sie sind höher als die Zwischenflügel. Denn es wird noch ein zusätzliches Geschoß zwischen erstem Stock und Mezzanin eingeschoben. Entsprechend höher reichen die Pilaster. Sie sind auch nicht gebändert und benutzen die ranghöhere korinthische Säulenordnung. Von den Pavillons aus ermißt sich der Rang des Mittelrisalits. In ihm sind die Pilaster gestaffelt und leiten über zu zwei Säulenpaaren. Auch werden hier neuartige, reichere Fenstergiebel eingeführt, dazu noch anderer Zierat wie Kaiserbüsten. Das Ganze wird bekrönt von einem Giebel.

Ziel ist also nicht schierer Prunk, sondern ein lebendigerer architektonischer 'Satzbau'. Zarte Abstufungen, rhythmische Wechsel, geistreiche Bezüge und feine Übergänge werden gesucht: So fällt z.B. auf, daß der Mittelbau an den Ecken abgerundet ist, was einen besseren Übergang und zugleich eine Steigerung von den Seiten zur Mitte hin ermöglicht. Eine ähnliche Vielfalt und Feinheit der Formensprache hatten wir bislang nur bei den (jüngeren) Bauten von Balthasar Neumann bemerken können. Dorische und toskanische Formen in allen Nuancierungen am Marstall und den anderen Nutzbauten runden das Bild. Dennoch - der eigentliche Glanz dieser Baukunst liegt in den Innenräumen, die wir aber erst weiter unten behandeln wollen. Mit diesem Schloßbau setzt architektonisch eine neue Epoche in Franken ein, eine Blütezeit der Architektur. Bis über die Mitte des 18. Jahrhunderts führt sie zu immer neuen Erfindungen und Abwandlungen. Der bahnbrechende Baumeister ist Johann Dientzenhofer, der größte Balthasar Neumann. Doch Justus Heinrich Dientzenhofer, Johann Jakob Michael Küchel, Martin Mayer oder Johann Thomas Nißler verdienen ebenfalls ein ehrenvolles Andenken.

Für den Geschmack des einen oder anderen unserer Leser haben wir in den vorangegangenen Kapiteln die Bauherren, deren Beweggründe, Ansprüche und Traditionen zu sehr in den Vordergrund gerückt. Wir taten es, weil in der Regel die Architekten viel geringere Freiheit hatten, als man ihnen nachträglich einzuräumen geneigt ist. In der Zeit nach 1710 war nicht nur die Konkurrenz zwischen den Bauherren und Kunstzentren groß. Wichtiger war, daß ästethische Bedürfnisse und künstlerische Ansprüche in zunehmendem Maße das Bauen bestimmten. Überall in Deutschland kann man eine Leidenschaft für Architektur bemerken, bis hinein in die Malerei oder gar die Bibelillustration. Dies führte folgerichtig zu einer gesteigerten Nachfrage nach neuer und bedeutender Kunst und folglich zu mehr künstlerischer Freiheit. Daß dies auch Wohlstand und sozialen Aufstieg für die Baumeister, Künstler und Kunsthandwerker mit sich brachte, braucht nicht eigens betont zu werden. Deswegen ist es auch berechtigt, dieser kunstfreudigen Zeit, der Bamberg so viel verdankt, und zumal der Architektur mehr Platz einzuräumen.

Die Wandlungsprozesse lassen sich beispielhaft an den beiden Stadtpalästen des Hofbeamten Ignaz Tobias Böttinger (1675-1730) ablesen. Der erste, allgemein **Böttingerhaus** genannt, gilt als eine der Hauptattraktionen des barokken Bamberg; denn noch heute verfehlt Prunk nicht seine Wirkung. Anderen gilt die üppige Prachtentfaltung dieses Hauses eher als abschreckendes Beispiel für 'schwülstigen Barock'. Man braucht nur einen Blick auf die bischöfliche Residenz mit ihrer vergleichsweise schlichten Fassade zu werfen, um zu sehen, daß hier Barock nicht gleich Barock ist, obwohl die Entstehungszeiten nahe beieinander liegen.

Doch solche Unterschiede sind erklärbar: Böttinger wollte mit der Architektur seines Wohnhauses Ansprüche ausdrücken, die sich aus seinem sozialen Aufstieg ergaben. Er war der älteste Sohn einer wohlhabenden Familie - der Vater war Hofrat - und trat 1699 in bischöfliche Dienste, nach Studienjahren in Würzburg und Prag sowie einer sogenannten 'Kavalierstour', einer Bildungsreise durch Österreich, Italien und Frankreich, die damals eine gehobene Bildung abzuschließen pflegte. 1703 wurde er (nun selber Hofrat) zum Bamberger Gesandten beim Fränkischen Kreistag in Nürnberg, einem wichtigen Außenposten, dem Rang nach etwa einem Staatssekretär vergleichbar. Dort vertrat er mit Eifer seinen Fürsten. Er ist einer der Hofbeamten, die sich Lothar Franz aus dem Bürgertum heranzog als williges, tatkräftiges Organ des Herrschers, als ein Gegengewicht zum alten Adel, besonders zum Domkapitel.

1708-13 wurde das Haus erbaut und ausgestattet. Anklänge an die Architektur Italiens und der habsburgischen Länder dürften auf die Reiseerinnerungen des Bauherrn zurückgehen. Das Haus sollte nicht allein seinen Reichtum, sondern auch seine Bildung demonstrieren. Ausführender Architekt war wohl der wenig bekannte Stadtmaurermeister Andreas Ammon. Wegen der schwierigen Grundstückslage, eingezwängt zwischen Stefansberg und Judenstraße, war die Aufgabe schwierig. Die Lösung, dem dreiflügeligen Bau mit Arkadenhof noch einen terrassierten Garten in steiler Hanglage anzufügen, wirkt etwas beengt.

An Bauzier wurde nicht gespart. Im Erdgeschoß markieren gedoppelte, rustizierte Pilaster die Gebäudeecken; die beiden oberen Geschosse sind durch Pilaster der Großen Ordnung gegliedert, die zugleich eine Mittelachse aussondern. Das große Hauptportal wird von zwei mächtigen Voluten flankiert. Alle Öffnungen sind mit Ornamenten verziert, die Brüstungsfelder und Verdachungen mit Muschelwerk und Büsten versehen; besonders reich wurden die Rahmen der Mittelachse ausgestattet, mit Putten, Hermen, Muscheln, Blumengirlanden und Akanthusranken. Der Prunk findet seinen Abschluß in den reich verzierten Zwerchhäusern am Dach.

Dieser Bau sprengt, was einem bürgerlichen Bauherrn nach der Architekturtheorie und allgemeinen Meinung angemessen war. Selbst die Residenz wird in der plastischen Ausschmückung überboten. Erst recht übertrumpft Böttinger alle adeligen und bürgerlichen Nachbarn. Der Anspruch ist überzogen.

Concordia. Ansicht von Südosten

Es ist die Architektur eines Neureichen, auch darin, daß sie mangelhaftes Verständnis damaliger Architekturregeln offenbart: die Form des abschließenden Gebälks ist falsch gezeichnet und disproportioniert (ebenso die Kapitelle); verfehlt wirkt die Ausstattung der rustizierten Pilaster im Sockelgeschoß mit korinthisierenden Kapitellen. Der Bauherr zeigt sich hier als Parvenü.

Immerhin sind der Bischof bzw. seine Berater nicht eingeschritten; vielmehr haben sie die Errichtung subventioniert. Hauptsache, es entstand etwas Ansehnliches und kein 'liederliches' Holzhaus. Im Treppenhaus, der Stuckausstattung und anderen Einzelheiten wird im übrigen die Bezugnahme auf die bischöfliche Residenz deutlich.

Böttinger selbst scheint mit seinem Stadthaus bald nicht mehr zufrieden gewesen zu sein. War schon die Residenz in einigen Zügen bei Baubeginn unmodern, so noch mehr das Böttingerhaus: Es besaß keine Flure, und ein Teil der Wohnräume war nur über das unbeheizbare Treppenhaus zu erreichen.

Der Wandel der Wohnvorstellungen seines Dienstherrn zu größerer Bequemlichkeit blieb Böttinger ebensowenig verborgen wie dessen Geschmackswandel. Bereits zwei Jahre nach der Fertigstellung des Hauses an der Judenstraße begann er 1715 oder 1716 am Regnitzufer ein zweites Palais zu errichten (vollendet wohl 1722), die sogenannte **Concordia** (benannt nach einem später dort residierenden Verein).

Nun beschäftigte er nicht mehr einen Maurermeister als willfährigen Umsetzer der eigenen Ideen, sondern wandte sich an den Hofarchitekten und Erbauer von Schloß Pommersfelden, Johann Dientzenhofer. Vergleicht man aber diesen Bau mit anderen Gebäuden Dientzenhofers (s.u. dessen eigenes Wohnhaus), spürt man, daß der Architekt auch hier im Auftrag Böttingers möglichst 'dick aufzutragen' hatte. Die privaten Gemächer wurden von den öffentlichen getrennt, im Gefolge der neueren französischen Praxis, die sich von der Verschmelzung des Privaten und Öffentlichen im Hofzeremoniell Ludwigs XIV. abgewandt hatte. Die privaten Räume kamen in den Flügel der Flußseite, während der andere Flügel eine repräsentative und bequemere, dreiläufige Treppenanlage erhielt sowie zwei große Säle. In der Außenarchitektur wurde Pommersfelden folgend der erste Stock zum Hauptgeschoß: es erhielt einen Balkon, über den Fenstern Giebel in der Art des neuen bischöflichen Schlosses. Die Fassade wurde einheitlicher und insgesamt schlichter; ihre Hauptseite liegt zum Garten, wohl auch, weil eine repräsentative Stadtansicht wegen der engen Verbauung nicht zu gewinnen war. Doch mag auch eine Rolle gespielt haben, daß der Bauherr gar nicht mehr so sehr an Außenwirkung interessiert war, sondern die schöne Architektur vor allem für sich genießen wollte. Die Säulenordnungen sind richtig verwendet und genau abgestuft, bis hin zu den Halbsäulen der Großen Ordnung und der einen Giebel paraphrasierenden Dachgaube mit seitlicher Balustrade.

Ein großartiges Kapitel Bamberger Barockarchitektur sind die **Privathäuser der Baumeister**, zumeist wohl im 'Verschönerungsprogramm' der Bischöfe finanziell gefördert, zugleich Aushängeschilder für das Können und die eigenen künstlerischen Ideale. Deshalb läßt sich der persönliche Stil der Dientzenhofer, Küchels und anderer kaum irgendwo so klar aufzeigen. Johann Dientzenhofer errichtete wohl für sich das Haus **Maxplatz 8** (im Erdgeschoß später umgestaltet, innen zerstört, heute meist durch Kaufhausfahnen entstellt). Das Gebäude macht seinem Erbauer alle Ehre. Die Mauern wurden aus gröberem Bausandstein, die skulpierten Teile aus feinerem Zeiler Stein geschaffen. Die

Maxplatz 8.
Wohnhaus Joh. Dientzenhofers

Oberflächen sind entsprechend feinfühlig behandelt, teils kleinteiliger, teils gröber scharriert, dabei jeweils die Schlagrichtung wechselnd, an manchen Teilen überschliffen. In der Architektur sind Anklänge an den Pommersfeldener Bau unübersehbar: die Rustikagliederung unten, die Zusammenfassung der beiden Obergeschosse durch seitlich rahmende Pilaster, die Auszeichnung nur des 1. Stockwerks durch Fenstergiebel und andere Einzelheiten. Aus der Nähe besehen sind die Motive jedoch feiner ausgeformt. Die Mittelachse ist unten zwar durch das Portal zur Schau gestellt, oben aber eher unaufdringlich betont. Die Fensterschürzen und die Kartuschen der beiden Stockwerke sind achssymmetrisch; oben werden sie in kleinen Abstufungen zur Mitte hin reicher - unten nach außen hin, da das Mittelfenster wegen des nach oben sich öffnenden gesprengten Giebels einen Sockelansatz und keine Schürze bekommt; dafür werden in diesem Geschoß die Kartuschen zur Marienkrönungsgruppe im Zentrum hin reicher. Das Mittelfenster wird außerdem durch seitliche Schnecken ausgezeichnet. Noch zurückhaltender ist dann die Achsbetonung im obersten Stock. Doch auch die Folgen der Dachgauben greifen diese Idee auf. Überhaupt wird man den Betrachterstandpunkt so zu wählen haben, daß man auch die Gliederung der beiden Gaubenreihen in den Blick bekommt; als Gruppe bilden sie in ihren einfacheren Formen gleichsam ein Pendant zum Erdgeschoß.

Die Einzelformen sind zierlich, die Giebel leicht in Schwung versetzt, in Erinnerung an die Motive seiner Prager Baumeisterbrüder. Auch die Fensterohrungen, Girlanden und Kartuschen sind weich und gefällig gebildet. Leider wird eine derartige Analyse schnell unleserlich. Diese Architektur ist leichter in Begriffen der Musik, wie Rhythmus, sogar Melodie und Polyphonie zu erfassen als in einer Beschreibung. Und dies nicht ohne Grund. Das 18. Jahrhundert ist ja das erste klassische Jahrhundert der Musik. Gemessen an Erfindungsreichtum und Feinheit gibt es in Bamberg keine schönere Hausfassade.

Der spätere Bamberger Stadtmaurermeister **Martin Mayer** hat sich an diesem Stil orientiert und ihn popularisiert. Sein Meisterstück ist der 1764/65 errichtete Neue Ebracher Hof am Unteren Kaulberg gegenüber der Oberen Pfarre, doch waren seine schwungvollen Formen zum Zeitpunkt der Errichtung bereits unmodern (s. Kap 12). Ihm ist auch die Neuverkleidung des Turmes am Inselrathaus zuzuschreiben und eine größere Anzahl von Häusern, so an der oberen Rathausbrücke (z.B. Café Riffelmacher) oder das Haus des Café Marktbeck in der Austraße. Diese Bauten belegen, daß die städtischen Baubehörden und viele Bürger die damaligen fürstbischöfliche Vorliebe für eine eher kühle und zurückhaltende Architektur nicht

Maxplatz 8. Detail

ganz teilten; andererseits schufen auch untergeordnete städtische Architekten beachtliche Werke. Von den Spitzen bis zu den einfachen Maurermeistern und Steinmetzen durchdrang ein vorher undenkbarer Kunstsinn alle tätigen Kräfte. Ein Blick auf die puritanisch nüchterne Hausarchitektur der nahen Hugenottenstadt Erlangen lehrt, welche Qualitätsunterschiede in unmittelbarer Nachbarschaft möglich waren.

Der unter Bischof Friedrich Karl von Schönborn in Dienst genommene Ingenieur-Obristleutnant **Johann Jakob Michael Küchel**, Schwiegersohn Böttingers und wichtiger Mitarbeiter von Balthasar Neumann, errichtete sich 1739 ebenfalls ein Privathaus (**Lange Str. 37**). Er hatte, durchaus im Sinne seines Dienstherren, einen strengeren persönlichen Stil. Die Fensterrahmen sind glatt, ohne Profile; plastisches Vortreten einzelner Formen wird vermieden. Auffällig zurückhaltend ist die Wahl der Säulenordnung, einfache, bis zum Dachgesims gebänderte Lisenen an den Seiten, in der Mitte unten dorische Elemente, oben Hermenpilaster, eine reduzierte Form, die Küchel in Wien (bei Fischer von Erlach und Lukas von Hildebrandt) kennengelernt hatte, nur sie bekrönt von reicheren Kapitellen. Ebenso bemerkenswert ist die Feinheit des Wandreliefs. Die äußeren Lisenen sind gestaffelt, die anschließende Mauer ist ebenfalls zweischichtig; zu den Seiten und zwischen den Fenstern tritt sie in schmalen Streifen zurück. Die Mitte wird als flacher Risalit gedeutet, bei dem das ganze Mauer-

Lange Straße 37.
Wohnhaus Küchels

werk Bänderung zeigt, wie seitlich nur die Lisenen; auf diese gebänderte Mauer werden dann die glatten Mauerstreifen aufgelegt, die senkrecht die Fenster verbinden, in der Mittelachse sogar verdoppelt. Die vorderste, ebenfalls sehr dünne Schicht bilden die Hermenpilaster. Das Haus demonstriert eine Auffassung, die Architektur als eine Kunst feiner tektonischer Gliederung versteht, im Zierat aber zurückhaltend ist. Hier wollen wir mit der Analyse einhalten. Es wird so schon deutlich, daß jeder dieser Baumeister vom Betrachter aufmerksames und geduldiges Einsehen und Mitdenken erwartete.

Hat man sich erst einmal in Küchels Stil eingesehen, so wundert man sich über die vielen heterogenen Zuschreibungen: weder Ebracher Hof noch Rathausturm, weder die Altäre von Vierzehnheiligen noch das meiste Andere, mit dem man ihn bedenkt, will zu ihm passen. Wohl aber erkennt man seine präzise Handschrift im schönen Pavillon des Residenzgartens oder in seinen Bauten von Schloß Thurn bei Forchheim, in der Kirche von Pretzfeld oder der Valentinskapelle von Unterleiterbach. Zu nennen wären auch die Pfarrhöfe in Gößweinstein oder Kronach, an Bamberger Häusern etwa Judenstraße 16 oder Michaelsberg 6.

Der Hofarchitekt **Justus Heinrich Dientzenhofer** (1702-44), Sohn des Johann und letzter der Baumeisterfamilie in Franken, errichtete sich 1732 das Haus **Nonnenbrücke 1** an einer heute viel befahrenen Straße am ehemals beschaulichen Schillerplatz, einem der reizvollsten Barockplätze dieser Stadt. Größe und Aufwand stellen gesellschaftlichen Rang zur Schau. Aus dem Bau ist ein Eckpavillon mit Mansarddach zum Platz hin ausgegliedert und gestaltet dessen Straßenöffnung auf eine städtebaulich glückliche Weise. Derartige prominente Lagen der Künstlerhäuser lassen darauf schließen, daß sie offiziell als urbanistische Akzente geplant waren. Der Nebenbau hat so gut wie keine architektonische Gliederung und ist betont nüchtern gehalten. Im Hauptbau liegt das Bemühen des Baumeisters weniger auf der

Nonnenbrücke 1.
Wohnhaus Justus H. Dientzenhofers

tektonischen Gestaltung; die Ecken sind in Anlehnung an die toskanische Ordnung mit gebänderten Wandvorlagen eingefaßt, die Mitte der Hausseite zum Platz hin ist durch einen flachen, gebänderten und bekrönten Risalit hervorgehoben. Das eigentliche Gestaltungsmittel aber ist der Dekor. Zwar arbeitet Justus Dientzenhofer im Erdgeschoß mit eingetieften, darüber mit aufgelegten Formen. Die Rangstaffelung der Geschosse erfolgt jedoch vor allem durch Variationen der Zierformen, der Schluß- und Keilsteine, Fensterschürzen, Kartuschen usw. Selbst untergeordnete Motive wie Kellerfenster werden reich geschmückt. Zu dieser Zeit (und für diesen Architekten) wurde die Stukkatur zur tonangebenden Kunstform.

Anzumerken ist, daß sich die Fenster z.T. im Originalzustand erhalten haben. Es sind Doppelfenster, deren äußere Verglasung in der Ebene der Mauer liegt, also nicht eingetieft ist, wie wir es gewohnt sind. Würde man die Fenster durch moderne Typen austauschen, wäre die feine Reliefierung der Wand gestört. Justus Dientzenhofer hat für seinen Bruder, Hofrat Georg Dientzenhofer, ein großes Haus errichtet (Schillerplatz 16), an Aufwand dem Künstlerhaus nicht vergleichbar. Auch bei ihm werden die architektonischen Elemente betont dekorativ umgestaltet, so etwa der schmale Mittelrisalit. Andere Bauten sind z.B. der bescheidene Stadionsche Domherrenhof gegenüber dem Residenzpavillon, das Dominikanerkloster an der Regnitz oder das Schlößchen in Unterleiterbach.

Ein weiteres schönes Künstlerhaus ist das Anwesen des **Johann Bernhard Kamm** Frauenstraße/Ecke Vorderer Graben. An den aufwendigen Kapitellen und anderen Bauzieraten läßt sich ablesen, daß hier ein Bildhauer auf sich aufmerksam machen will. Leider bekrönt die Skulptur des hl. Johann Nepomuk nicht mehr den Türsturz - für ihre Erhaltung ist das allerdings besser.

An all dem wird deutlich, daß schon bald nach 1700 nicht mehr die Imitation des fürstbischöflichen Schloßbaus als Ausdruck der Ergebenheit der Untertanen eingefordert wurde, sondern daß Freiheit herrschte, solange man gut baute. Dabei war das Urteil nicht zu streng, wie einige alle Regeln mißachtenden Häuser wie Hauptwachstraße 3 und 7 bezeugen, letzteres wohl das Werk eines Stukkators mit witzigem qualitätvollen Schmuck.

Die Zeit ist meisterhaft in ihren 'Umbauten' und Ergänzungen älterer Gebäude. Auf die sehr wirkungsvolle Baugruppe um Schloß Seehof, vor allem die Orangerie, war bereits im 7. Kapitel hingewiesen worden. Auch das Kloster Banz erhielt mit seinen Vorbauten eine neue, schöne 'Ouvertüre', bei der die rahmenden Neubauten mit ihren sensibel variierten Dachgruppen die etwas strenge Monumentalität des Altbaus schön beleben. Ebenso reizvoll sind die das Kloster Michelsberg begleitenden Wirtschaftsbauten.

Insgesamt ist das 18. Jahrhundert in Deutschland die erste Epoche, in der sich die Menschen (soweit sie es sich leisten konnten) vor allem darum bemühten, es sich 'hienieden' recht schön und bequem zu machen. Die Geistlichkeit ging hierin allen voran (s. das nächste Kap.). Folgerichtig mußte auch die Baukunst zu profanen Zwecken am Anfang stehen. Damit soll nichts über den Rang der **Kirchenbaukunst** gesagt sein. So ist z.B. der Um- bzw. Neubau der Karmelitenkirche St. Theodor auf dem Kaulberg (Leonhard Dientzenhofer ab 1692 unter weitgehender Verwendung mittelalterlicher Außenmauern) eine beachtliche architektonische Leistung.

Aber auch im Kirchenbau erfolgte ein Qualitätssprung. Und wiederum stammt die erste, begründende Leistung von Johann Dientzenhofer, der Höhepunkt von Neumann. Johann Dientzenhofer hatte sich mit Kirchenbauten wie dem Fuldaer Dom einen Namen gemacht. In Bamberg hatte er zuvor wahrscheinlich schon die Westfassade der Michelsberger Klosterkirche errichtet. Seine große Chance aber war der Neubau der Benediktiner-**Klosterkirche Banz** (1709-19). Die einnehmende landschaftliche Lage, die Klostergebäude oder die Außenarchitektur können nur erwähnt werden. Das Wichtigste ist die für Franken unerhörte Raumlösung; auch wenn dahinter Ideen italienischer Barockbaumeister wie Borromini und Guarini stehen, die über Prag vermittelt wurden. Wenn man in das Langhaus tritt, sieht man vor sich eine rhythmisch gestaltete Wand und eine Folge von Flachkuppeln, die den Blick zum eingezogenen Chor und darin zur 'Theaterarchitektur' des frei stehenden Hochaltars führen; dahinter liegt der Psallierchor der Mönche.

Verglichen mit der nicht einmal 20 Jahre älteren Bamberger Jesuitenkirche wirkt diese Raumabfolge mitreißend. Es ist schwer zu begreifen, was der Architekt eigentlich gemacht hat. Ausgangspunkt war die Wandpfeilerkirche mit seitlichen Kapellen; die Außenmauern der Banzer Kirche sind gerade geführt. Innen aber überlagern sich zwei Systeme. Dem Grundriß nach folgen einander im Langhaus drei Querovale von z.T. unterschiedlicher Größe. Sie sind jedoch nicht zylindrisch in die Gewölbe hochgeführt; vielmehr sitzen die Gewölbeovale dazwischen. Die kurvig geschwungene Binnenwand, die letztlich selbst eine Folge von Ausschnitten großer Ovale ist, vermittelt zwischen beiden Zonen. Es handelt sich also um eine kontrapunktisch gestaltete Raumkomposition, in der das Oben und Unten z.T. rhythmisch gegeneinander verschoben ist. Dadurch entsteht ein reich belebtes Raumbild, das vom Eingang her 'bildlich' erfaßt und auf dem Weg zum Altar räumlich erlebt werden will. Möglich wurde diese Architektur nur durch eine neuartige, technisch kühne Wölbtechnik samt der dazu erforderlichen Zimmermannskunst und den hohen Stand geometrischer Praxis; so verlaufen etwa die Gewölberippen doppelt gekrümmt. Wie oft zuvor gehen in dieser Blütezeit der Baukunst künstlerische und technische Innovation ineinander über. Der Benediktinerorden war traditionsbewußt. Umsomehr erstaunt es, wenn der Kirchenraum des benediktinischen Banz mit der alten Bauaufgabe noch gerade eben einige funktionale Grundzüge gemeinsam hat. Was die Mönche, anders als die Bamberger Jesuiten, vom Architekten erwarteten, war nicht die Weiterführung einer Tradition, sondern die Schaffung eines großartigen Raumes.

Johann Dientzenhofer verdanken wir auch eine der schönsten Landkirchen, die Wenzelskirche in **Litzendorf** aus den Jahren 1715-18 unter Beibehaltung des spätmittelalter-

Banz. Kircheninneres nach Osten

lichen Chorturms. Die dorischen Pilaster verdeutlichen einen geringeren Anspruch; aber der Architekt hat es sich nicht nehmen lassen, etwa der Hauptschauseite im Süden durch eine große, hohe Nische eine künstlerisch originelle Lösung zu geben.

Neben Banz wirkt Balthasar Neumanns **Wallfahrtskirche von Gößweinstein** (1730-39) kühl. Sicher hatte der Baumeister für diesen Bau viel weniger Geld als die Banzer Mönche; Träger war nur die Pfarre, die Fränkische Schweiz ein recht armes Land. Ein anderer Grund war jedoch, daß hier auch der persönliche Geschmack des Fürstbischofs Friedrich Karl einwirkte, den der Baumeister offenbar teilte: Klarheit im Ganzen, Feinheit im Einzelnen, wenig Ornament, eine kühle, auf den Akkord Weiß-Blau-Grau gestimmte Raumfassung (Fresken waren zwar geplant, kamen jedoch erst 1915-27 zur Ausführung). Bei näherer Betrachtung zeigt sich, daß etwa das Langhaus in den Ecken fein abgerundet ist, von den Seitenkapellen aber optisch abgetrennt, so daß ein rechteckiger Gesamteindruck erreicht wird, dies auch durch die Betonung der Quer- und Längsgurte. In der Vierung hingegen führen die quergestellten Eckpilaster ins Sterngewölbe weiter und schaffen mit wenigen Andeutungen einen kuppelig erscheinenden Zentralraum, der sich zu den Querhausapsiden öffnet. Im eingezogenen Chor findet der langgestreckte Raum seinen Höhepunkt in dem aufwendigen Hoch- und Wallfahrtsaltar (1740-43 von Peter Benkert), der das aus dem frühen 16. Jahrhundert stammende Gnadenbild einfaßt (s. Kap. 10). Insgesamt ist ein dezenter Rhythmuswechsel in einer Abfolge deutlich unterscheidbarer Räume geschaffen. Am bemerkenswertesten an diesem Wechsel - auf Fotos aber nicht ersichtlich - ist die sorgfältig kalkulierte, immer wieder abgewandelte Lichtführung, zumal ihre Steigerung zum Chor hin. Neumann knüpft an ältere, spätgotische Ideen an; nicht ohne Grund ähnelt seine Lösung auch formal gotischen Chortypen.

Die Fassade folgt in der Geschoßbildung dem Aufriß des Inneren, ein sehr hohes unteres Geschoß, darüber ein kurzes, attikaartiges, alles eingefaßt von einem Turmpaar. Neumann dreht die traditionelle Abfolge der Säulenordnung um, das untere Geschoß ist in der 'imperialen' kompositen Ordnung gegeben, das folgende nur korinthisch. Ein Grund hierfür war die geringe Platzentfaltung vor der Kirche; im Gegensatz zu Vierzehnheiligen ist dieser Bau nicht auf Weitsicht hin gedacht. Innerhalb der recht flach gehaltenen Fassade arbeitet der Baumeister mit einer dezenten Vor- und Rückstufung, die letztlich in die beiden das Portal flankierenden Säulen mündet; in dieser Mittelzone tritt die Mauer zugleich am weitesten zurück (in der Felderung um das Ovalfenster) und am weitesten vor (in den Säulen).

Vierzehnheiligen. Fassade

Der Höhepunkt von Neumanns kirchlichem Bauen ist die **Wallfahrtskirche Vierzehnheiligen**, Banz gegenüber gelegen und von der Konkurrenz zu ihm beflügelt. Bauherr war der Zisterzienserabt von Langheim. Dieses große Bamberger

Landkloster hatte seine Bemühungen um Reichsunmittelbarkeit 1741 aufgeben müssen, "in dem sonderheitlichen Anbetracht der künftigen Glückseligkeit der beyderseitigen Ruhe und fernerer Verhütung der bisher so vielfältigen Strittigkeiten", wie Bischof Friedrich Karl von Schönborn betont. Damit war auch der Weg für die Durchführung des ehrgeizigen Bauprojektes in Vierzehnheiligen freigemacht, dessen Finanzierung lange zwischen Kloster und Bischof strittig gewesen war. Noch im selben Jahr 1741 verzichtete Bamberg für alle Zukunft auf den ihm zustehenden Anteil an den Opfereinnahmen aus der Wallfahrt. Allerdings setzte Friedrich Karl das Recht durch, die Baupläne zu genehmigen.

An der Wallfahrtsstätte war 1445-46 einem Langheimer Schäfer viermal ein Kind erschienen "als klar als die Sonn, und er sahe um es stehen vierzehen Kindlein". Als er die Erscheinung ansprach, sagten sie ihm: "wir sein die viertzehen Nothelffer und wöllen ein Capelln haben, auch gnediglich hie rasten". Anfangs skeptisch, errichteten die Mönche nach einer Wunderheilung eine erste Kapelle. Diese bestand, mehrfach beschädigt und wiederhergestellt, bis ins 18. Jahrhundert. Nun genügte sie nicht mehr und sollte einem Neubau weichen, der dem stolzen Banz entgegentreten konnte.

Doch die Planungen gestalteten sich langwierig. Ein erster Entwurf des Klosterarchitekten Gottfried Krohne fand nicht die Zustimmung des Fürstbischofs, verständlicherweise, denn der Thüringer Krohne plante einen Bau vom Typ protestantischer Hof- und Predigtkirchen, der den Aufgaben einer Wallfahrtsstätte nicht genügen konnte. Eine zweite Planung Küchels wurde vom Abt abgelehnt. Schließlich entwarf Balthasar Neumann eine Säulenbasilika mit Doppelturmfassade, eine Variante der gleichzeitig von ihm geplanten Abteikirche des Klosters, als Ausdruck der Zusammengehörigkeit. Diesem Projekt wurde allerseits offiziell zugestimmt.

Doch der Abt wollte sparen, um gleichzeitig den Bau seiner Klosterkirche vorantreiben zu können. Daher nutzte er eine zweijährige Abwesenheit des Bamberger Fürstbischofs, um durch den Bauleiter Krohne Neumanns Entwurf vereinfachend umarbeiten zu lassen und danach 1743 den Bau zu beginnen. Als Neumann im Dezember dieses Jahres den Bauplatz inspizierte, mußte er feststellen, daß die Kirche verkürzt und zudem weiter nach Osten gerückt war, so daß der Gnadenaltar am Ort der wundersamen Erscheinung nicht mehr in die Vierung fiel, sondern ins Langhaus. Auch sonst hatte Krohne nicht so gebaut, wie Neumann es für richtig hielt; so hatte er etwa Holzlattengewölbe vorgesehen. Auf Neumanns aufgebrachten Bericht hin ließ der Fürstbischof den Bau einstellen und setzte eine Neuplanung durch. Um die erst seit kurzem friedlichen Beziehungen zwischen Hochstift und Kloster nicht unnötig zu belasten, schoben Abt und Bischof diplomatisch geschickt die Verantwortung dem 'Kleinigkeiten Ingegneur' Krohne zu, der daraufhin Franken verlassen mußte.

Balthasar Neumann sollte nun unter Verwendung der bereits errichteten Bauteile an Chor und Querhaus, die aus Kostengründen stehenbleiben mußten, einen neuen Plan erstellen, in dem der Gnadenaltar betont werden mußte. Neumann, entschlossen, ein 'vollkommenes werckh' zu schaffen, fand die Lösung des Problems, indem er die Gnadenstelle im Langhaus beibehielt, sie aber architektonisch zum Mittelpunkt machte. Hierzu reihte er drei längsovale Rotunden* aneinander: im Zentrum der mittleren und größten steht der Gnadenaltar. Dieser Mittelraum wird östlich durch das von jeher vorgesehene Querhaus gerahmt, im Westen, als Gegengewicht, von zwei neu eingeführten seitlichen Rotunden. Der Preis für diese Lösung war, daß das Vierungsgewölbe architektonisch bedeutungslos wurde und von den Seitenschiffen nur schmale Resträume übrigblieben.

Aus einer unglücklichen Verkettung von Umständen entstand also dieser außerordentliche Raum - an der Bewältigung der Schwierigkeiten erwies sich die Meisterschaft Neumanns. Außen hielt der Architekt jedoch an der traditionellen Form der Basilika mit Doppelturmfassade fest. Nur die Fensterfolge und die konvexe Schwingung der Fassade sowie die schräg gestellten Strebepfeiler über den Seitenschiffen erlauben Rückschlüsse auf den Innenraum. Die Grundidee für die Fassade war, eine weithin wirksame Architektur zu schaffen; deshalb die breite Entfaltung, deshalb auch die Steigerung nach oben. Im übrigen wurden für die Außenarchitektur unüblicherweise Motive aus dem Profanbau übernommen, wie etwa die Rustizierung der Lisenen des Sockelgeschosses.

Das zweite Projekt Neumanns, das durch seine komplizierten Raumformen den Wunsch des Abtes, möglichst preiswert zu bauen, ins Gegenteil verkehrte, wurde vom ausführenden Baumeister, Johann Thomas Nißler aus Staffelstein, im Wesentlichen befolgt. Bis zu seinem Tod 1753 überwachte Neumann selbst die Arbeiten; zu diesem Zeitpunkt standen freilich erst die Außenmauern. Wölbung, Innenausbau und Vollendung der Fassade leitete Nißler selbständig nach Neumanns Plänen. Nach 29jähriger Bauzeit wurde die Kirche 1772 geweiht. Die Innenausstattung des Stuckators Feichtmayr und des Malers Appiani jedoch entspricht in der Gewölbezone wohl nicht dem, was sich Neumann gedacht hatte; sie ist hier zu prächtig.

Vierzehnheiligen erstrahlt nach der jüngsten Renovierung in makellosem Glanz. Konservatorisch war sie unnötig, für die Belebung des Wallfahrtswesens (und Tourismus) wünschenswert - wie einst der Kirchenneubau. Die Fresken des Italieners Appiani, nach einem Brand im letzten Jahrhundert übermalt und hierfür durch zehntausende von Hacklöchern 'präpariert', sind nur noch Ruinen; sie werden auch durch noch so sorgfältige Überarbeitung nicht wieder heil. Trotz allem - der Raum dieser Kirche, aus Zwängen heraus geschaffen, rechtfertigt die unendlichen Lobeshymnen, die auf ihn gesungen wurden. Man muß ihn gesehen haben.

Johann Thomas Nißler ist ein bezeichnendes Beispiel dafür, wie die Wirkung der großen Künstler selbst ländliche Baumeister, die zuvor kaum jemals in die Annalen der Architekturgeschichte aufzunehmen waren, zu großartigen Leistungen anspornte. Stellvertretend für alle seine Bauten sei auf die Dorfkirche St. Ägidius in Frauendorf bei Staffelstein hingewiesen (1757-88). Die Orientierung an Neumannschen Erfindungen ist unübersehbar, aber niemals sklavisch kopierend. Kirchenbauten dieser Art aber bezeugen indirekt auch das Ansehen der neuen Kirchenbaukunst in der breiten Bevölkerung. So auch ist es zu erklären, daß sich jedes bessere Dorf im 18. Jahrhundert um eine schöne neue Kirche bemühte.

Unterleiterbach. Valentiuskapelle (Plan von Küchel)

Vierzehnheiligen. Blick über Gnadenaltar zum Chor

Das Jahrhundert der Bequemlichkeit und des Geschmacks

Ausstattungskünste, Malerei und Skulptur des 18. Jh.

Das 18. Jahrhundert ist bekannt als **das** Jahrhundert der Aufklärung; sie führt zur Großen Französischen Revolution 1789 und folglich zur Auflösung der geistlichen Staaten, so auch des Fürstbistums Bamberg, das 1803 im Königreich Bayern aufgeht. Das Zeitalter der Aufklärung hat aber noch ein anderes Gesicht: es ist für die herrschende Oberschicht auch die Epoche der Verfeinerung aller Sinne und damit aller Künste. Wir verdanken dieser Epoche eine zuvor unbekannte Geschmackskultur. Einerseits zehren wir noch heute von ihr, andererseits sind wir, gemessen an diesem Zeitalter, barbarisch, zumindest aber grob geworden. Jedermann weiß, daß das 18. Jahrhundert eine Blütezeit der Musik ist; aber wer weiß, daß man auch erst seit dieser Zeit gut funktionierende Öfen, den bequemen Sessel und eine Vielzahl anderer, dem Wohlbefinden in unterschiedlichen Lagen dienliche Möbel kennt? Wir würden uns beschweren, wenn wir mit den harten Stühlen des 17. Jahrhunderts vorlieb nehmen müßten. Die Damen und Herren der Zeit vor 200 Jahren aber hätten sich gewiß lustig gemacht über die Einfalt (und die häufige Unbequemlichkeit) unseres Mobiliars, über die eintönigen Sitzecken, Sofas und Sessel; wo ist die Chaiselongue geblieben, auf der man halb sitzt, halb liegt? Wo der (im Grundriß s-förmige) Doppelsessel, in dem man nebeneinander und doch Rücken an Rücken Platz nehmen kann, eine Möbelform der Unverbindlichkeit, die ein Gespräch leicht beginnen und ebenso leicht beenden läßt? Wo die Vielfalt der Beistelltische, zum Nähen, Spielen usw.? Ähnlich ist es mit der erst damals verfeinerten Kochkunst und vor allem ihrem Zubehör, dem festlichen Tafelschmuck, Tafelsilber, Porzellan, Kristall und vielem mehr. Wir wollen mit einer damaligen, künstlerisch geschmückten Tafel nicht die ‘Eßkultur’ der Schnellabfütterungsplätze des ausgehenden 20. Jahrhunderts vergleichen, aber selbst ein heutiges Nobelrestaurant könnte nicht mithalten.

Wir schildern dies dem Leser nicht, um ihm Hoffnung zu machen, Bamberg wäre noch ein Zufluchtsort dieser alten Sinnenkultur. Immerhin könnte man die These aufstellen, daß die Resistenz der Bamberger gegen Industriebiere, die zum Verdruß gewisser Nürnberger und Münchner Großbrauereien auch mit noch so viel Reklame nicht zu überwinden ist, etwas mit den Resten dieser alten Kultiviertheit zu tun hat. Und es ist eine erwiesene Tatsache, daß eine geheiligte kulinarische Institution der Stadt, das Bamberger Hörnchen, auf die Backtradition der geistlichen Residenzstadt zurückgeht. Wir erwähnen dies alles, weil diese geistliche Stadt im Zeitalter der Aufklärung eine eigenartige Bedeutung gehabt hat. Die hohe Geistlichkeit Bambergs damals lehnte die aufklärerische Philosophie ab, nicht jedoch deren philanthropische und praktische Forderungen (s. Kap. 12). Die Sinnenkultur aber des 'siècle des lumières', des Jahrhunderts der Aufklärung ist ohne die Prälaten undenkbar; nicht verwunderlich, daß auch hierin die Schönbornbischöfe und ihr Kreis herausragten.

Wir haben beim 'Erzbaumeister' Lothar Franz von Schönborn den Geschmackswandel und zugleich die Verfeinerung der Baukunst nachzeichnen können (s. Kap. 8 und 9). Dasselbe wäre für die Bildenden Künste möglich, und zwar noch genauer, fast Jahr für Jahr. Lothar Franz hatte nicht nur einen 'teufelsbauwurmb', sondern wurde, zumal in seinem Alter, fast noch mehr vom 'mahlereywurm' geplagt. Hinzukam seine Leidenschaft für Intarsien und schöne Möbel. Er war obendrein einer der findigsten Sammler seiner Zeit.

Eigentlich müßte man den Ausstattungskünsten fast so viele Kapitel einräumen wie der Baukunst. Wir tun es aus mehreren Gründen nicht. Denn von den Hunderten von stukkierten Räumen Bambergs, den Treppenhäusern, Innenraumfresken u.a.m. sind nur die wenigsten zu sehen. Außerdem fehlen bei einem durchschnittlich sehr hohen Niveau dieser Stadt (anders als in Würzburg) die überragenden Künstler vom Rang des Johann Dientzenhofer oder Balthasar Neumann. Die Bildende Kunst dieser Zeit ist handwerklich perfekt, sie ist raffiniert, aber sie ist geprägt von Konvention und Routine. Das führt u.a. dazu, daß es schwer fällt, aus der Fülle die maßgeblichen Werke herauszugreifen und den anderen voranzustellen.

Eine andere Schwierigkeit liegt in der Sache selbst. Man kann in der Raumausstattung keinesfalls die Gattungen getrennt voneinander abhandeln; die Künstler arbeiteten Hand in Hand, z.T. nach denselben Mustern, unter einer Oberleitung, meist des Architekten; einige waren in verschiedenen Techniken bewandert. Eigentlich kann man ja selbst die Bauten als 'reine' Architektur nicht für sich abhandeln. Die uns so selbstverständliche Trennung von Architektur und Bauschmuck ist unmöglich. Wir hatten bei der Beschreibung z.B. der Kirchenräume gesehen, daß die gebaute Architektur oft in gemalte übergeht, diese wiederum sich in einen Freskenhimmel öffnet. Obendrein muß man sich vorstellen, daß die Räume bei hohen Festen mit Teppichen, Tüchern, Blumen u.a.m. geschmückt wurden. Architektur und wandfeste Ausstattung sind nur der stabile Rahmen für eine hochkünstlerische Festkultur; sie drückte sich nicht allein in einer sorgfältig gestalteten und abgestimmten Kleidung und Zeremonialordnung aus, sondern errichtete auch Triumphbögen aus Pappmaché und andere Werke der sogenannten ephemeren Architektur. Insgesamt haben wir in der Regel Gesamtkunstwerke von einer Komplexität vor uns, die unmöglich mit wenigen Sätzen darzustellen sind. Wir können also nur exemplarisch vorgehen.

Einige Künste sind besonders zeittypisch, so der **Stuck**: Gefärbt und poliert ist er als Stuckmarmor prächtig, ohne jedoch so teuer, eintönig oder in der Farbauswahl so eingeschränkt zu sein wie echter Marmor – er fesselte also weniger den Gestaltungswillen. Außerdem schätzte man sowohl die Künstlichkeit des Materials, wie auch das Element der Vortäuschung und Illusion. Als Gips mit Hilfe von Modeln geformt und auf Draht, Nägeln oder ähnliches aufgetragen, war es ein leicht anzubringendes und doch dauerhaftes Ornament von vielfältiger Abwandlungsmöglichkeit.

Die Kenntnis der Technik ist uralt, auch nördlich der Alpen. Der Barockstuck, wie wir ihn hier finden, geht auf italienische Muster der Renaissance zurück. Wandernden italienischen Meistern oder Stuckatorentrupps wurden die ersten großen Deckenflächen anvertraut. In der zweiten Generation finden wir zunehmend Deutsche, in Bamberg bemerkenswert vor allem die Familie Vogel und Daniel Schenk. Dem Anschein nach bearbeitete zumindest einer der Vogelsöhne, Johann Caspar, auch echten Marmor; daraus wie aus vielen anderen Indizien ist zu schließen, daß man der Sache nach besser von Dekorateuren oder noch besser von Innenarchitekten spräche, nicht von dem Handwerk der Stuckatoren. Typisch für diese Berufssparte ist, daß viele ihrer Meister auch Bau- und Schreinereiarbeiten durchführten bzw. leiteten – von den Italienern ist etwa Giovanni Battista Carlone zu nennen, von den Deutschen der berühmte Erbauer der Wieskirche, Dominikus Zimmermann. Daß Stuck à la mode war und die Künstlergruppe von einer unzünftischen Beweglichkeit, spielte für die Vielfalt der Formen und die Schnelligkeit der Musterwechsel eine große Rolle; am meisten aber ist es wohl ihr Virtuosentum, das dem der damals zahlreicher auftretenden Musiker vergleichbar ist und überhaupt als Kennzeichen der großen Künstler der Epoche gelten kann.

Die traditionelle **Wandausstattung** des 17. Jahrhunderts war das

Fresko oder die Ledertapete. Während die Wandmalerei vor allem für hochoffizielle Zwecke wie etwa den Kaisersaal der Residenz weiter gepflegt wurde, trat an die Stelle der Ledertapete die Seiden- und Textilbespannung, meist mit Lyoner Stoffen; von ihnen sind nur noch spärliche Reste erhalten, doch bezeugen immer wieder Stoffunde unter alten Leisten, wie verbreitet der Gebrauch war. Aus Frankreich kam auch die Mode der Spiegel; doch hatte man in der kurfürstlich-mainzischen Spiegelmanufaktur in Lohr am Main, später in anderen Glashütten, wie der Balthasar Neumanns in Schleichach im Steigerwald, genügend einheimische Werkstätten, um den Bedarf zu decken.

Neue Residenz. Kurfürstenzimmer

Die herausragende Spezialität dieser Kulturlandschaft aber war die **Kunstschreinerei**. Im 17. Jahrhunderts noch mehr auf die Anfertigung von Möbeln beschränkt, gewann sie mit der Verfeinerung des Geschmacks immer neue Betätigungsfelder: Die Bohlenfußböden wurden zu raffiniert eingelegten Parketts; Türrahmen und -füllungen, Fensterverschläge, Bilder- und Spiegelrahmen wurden immer kunstvoller verziert; man besann sich auf die alte deutsche Vorliebe für Holzvertäfelungen, ein Gebiet, auf dem man es unter Aufnahme französischer Anregungen zu großer Virtuosität brachte. Die Hauptwerke aber waren große Kabinettschränke und andere Möbel, die teils in Zusammenarbeit mit Elfenbeinschnitzern, Zinngießern, Silberschmieden und Bildhauern, teils in der Beherrschung mehrerer Techniken durch ein und denselben Meister zu Gesamtkunstwerken eigener Art und höchsten Ranges wurden. Die besten dieser Werke können in ihrem Aufbau als raffinierte Kleinarchitekturen gelten, in ihrer plastischen Formung und Ausstattung werden sie zu Skulpturen, durch die Feinheit ihrer Einlegearbeiten nähern sie sich der Malerei. Fränkische 'Holzarbeiter' wie Ferdinand Plitzner und Servatius Brikkard waren so berühmt, daß sie sogar vom Prinzen Eugen nach Wien gerufen wurden.

Glücklicherweise sind in den verschiedenen fränkischen Sammlungen noch einige ihrer Hauptwerke erhalten, so in der Bamberger Residenz, den verschiedenen fränkischen Museen und vor allem im Schloß Pommersfelden.

Leider stehen die 'rahmenden Künste' des 18. Jahrhunderts und ihre Zierweise dem gegenwärtig dominierenden Geschmack insgesamt so ferne, daß es schwer fällt, ihre Qualitäten dem heutigen Beschauer nahezubringen. Wir wollen es an ein paar Werken versuchen und dabei zugleich Vielfalt und Wandel sichtbar machen. Wir beginnen mit einer einfachen Form, einer **Tür in der Residenz**, die wohl im Jahre 1696 vom Hofbildhauer Sebastian Degler geschaffen wurde; ihre Zierformen ähneln denen des Hofstuckators Johann Jakob Vogel sehr. Die Tür ist Teil des Umbauprogramms des Gebsattelbaus zu Staatsappartements für Lothar Franz (der sog. Kurfürstenzimmer), und es ist zu vermuten, daß der Ornamentstil, der sich an dem der italienischen Stuckatorenfamilie der Carloni orientiert, einer offiziellen Empfehlung des Fürsten oder einer seiner 'Baudirigierungsgötter' verdankt wird.

Den Türen fehlen heute die Flügel mit ihren Holzschnitzereien und dem Beschlagwerk - und es fehlen die Diener in Livrée. Andererseits ist heute leichter erkennbar, daß man eine gleichartige Folge von Türen in einer Flucht anstrebte, analog der Wiederholung immer derselben Achsen im Außenbau. Wenn man die Formen einer solchen Auszierung im Einzelnen beschreiben will, so fällt zunächst das reich entfaltete und gedrehte Blattwerk auf. Es sind Blätter des Akanthus, den wir vom korinthischen Kapitell kennen, eine Pflanze, die im Mittelmeerraum als Unkraut gilt, aber als Bauschmuck eine hehre kaiserliche und päpstlich-römische Tradition hat, die man bei der Auswahl des Motivs sicher im Auge hatte. Die Sonnenblumen in den Ecken spielen auf den mit der Sonne verglichenen Fürsten an. Wenn man der Frauenbüste mangels genauerer Attribute keine besondere Aussage zuerkennen kann, so gilt dies nicht für den Fürstenhut, der jede dieser Türen bekrönt. Die Komposition des Stucks, vor allem die Abfolge der auswärts und einwärts gedrehten Voluten und die lorbeerkranzartige Entfaltung zweier Zweige versteht sich als eine triumphale Inszenierung des Fürstenhuts oben in der Mitte.

Verfolgt man das Blattwerk weiter, so bemerkt man seine enge Bindung an die architektonische Grundform der Tür: Über der Basis entrollt sich je eine Volute; der Rahmen nimmt das Motiv der Ausbauchung auf. Noch auffälliger oben: Fenster und Türen des Barock zeigen dort eine Ausbuchtung, wo bei der Säule oder dem Pilaster das Kapitell sitzt, ohne sich doch an Form und Abmessung von Kapitellen zu halten; man spricht deshalb oft von Ohren oder Ohrung. Letztlich handelt es sich aber um die ornamentale Paraphrase eines tektonischen Motivs. Und das kann überhaupt für diese Ornamente gelten, - daß sie sich zur Architekturform verhalten, wie in der Fuge die Variation zum Thema. Wo die tektonische Form geradlinig ist, führt die Stuckatur das Auge auf und ab, umspielt oder rhythmisiert ein Bauglied. Je mehr man sich in diese Kunst einsieht, um so vergnüglicher ist es fürs Auge.

Diese Tür ist nur ein Vorspiel gemessen an dem, was den Betrachter in den Räumen selbst an den Wänden und vor allem den Decken erwartet. Für sie wird eine größere Motivauswahl herbeigezogen, architektonische wie Gesimse und Voluten oder architektonisierende wie Rahmen, Kartuschen und Muschelkonchen, dazu vielfältige Blüten und Pflanzenmotive, Fruchtgehänge, Vögel, Putten und anderes mehr. Die architektonische Gliederung der Decke in Kehle und Voute* wird ebenso umspielt, wie die Spannung von Mitte und Rahmen, Ecken und Langseiten; z.T. werden Bilder oder Reliefs gerahmt und durch Bildträger triumphal überhöht, so wie ja hier überhaupt die Architektur als Trägerin und damit letztlich Dienerin bei der Inszenierung von Wappen, Bildern und Insignien auftritt Die Analyse der Ausstattung muß also mit der der Architektur zusammen geschehen und umgekehrt. Stuckatur und andere Ausstattungskünste interpretieren die architektonische Struktur; ja eigentlich 'instrumentieren' sie die Räume und Wände erst: Dabei können sehr unterschiedliche Töne angeschlagen werden, je nachdem wie reich und wie plastisch die Stuckatur ist, ob symbolische und vor allem bildliche Motive wie Putten, Büsten oder Atlanten hereingenommen werden. Damit wird für den kundigen Betrachter auch etwas über die Ranghöhe und -folge der Räume ausgesagt. Was auf den ersten Blick als Folge unterschiedlicher Stilepochen erscheint, ist immer erst darauf zu überprüfen, ob hier nicht nur unterschiedliche Register gezogen wurden.

In der Residenz selbst gibt es dafür einige bezeichnende Beispiele, so im Erdgeschoß des Neubaus den **Scagliolasaal** (als Ausstellungsraum der Staatsbibliothek begrenzt zugänglich auf Nachfrage bei der Ausleihestelle). Der Funktion nach war er ein Gartensaal für den Fürsten. Seinen Namen hat er von dem italienischen Begriff für Stuckmarmor. Die gedoppelten Pilaster schaffen einen anspruchsvollen Raum und spielen zugleich mit der Idee eines Pavillons; sie sind gleichsam ein Ersatz für eine freistehende Architektur. Die Verwendung von Wandmalerei und ionischer Ordnung, der Verzicht auf prächtig-schwere Akanthusmotive geben dem Saal im

Pommersfelden. Spiegelkabinett des Schlosses

Vergleich zu den Kurfürstenzimmern einen minder offiziellen Anspruch, dazu einen leichteren und zierlicheren Zug, der Absicht ist und sich nicht aus der Orientierung an jüngeren Stilformen erklären läßt.

Höchsten Anspruch darstellen sollen hingegen das Prinzessinnenzimmer und der Kaisersaal, letzterer 1707-09 fast ganz von Freskenzyklen des Tiroler Malers Melchior Steidl bedeckt. Dies bestätigt die schon an den Kurfürstenzimmern gemachte Beobachtung, daß die bildlichen Künste ranghöher stehen als die ornamentalen. Die Kamine sind aus echtem Marmor, woran abzulesen ist, daß man den Gesichtspunkt des Materialwertes keineswegs aus den Augen verloren hatte. Auch die prachtvollen Kaminaufsätze, die Supraporten u.a.m. weisen die Räume als die ranghöchsten des Palastes aus.

Während die kurfürstlichen Paradezimmer im zweiten Stock recht einheitlich in einem prächtigen, schweren Stuck gehalten sind, der mit Vorliebe Akanthus und andere ranghohe Motive verwendet, ist die Ausstattung der fürstlichen Privatwohnung im ersten Stock des Neubaus feiner. Aus der Zeit von Lothar Franz ist vor allem das wohl 1700 datierbare sogenannte **Chinesische Kabinett** zu erwähnen. Wahrscheinlich schuf Sebastian Degler, der Schnitzer der oben besprochenen Prachttüren, auch hier die Nußbaumvertäfelung und die Spiegelrahmen. Aber hier war er der tonangebende Künstler: Die Holzvertäfelung bestimmt den Raum zusammen mit dem Parkett, der Stuck tritt trotz großen Reichtums zurück, schon weil er in dem kleinen Kabinett nicht wie in den Paradezimmern zur Wirkung kommen kann. Der Anspruch der Raumausgestaltung war dennoch höher als im oberen Stock, nicht zeremoniell, sondern ästhetisch: Ein künstlerisch überaus raffiniertes, privates Kabinett für den Kunst- und Kuriositätensammler Lothar Franz zu schaffen, dessen Ausstattung dem Rang der Objekte angemessen sein und dem Geschmack dieses feinsinnigen Auftraggebers entsprechen sollte.

Der in den nächsten Jahren bei Lothar Franz erfolgende Geschmackswandel zielte immer stärker in diese Richtung, abzulesen an den Raumausstattungen seines Pommersfeldener Schlosses. Ehe wir auf sie zu sprechen kommen, ist eine wesentliche Änderung im architektonischen Denken nochmals zu unterstreichen. Die Innenräume der Neuen Residenz in Bamberg sind als Raumschöpfungen konventionell, in der architektonischen Gliederung, der Rhythmisierung, der Lichtführung. Vor allem: Die Innenräume, ihr Ausmaß und ihre Aufteilung bestimmen nicht das Äußere. Dies aber ist in **Pommersfelden** der Fall, abzulesen vor allem am Mittelteil des Schlosses. Zwar ist sicher nicht jeder Raum gleich gut gelungen, aber das Treppenhaus, die Grottensäle, die Galerie, die Sattelkammer und manch anderer Raum bezeugen, daß Architektur zuerst Gestaltung der Innenräume heißt, wogegen das Äußere zurücktritt. Obwohl die (Außen-)Architektur in Pommersfelden einen vorher hierzulande unbekannten Rang gewinnt, tritt zugleich der Tendenz nach der Architekt hinter die 'Innendekorateure' zurück, soweit er nicht selbst die Ausstattungsarbeiten leitet. Aus den Quellen ist dies auch ablesbar, etwa daran, daß der Kurfürst seinen Baumeister Johann Dientzenhofer bei der Baukonstruktion und architektonischen Gliederung gewähren läßt, von der als einem weniger interessierenden Teil des Schloßbaus auch kaum die Rede ist, sich aber in die Gestaltung der Innenräume ständig einmischt. Nicht ohne Grund zeigen die meisten Stiche Salomon Kleiners Innenräume des Schlosses. Dies gesteigerte Interesse bedeutet uns einen für Europa entscheidenden Wechsel: die Abschwächung von Zeremoniell und Repräsentation, der Zugewinn an persönlichem Wohlbefinden und Wohlergehen, unter dem Leitbegriff der 'commodité', der Bequemlichekeit, und die Verfeinerung der Lebenskultur und des Geschmacks. Letztlich bestimmt dieser Paradigmenwechsel noch heute das Bauen, auch wenn unsere Innenräume ganz anders aussehen.

Im Prinzip hat sich das Verhältnis der Architektur zur Stuckatur nicht verändert. Aber wie die Baukunst freier und reicher geworden ist, so auch die Stuckatur; sie ist überhaupt zierlicher, in feinerem Relief aufgetragen. Zugleich ist sie plastisch kühner, spielt mit frei vor der Wand hängenden Girlanden oder Ehrentüchern (Treppenhaus im ersten Stock) oder setzt nahezu vollplastische Figuren ein. Nach französischen Vorbildern werden zuerst das sogenannte Bandelwerk, später die Rocaille (Muschelwerk) als neue Ziermotive aufgenommen. Die alten schweren Akanthusformen sind vermieden; doch ist der Vorrat an Motiven überhaupt reicher, das Bemühen abzuwandeln größer - das Prinzip der Konformität hat ausgedient und ist durch den Leitsatz 'variatio delectat' (Abwechslung erfreut) ersetzt; deshalb ist im Gegensatz zur Bamberger Residenz in Pommersfelden kein einziges Zimmer dem nächsten in der Ausstattung auch nur halbwegs ähnlich. Die Ansprüche an handwerkliche Fertigkeit und künstlerischen Erfindergeist sind im gleichen Maße gewachsen. Deshalb paraphrasieren die Stuckatoren die vorgegebenen architektonischen und räumlichen Motive viel freier, so daß man zunächst ihre 'Fuge' über das architektonische Thema nicht bemerkt, obwohl sie nur reicher und polyphoner komponiert ist.

Schwer zu sagen, ob ein in Pommersfelden tätiger Stuckator wie Daniel Schenk oder der Kunstschrei-

Pommersfelden. Große Galerie (Nordwand)

ner Ferdinand Plitzner virtuoser ist. Gemessen an den europäischen Standards wird man wohl Plitzner voranstellen müssen. Werke wie das Intarsienparkett und die Vertäfelung des **Spiegelkabinetts** (1714/18) sind ebenso unvergleichlich wie die Pommersfeldener Prunkmöbel von seiner Hand oder diejenigen des Servatius Brickard. Bei aller Qualität der Pommersfeldener Kunstsammlungen, die Ausstattung des Schlosses selbst ist das größte Kunstwerk. Insofern ist es ein außerordentliches Glück, daß dieses Schloß immer im Besitz der Familie geblieben ist und daß die Grafen es mit soviel Pietät für dessen Erbauer erhalten haben. Dadurch ist es als Ganzes in Mitteleuropa unvergleichlich.

Wer durch die fränkischen Lande zieht, wird sich immer wieder freuen, etwas von der virtuosen Ausstattungskunst dieser Zeit zu entdecken. In den öffentlich zugänglichen Schlössern ist noch einiges erhalten, so auch in den Kaisergemächern der Bamberger Residenz, ebenso im Alten Inselrathaus; wer einen Hauch dieser Qualität in Ruhe genießen will, dem sei für den älteren Stuckierungsstil das Böttingerhaus empfohlen, für den jüngeren das Residenzcafé am Aufgang zum Domberg, ein umgebauter Domherrnhof mit großen Resten der alten Ausstattung aus dieser Zeit.

Am leichtesten zugänglich aber sind immer noch die Kirchen. Farblich schön restauriert ist etwa die Neumannsche Wallfahrtskirche Gößweinstein mit ihrem Bandelwerk in Weiß, Grau und Taubenblau. Überhaupt ist der Wandel des Farbgeschmacks auffällig; um 1700 herrschten in Bamberg neben dunklen Farbtönen vor allem Gelb und Ocker vor. Sie waren die Hauptfarben des barocken päpstlichen Rom. Als kaiserliche Farben hatten sie die Habsburger in Wien eingeführt, gut erhalten etwa an Schloß Schönbrunn. Von ihnen übernahmen sie Reichsfürsten wie die Schönborn. Der Außenbau von Pommersfelden zeigte dieses Gelb, in dem das Treppenhaus nach der Renovierung wieder erstrahlt (man muß sich die Farben früher nicht so grell vorstellen, da die alten Färberkalke nicht so gleißend weiß waren. Auch malte man dünn, dafür aber in mehreren Arbeitsgängen; denn Farbe war teuer. Heute trägt man ein- oder zweimal dick auf - die Wirkung aufs Auge ist deshalb oft schmerzlich). Doch Lothar Franz hat wohlweislich die anderen Räume in dezenteren Tönen gehalten. Erst recht taten dies seine Neffen und deren Gefolgsleute in den jüngeren Bauvorhaben wie der Würzburger Residenz (grüngrau-silber) - oder sie verzichteten gar auf eine farbige Fassung (Bibrapalais in der Karolinenstraße Bamberg) bzw. beschränkten sich auf feine Weißabstufungen (s. die Neumannbauten der Schloßkapelle in Werneck und der Hl.-Kreuz-Kirche in Kitzingen-Etwashausen).

Wer dies bezahlen konnte, imitierte auch die neue Kunst der Holzvertäfelung. In der Regel konnten sich umfangreichere Kunstschreinerarbeiten nur die geistlichen Institutionen leisten. Der Gang auf den Michelsberg z.B. ist sehr zu empfehlen, wo Servatius Brickard ein Chorgestühl in Verbindung mit dem Hochaltar gesetzt hat, das eher an ein nobel gehaltenes Refektorium denken läßt als an eine Kirche. Mag sein, daß die Banzer Benediktiner ihr von Georg Nestfell geschaffenes, noch raffinierteres Chorgestühl von vorneherein dem neidischen Blick der Öffentlichkeit entzogen (mit Führung zu besichtigen). Kleinere schöne Chorgestühle finden sich auch in St. Stephan und St. Gangolf in Bamberg oder der Forchheimer Kirche.

Die **Malerei** mußte es in einer Epoche, der der Rahmen mindestens ebensoviel wert war wie das Bild, schwer haben. In damaligen Augen war sie zuerst eine Ausstattungs-, wenn nicht gar nur eine Dekorationskunst. Während jedoch die 'rahmenden' Künste durch die Tendenz zum Gesamtkunstwerk gewannen, kann dies von der Bamberger Malerei kaum gesagt werden. Es kam zu keiner einheimischen Maltradition, wie wir dies von Kunsttischlerei, Bildhauerei oder Stuckatur behaupten können. Es fehlt ein überragender Meister, obwohl sich die Bischöfe Mühe gaben, Nachwuchs durch Reisestipendien mit internationalen Neuerungen vertraut zu machen oder fremde Maler anzuwerben. In Bamberg wären die Voraussetzungen für eine erneute Blüte der Malkunst sogar besonders gut gewesen, da Lothar Franz ein leidenschaftlicher Bildersammler war, dabei keineswegs allein an berühmten Namen interessiert, in seinen Worten: "Ich finde besser, von den modernen mahlern stücke machen zu lassen, als mich mit einkauffung der allten, worin man ordinarie (gewöhnlich) betrogen wirdt, allzu tieff einzulassen...". Obwohl seiner Pommersfeldener Sammlung durch Bilderverkäufe im späten 19. Jahrhundert die Hauptstücke fehlen, ist sie immer noch sehr bedeutend. Sehenswert ist sie aber auch, weil sie uns wie sonst nirgends in Deutschland das Erscheinungsbild einer fürstlichen Sammlung des Barock gibt, ihrer Hängung und Ordnung. Die Bilder haben den hiesigen Künstlern auch in der Tat Anregungen geboten; so kopierte der Hofmaler Johann Joseph Scheubel d.Ä. für ein Gemälde im Michelsberger Chor ein ehemals Pommersfeldener Gemälde des Rubens 'David als Psalmist' (heute im Frankfurter Städel). Andererseits hat die Galerie mit ihrer Fülle vielleicht den Eklektizismus begünstigt. Der Fürstbischof prägte mit seinem Verhalten den Kunstbetrieb erheblich; auf der einen Seite beschwerte er sich, daß an einem Bild 'kein besonderes kunststück' sei, andererseits bestellte er bei seinem Hofmaler Reinhart kurzerhand '10 Landschaften und 10 Historien', was flüchtiges, konventionelles Arbeiten begünstigen mußte.

Immerhin ließ Lothar Franz seinen Künstlern thematische und gestalterische Freiheit. Sie waren nicht durch kirchliche Ausrichtung eingeengt; im Gegenteil, der Kurfürst beschwerte sich einmal, daß der Plan für eins der Kabinette 'etwas zu kirchenhaftig herausgekommen' sei; er wollte das abgeändert haben. Typisch ist auch ein Brief an seinen Neffen Franz Georg, den späteren Erzbischof von Trier, der in Rom bei Francesco Trevisani Bilder bestellen sollte. Er sei auch wegen der bezeichnenden Ausdrucksweise zitiert: "darumen von dessen hand gern noch ein paar gleiche stuck...haben möchte, wobei ich aber nichts ex historia sacra oder andächtigen bildern und heiligen, deren ich ohnehin bekanntermassen in abundanz habe, verlange, sondern gern sehen täte, dass besagter Trevisano für mich in obangezeigter grösse zwei stuck ex historia Romana oder aber aus dem Ovidio, wie dem maler selbst beliebig oder nach seinem genio sein mag, verfertigte, dahin stellend, ob es in zwei oder dreien figuren bestehe, woraus ein affect und action könne ersehen werden, auch nicht achte, wan solche figuren ziemblich in nuditäten bestehen, da mich bedunken will, derselbe habe hierinen sein sonderheitliche force und gusto..." Einer der besten Maler des 18. Jahrh. ist der Schweizer **Johann Rudolf Byß**, Hofmaler und erster Galeriedirektor von Lothar Franz in Pommersfelden. Er hat die Deckengemälde im Treppenhaus geschaffen, dazu eine Folge von Tafelbildern für Supraporten, Kabinette und andere Gelegenheiten innerhalb des Pommersfeldener Schloßbaus.

Für die Ausmalung des Kaisersaales ließ sich Lothar Franz den kurz zuvor geadelten Wiener Künstler Johann Rottmayr von Rosenbrunn (und Mahlereywurmbockshausen, wie er ihn verspottete) kommen. Der Italiener Marchini schuf die illusionistischen Architekturmalereien z.B. in der Sala terrena. Lokale Kräfte wie Gebhard oder Reinhart halfen mit. Unter seinem Neffen Friedrich Karl war Johann Joseph Scheubel der führende Maler, der sich mit einem bischöflichen Reisestipendium in Wien und Italien ausgebildet hatte.

Insgesamt am erfreulichsten sind die Fresken, mit denen der Italiener **Appiani** den Weißen Saal im Schloß Seehof 1751 ausstattete, kühl, geradezu sommerlichfrisch im Ton im Zusammenklang mit den feinen hellen Stuckarbeiten an den

Wänden, illusionistisch den niedrigen Raum weitend, lebendig erzählt - und vergleichsweise gut erhalten.

Aus dem späteren 18. Jahrhundert ist, vor allem im Bildnisfach, die Familie Treu zu nennen; der Vater Marquard stammte aus der Familie eines Hofjuden und wurde Maler ohne die übliche Ausbildung; seine beiden Söhne wurden durch Reisestipendien nach Frankreich bzw. Düsseldorf zur Ausbildung geschickt. Bemerkenswert ist, daß auch die drei Töchter, die in zeitgemäßer Vernachlässigung keinerlei Förderung erhielten, qualitätsvolle Bilder schufen.

Die **Skulptur** ist im selben Maße in die Gesamtdekoration eingegliedert wie die Malerei. Die damals führenden Aufgaben wie Altar- und Kanzelbaukunst oder Portale und andere Ausstaffierung von Schlössern brachten es mit sich, daß Bildwerke fast immer in übergeordneten architektonischen Zusammenhängen auftraten. So wundert nicht, daß einige Bamberger Bildschnitzer aus den Familien Götz, Degler und Mutschele auch Kunstschreiner waren und als solche Bemerkenswertes leisteten. Ebenso arbeiteten Stuckatoren wie Daniel Schenk in Pommersfelden zugleich als Bildhauer. Der Eigenart der Gattung gemäß konnten sich damals Bildwerke fast nur noch als Brücken- oder Gartenfiguren 'entfalten'. Aber auch da handelte es sich zumeist um 'malerische' Zusammenhänge und eine ihnen entsprechende Wahrnehmungsweise, bei der sich eine dem Bildwerk angemessene Aufmerksamkeit kaum einstellen konnte. Vielfach waren die Figuren vom Betrachter weit entfernt, was die genaue und sorgfältige Durchbildung nicht förderte. Die Skulptur ist aber eine Gattung, der Effekthascherei am wenigsten bekommt. Am besten ist sie, wenn sie in tastbarer Nähe bleibt.

Durch die Bemühungen des ersten Neubeginns (s. Kap. 7) war etwa in den Skulpturen Justus Gleskers, ebenso aber später durch den Import so bedeutender Werke wie der Elfenbeingruppe Permosers mit Kruzifix und Magdalena (im Diözesanmuseum) ein Qualitätsanspruch eingeführt worden, der - in Verbindung mit anderen Gründen – die Bildschnitzerei und -hauerei in Bamberg auf ein hohes Niveau hob, obwohl in dieser Gattung Würzburger Künstler wie Peter Wagner oder die Auvera noch um ein Weniges bedeutender waren. Insgesamt waren vor allem die Zeiten nach dem Tode des letzten Schönborn 1746 der Bildhauerkunst nicht günstig, so daß etwa Peter Benkert an den Hof Friedrichs des Großen in Sanssouci zog und Bonaventura Mutschele gar nach Moskau. Doch auch der Rückzug eines Künstlers wie Friedrich Theiler aufs Land nach Ebermannstadt ist ein Zeichen resignativer Bescheidung. Schon vorher waren drei Mitglieder der Familie Götz nach Bruchsal, Passau und Warschau gegangen.

Allerdings wird man zuzugeben haben, daß gerade die Kunsthandwerker mobil waren und ebenso Bildhauer nach Bamberg zogen; der berühmteste unter ihnen ist Ferdinand Tietz (s.u.).

Ein bedeutendes Werk der Altarbaukunst aus der großen Zeit ist der 1738-41 verfertigte **Hochaltar der Wallfahrtskirche Gößweinstein**. Der Entwurf geht auf den fürstbischöflichen Hofarchitekten Johann Michael Küchel zurück unter Einwirkung von Friedrich Karl von Schönborn, der rechts als hl. Bischof Friedrich dargestellt ist, als Gegenüber zu seinem zweiten Namenspatron, dem Hl. Carl Borromäus. Aufgabe und Programm sind komplex: Ein altes Gnadenbild der Zeit kurz nach 1500 war neu zu inszenieren, zugleich war der als 'via sacra' (hl. Straße) gedachten Architektur Balthasar Neumanns ein angemessener Zielpunkt zu geben. In der von einem Ehrentuch hinterfangenen und überhöhten Altarpyramide sind Gedanken der Zeitenfolge vom Alten Testament zur Apokalypse ebenso gestaltet wie die Vorstellung von Maria als dem Inbild der Heiligen Bundeslade, trinitarische und eucharistische Motive sowie die Idee vom Triumph der Kirche. Dies hier auszubreiten, würde den Rahmen sprengen; leider ist jedoch die Erforschung dieser Kunst noch so dürftig, daß es auch nicht möglich ist, auf bereits vorhandene Literatur zu verweisen. Es sollte mit diesen wenigen Angaben nur angedeutet werden, daß diese Altarbaukunst theologisch wohldurchdacht ist.

Die Holzskulpturen stammen vom Hofbildhauer Peter Benkert, dem Bambergbesucher vor allem durch die Statue der Hl. Kaiserin Kunigunde auf der Unteren Rathausbrükke (1744-46) bekannt. Er war mit dem Hofstuckator Franz Jakob Vogel verschwägert, der an diesem Projekt auch beteiligt ist. Künstlerisch steht er den Münchner Universalkünstlern Egid Quirin und Cosmas Damian Asam nahe, die ihm die schwungvolle Gestaltung und ihre in Rom erlernte theatermäßige Inszenierungskunst vermittelten. Seine gedrungenen Figuren in rauschend aufwallenden Gewändern und ausgreifenden Gesten sind mit sicherem Zugriff gestaltet. Die Figur des Hl. Friedrich zeigt, daß er gut beobachtete und nach der Natur arbeiten konnte. Doch benutzte Benkert, dem Geschmack seines Auftraggebers entsprechend, keine Farben, sondern dämpfte die Gesamtwirkung, indem er seine Figuren polierweiß oder gar nicht faßte.

Verglichen mit diesem Gebilde wirkt der **Gnadenaltar der Wallfahrtskirche Vierzehnheiligen**, der in den Jahren 1767/68 von der Werkstatt des Stuckators Johann Michael Feichtmayr gestaltet wurde, wie ein großer Tafelaufsatz, beschwingt, grazil, aber nicht mehr ganz ernstzunehmen, obwohl zweifelsohne die

Gößweinstein. Hochaltar der Basilika

Idee, die 14 hl. Nothelfer so zu arrangieren, ein Geniestreich ist, allerdings einer, der nur jemandem einfallen konnte, der von seiner Herkunft Dekorateur ist. Letztlich ist dies eine Kunst, die eher von den drängenden Anliegen der damaligen Zeit ablenken möchte, als sie aufzugreifen.

Nicht ohne Grund war zu diesem Zeitpunkt in Europa längst eine Skulptur maßgeblich geworden, die sich wieder an klassischen Mustern aus Antike, Renaissance und Hochbarock orientierte. In Bamberg fand diese künstlerische Richtung erst sehr spät Anhänger. Ihr Hauptvertreter ist Georg Joseph Mutschele, von dem am ehesten - gemäß der sich damals herausbildenden neuen Hauptaufgabe - Grabmäler und Epitaphien, so etwa am Friedhof, zu finden sind, allesamt dem für den hiesigen Sandstein so verderblichen Sauren Regen preisgegeben.

Franz Martin Mutschele fertigte 1780 als Stiftung seines in Moskau einer Seuche entkommenen Bruders Bonaventura eine Statue des hl. Sebastian für den Platz vor St. Gangolf, bei der die damals sich vordrängenden neuen Ideen spürbar sind. Die Figur des Pestheiligen zeigt in der Art des Sentiments Anklänge an ältere Bilder des Flamen van Dyck aus der ersten Hälfte des 17. Jahrhunderts. Der Heilige wirkt wie ein ermattet sich Ausruhender, weniger als Gequälter. Was an Pathos nötig erscheint, wird von der auffliegenden und sich senkenden Draperie besorgt. Die anatomische Durchbildung des Körpers ist gut beobachtet und fein ausgestaltet. Die Statue ist eine herausragende Leistung; dies hängt auch damit zusammen, daß die Gangolfskirche und ihr Bereich Hauskirche der Künstlerfamilie war. Auch tritt sie in diesem Werk als Auftraggeber auf, der am ehesten mit der Qualität der eigenen Arbeit Ehre einlegen konnte. Die Statue verdient größere Beachtung - allerdings wäre ihr zu wünschen, daß man sie ins Museum verbrächte, wo sich schon der Bozzetto befindet, und am Ort durch einen Abguß ersetzte.

Letztlich war für diese künstlerische Gesinnung in Bamberg kein Platz - oder genauer: Die Auftraggeber, denen diese Kunst entsprechen konnte, zogen es vor, ihr Geld statt für Kunstaufträge lieber für philanthropische Zwecke einzusetzen.

Der letzte große Bamberger Auftraggeber für Bildhauer war der Schönbornneffe Fürstbischof Adam Friedrich von Seinsheim (s. Kap. 11). Seine Leidenschaft galt der Ausschmückung seiner Gärten. Allein im Park von Seehof sollen an 400 größere und 700 kleinere Figuren gestanden haben; die meisten stammen von seinem Hofbildhauer Ferdinand Tietz und dessen Werkstatt. Nur einige wenige von den größeren haben in der Anlage überlebt, die aber, weil sie auf Fernsicht berechnet waren, zu den gröberen Werken zu zählen sind. Überhaupt sind bei dieser Großfertigung, die nur mit vielen Gehilfen möglich war, die Bozzetti, d.h. die plastischen Skizzen des entwerfenden Künstlers, oft erfreulicher als die ausgeführten Statuen. Schauen wir uns eine dieser Figurengruppen an, zwei Putten, die ein Liebespaar spielen, aus dem Residenzgarten, heute im Historischen Museum Bamberg. Das Drängeln und Gewähren damaliger Liebeständelei wird in parodistischem Tonfall vorgetragen, bildnerisch souverän in der plastischen Kraft und der Komposition von Figur und Beiwerk. Diese Kunst will geistreich sein, verspielt, frech oder witzig, künstlerisch brilliant und virtuos, aber sicher nicht ernst – und nie langweilig. Figaros Hochzeit (aus dem Jahre 1784) wurde am Bamberger Hof schon damals gespielt, und zwar in allerhöchstem Auftrag.

Hl. Sebastian bei St. Gangolf

Alte Universitätsbibliothek

Die letzten Jahrzehnte des Fürstbistums

Versuche der Sozialreform durch aufgeklärte Fürsten 1757-1802

Die stärksten Impulse zur Umgestaltung des Bamberger Stadtbildes hatten die beiden Schönbornbischöfe gegeben. Nach dem Tod Friedrich Karls 1746 gingen die großen öffentlichen Bauunternehmungen zurück. Dafür gab es mehrere Gründe; hauptsächlich waren es die großen politischen und wirtschaftlichen Schwierigkeiten, in die das Bistum geraten war.

Die beiden Nachfolger Friedrich Karls waren jeweils nur wenige Jahre im Amt, und die ersten Regierungsjahre des Fürstbischofs **Adam Friedrich von Seinsheim (1757-1779)** durch den Siebenjährigen Krieg zwischen Preußen und Österreich belastet (1756-1763). Weil Adam Friedrich, schon seit 1755 auch Bischof von Würzburg, die Säkularisierung fürchtete, die den geistlichen Fürstentümern von Seiten der protestantischen Herrscher drohte, verbündete er sich mit Österreich gegen Preußen. Entschieden wies er mehrmals die preußische Forderung nach Neutralität ab, rechnete er doch damit, nach gewonnenem Krieg umfangreiche Entschädigungszahlungen von Kaiserin Maria Theresia zu erhalten. Diese Entscheidung hatte verheerende Folgen.

Bamberg wurde dreimal von plündernden Heerscharen preußischer Soldaten heimgesucht. Sie brannten z.B.im Mai 1758 58 Häuser in der Gärtnerstadt nieder, erpreßten die ungeheure Summe von 2 Millionen Gulden und konfiszierten das Hof- und Kirchensilber. Auch bei späteren Einfällen forderten die Preußen hohe Summen von der Stadt, einmal wurde Bamberg zur Plünderung freigegeben. Adam Friedrich hatte durch seine Bündnistreue die beiden Hochstifte an den Rand des Ruins gebracht - ganz abgesehen von den Opfern und Entbehrungen, die er seinen Untertanen abforderte. Da nutzte es auch nichts, daß er kurz vor Kriegsende am 11.Februar 1763 doch noch die Neutralität erklärte. Um die Kriegslasten einigermaßen in Grenzen zu halten, wurden 1759 die Bambergischen Güter in Kärnten für eine Million Gulden an Österreich verkauft.

Die Niederlage des Habsburgerreiches im Siebenjährigen Krieg machte alle Hoffnungen auf Entschädigungszahlungen zunichte. Der Friedensvertrag von Hubertusburg (1763) bestimmte, daß die Schäden, die man sich beiderseits zugefügt hatte, nicht aufgerechnet werden sollten, die Verbündeten eingeschlossen. So hatte der Fürstbischof, besser gesagt hatten seine Untertanen, in den kommenden Friedensjahren für die Begleichung ungeheurer Schulden zu sorgen. Von einer sparsamen Haushaltsführung kann aber dennoch nicht die Rede sein. Adam Friedrich pflegte einen aufwendigen Lebensstil und gab viel Geld vor allem für seine Gartenanlagen aus (s.Kap.10). Was damalige Wirtschaftstheoretiker als Verschwendung tadelten, würde man heute allerdings eher als Konjunkturprogramm bezeichnen, von dem hauptsächlich die (Kunst-)Handwerker profitierten. Sie waren nämlich besonders von der schlechten Wirtschaftslage betroffen und verarmten zunehmend.

Fürstbischof Adam Friedrich von Seinsheim verbrachte jährlich nur drei Monate in Bamberg; den Rest der Zeit regierte er in Würzburg, wo die noch größere Residenz viel Ausstattungsarbeit erforderte. Dort wurde zuerst der aus Frankreich übernommene neue Stil des Frühklassizismus eingeführt; ab 1772-73 ließ Seinsheim auch in Bamberg nach Plänen seines Würzburger Hofarchitekten Johann Michael Fischer die Raumfolge im ersten Stock des Gebsattelbaus (früher Kavalierszimmer, heute Barockgalerie) und vier Räume der fürstbischöflichen Wohnung im gleichen Stock des Eingangsflügels umgestalten.

Zwei der Räume des fürstbischöflichen Appartements an der Hofseite dienten als repräsentative Speisesäle: der kleinere **Kavaliersspeisesaal** (im 19. Jahrhundert als Billardzimmer verwendet) und der größere und repräsentativere **Weiße Saal**. Letzterer wurde anstelle des Kaisersaales bei besonderen Anlässen als Speisesaal benutzt (z.B. bei Seinsheims Wahltagfeier), während man bei gewöhnlichen Gelegenheiten im Kavalierszimmer tafelte. Wände und Decke verkleidete der Hofstukkateur Materno Bossi mit weißem, poliertem Stuckmarmor.

Beide Räume befinden sich innerhalb des Raumgefüges der Neuen Residenz an derselben Stelle wie der Kaisersaal im darüberliegenden Hauptgeschoß. Ihre Anlage vor dem fürstbischöflichen Appartement erklärt sich aus dem Bedürfnis nach kleineren, praktischeren, dabei aber doch repräsentativen Festräumen. Zur Zeit des Lothar Franz waren solche nicht üblich gewesen. Ihre Lage ist somit zunächst funktional begründet, in unmittelbarer Verbindung mit den fürstbischöflichen Wohnräumen sowie mit Treppenhaus und Kavalierszimmern. Sie werden aber durch die Lage unter dem Ahnensaal des Kaiserhauses auch in der Bedeutung aufgewertet. Diese Beziehung kommt besonders in der Ausstattung des Kavaliers-Speisesaales zum Ausdruck. Er enthält sechs fest in die Stuckdekoration eingelassene Bild-

Neue Residenz. Weißer Saal

nisse, die Adam Friedrich und fünf Vorgänger zeigen. Sein eigenes Porträt fällt dem Eintretenden zuerst ins Auge. Es ist auch kein Zufall, daß es dem Bild des Lothar Franz von Schönborn unmittelbar gegenüberhängt; Seinsheim demonstrierte seine Selbsteinschätzung, indem er sich in direkte Beziehung zu seinem bedeutendsten Vorgänger setzte.

In Frankreich hatte sich, durch die Niederlage im Siebenjährigen Krieg beschleunigt, der Stil durchgreifend gewandelt. Das Rokoko geriet als dekadent in Mißkredit, weil die Gesellschaft, die der Träger dieses Stiles war, so schmählich versagt hatte. Man setzte den 'klassischen' Stil (so der französische Begriff) aus der politischen Glanzzeit des Sonnenkönigs wieder als Vorbild ein. Doch begann damals zugleich der Prozeß eines tieferen Studiums der Antike. Die Archäologie nahm als Wissenschaft einen ungeahnten Aufschwung; man begann, die vom Vesuv verschütteten Städte Pompeji und Herculaneum auszugraben, überhaupt die antike Kunst systematisch zu erforschen. Daraus entstand in mehreren Schritten der erste Stil, der sich um historisch-archäologische Treue bemühte, der sogenannte Klassizismus.

In geringerem Umfang begann man damals auch die mittelalterlichen

Stile zu würdigen (vor allem von England aus), auch wenn man sie allgemein den klassischen Epochen für künstlerisch unterlegen hielt. Aber der sich anbahnende 'Historismus' setzte in Bamberg schon früh ein. Ein Beispiel ist die sich um Stiltreue bemühende Architektur der Domturmerneuerung Küchels (1765-68), noch auffälliger die Mauern des sogenannten Eselsstalles, eines kleinen Friedhofs links vom Fürstenportal, die in den spätgotischen Formen des Domkranzes erbaut wurde. Die Haltung in der Stilfrage war in Deutschland nie so eindeutig wie in Frankreich, auch wenn man sich hierzulande schon wegen des hohen Prestiges der französischen Kunst den durch Ornamentstiche und Traktate verbreiteten neuen Stilformen nicht verschloß. Immerhin hielt der Preußenkönig Friedrich der Große, dem niemand Dekadenz nachsagen konnte, beharrlich an Rokokoformen fest. So haben wir in der Seinsheimzeit das merkwürdige Phänomen, daß viele Bürgerbauten und Klosterhöfe (so Martin Mayers neuer Ebracher Hof am Kaulberg nach 1765) weiterhin in Rokokoformen gestaltet wurden – vor allem aber die Kirchen, wie die Ausstattung von Vierzehnheiligen zeigt. Selbst die Haltung des Bischofs war nicht eindeutig; in seinen Gärten bevorzugte auch er weiterhin das Rokoko, für seine Schloßeinrichtung jedoch die frühklassizistischen Formen (nach der Vorliebe für Girlanden 'Zopfstil' genannt). Aber auch da zeigt etwa das Kavalierszimmer der Residenz noch Anklänge an das ältere Muschelwerk, während der Weiße Saal viel strenger ist. Man spielte geradezu mit den verschiedenen Stilmöglichkeiten, benutzte sie zumindest zur Rangsteigerung, wobei die klassizistischen Formen den höchsten Anspruch vertraten. Es war auch nicht alles völlig neu: Die Vorliebe für die Farbe Weiß war bereits bei Friedrich Karl von Schönborn typisch. Auch die Eigenart des neuen Stils, größere Flächen unverziert zu lassen, hatte schon Balthasar Neumann vorgegeben, z.B. in der Kirche von Kitzingen-Etwashausen oder der späteren Wallfahrtskirche Maria Limbach bei Eltmann.

Analoges zeigt sich in der Baukunst; man orientierte sich damals wenigstens zum Teil wieder stärker an den strengeren Formen Neumanns. In der nächsten Generation verbot es dann die Moral, sich weiterhin allzu heiterer Formen bedienen; der Klassizismus wurde zur allgemeinen Norm, wenn auch nie in seiner archäologisch-trockenen Variante. Am Oeuvre des wichtigsten am Ende des Jahrhunderts in Bamberg arbeitenden Architekten, **Lorenz Finks**, kann man im übrigen feststellen, daß Neumannsche Erfindungen weiterhin als vorbildlich galten. Nur traf man unter ihnen die Auswahl anders als wir es heute wohl tun würden. Die Ausstattung der neuen Seinsheimschen Räume in der Residenz diente also dazu, Tradition und Macht der durch die drohende Säkularisation gefährdeten fürstbischöflichen Herrschaft kundzutun. Adam Friedrich erkannte, daß der Staat ohne Reformen nicht mehr zu halten sein würde. Gemäß den Ideen der Aufklärung traten nun sozialpolitische Maßnahmen in den Vordergrund. Die Volksschulreform brachte die allgemeine Schulpflicht für Sechs- bis Zwölfjährige. Der Bamberger Akademie gliederte Adam Friedrich eine medizinische Fakultät an, so daß das Hochstift nun eine voll ausgebaute **Universität** besaß. Diese sollte an der Jesuitenstraße (heute An der Universität) einen repräsentativen Neubau nach Plänen des Würzburger Hofarchitekten Johann Michael Fischer erhalten (ab 1772). Es wurde jedoch nur ein Flügel ausgeführt, weil durch die Aufhebung des Jesuitenordens genug Platz zur Verfügung stand. Heute ist der Bau Sitz einer Fakultät der wiedergegründeten Universität.

Außerdem arbeitete man weiterhin an der Umgestaltung des Stadtbildes. Im Mittelpunkt stand nun die Anlage von lichten, weiträumigen Plätzen und Straßenzügen. Als Abschluß der Neugestaltung des Domplatzes, die seit 1776 unter der Leitung Franz Ignaz Michael Neumanns, des Sohnes von Balthasar Neumann, durchgeführt wurde, riß man die Andreaskapelle an der Südostecke der Alten Hofhaltung ab, um die Durchfahrt zu erleichtern und das Dominnere besser zu belichten. Mit dem Abraummaterial wurden Teile des Stadtgrabens aufgeschüttet. Hier entstand, wie andernorts auch, eine Allee. Dies zeigt eine gewandelte Einstellung zum Leben in der Stadt. Der Bürger bedurfte nicht mehr des Schutzes mehr oder minder starker Mauern; der aufgeklärte Fürst sorgte vielmehr dafür, daß man spazierengehen konnte. Dieser Straßenplatz, die sogenannte Promenade, ist für den heutigen Bürger und Besucher durch die Verwendung als Parkplatz und Busbahnhof entstellt und nur noch wenig erfreulich.

Am 18. Februar 1779 starb Adam Friedrich von Seinsheim. Sein prächtiges Grabmal, mit einer lebensnahen Darstellung des Verstorbenen, heute in St.Michael, stammt von Martin Mutschele und Friedrich Theiler.

Franz Ludwig von Erthal (1779-1795), ebenfalls aus dem Schönbornschen 'Familien-Clan' war wie sein Vorgänger in Personalunion auch Bischof von Würzburg. Er setzte die kulturellen, wirtschaftlichen und sozialen Reformen Seinsheims nicht nur fort, sondern gab ihnen neuen Schub. "Der Fürst sei für das Volk, und nicht das Volk für den Fürsten da"; ein Satz, der absichtsvoll Maximen Friedrichs des Großen aufgriff. Bildung und Ausbildung sollten seine Untertanen in die Lage versetzen, ihre Lebensumstände aus eigener Kraft zu verbessern. Er war sparsamer als seine Vorgänger und verzichtete auf alle ausschließlich repräsentativen Bauvorhaben. Die bischöflichen Gärten interessierten ihn wenig. Vordringliche Aufgabe war die Tilgung der Staatsschulden, denn vom Erfolg dieser Maßnahmen hing letztlich das Weiterbestehen eines selbständigen Fürstbistums ab.

Konsequent wurde die Produktivität der Wirtschaft gesteigert; staatliche Maßnahmen für Arme und Kranke sollten die sozialen Verhältnisse verbessern. Das war dringend nötig. Die Zahl der sogenannten Bettler war in der zweiten Hälfte des 18. Jahrhunderts durch Krieg, Bevölkerungswachstum und eine Konjunkturkrise stark angestiegen. Der Anteil der sogenannten 'Hausarmen', die wenigstens ein Dach über dem Kopf hatten und sozusagen eine 'Oberschicht des Bettlertums' bildeten, dürfte bei ca. 1–1,5% der Bevölkerung gelegen haben. Das waren bei ungefähr einer Million Einwohner Frankens zehn- bis fünfzehntausend. Dazu kamen die nichtseßhaften Bettler, deren Zahl sich nicht eindeutig ermitteln läßt.

Die Armen hatten kein Bürgerrecht, also auch keinerlei Rechtsschutz. Bei 'Stadtvisitationen' konnten alle nicht angesessenen Leute der Stadt verwiesen werden. Das Notwendigste zum Überleben konnten sie nur durch Betteln, weniger legale Methoden und Almosenspenden bekommen. Daß auch Kinder bettelten, war selbstverständlicher Alltag der Stadt. In Bamberg wurden bettelnde Kinder festgenommen und ins Arbeitshaus am Leinritt gebracht (s.Kap.8). Dort hatten sie einfache Arbeiten auszuführen, z.T. aber auch erstmals die Möglichkeit, eine qualifiziertere Tätigkeit zu erlernen.

Fürstbischof Franz Ludwig leitete eine durchgreifende Reform des Armenwesens ein. Versuche, dieses gesellschaftliche Übel besser in den Griff zu bekommen, hatte es allerdings schon vorher gegeben. Sogenannte Armenordnungen schrieben seit dem 16. Jahrhundert die Registrierung und Kennzeichnung der Bettler vor (in Bamberg durch ein großes B auf dem Ärmel), ebenso wie die Verteilung der Almosen oder die Kontrolle durch Bettelvögte. Bei diesen obrigkeitlichen Maßnahmen ging es also nur um eine Kontrolle der Bettler, die weiterhin als müßiggehende Schmarotzer betrachtet wurden. Die wahren Ursachen der Bettelei wurden damit nicht ausgeräumt.

Franz Ludwig von Erthal änderte diese Armenpolitik. Wer nicht in der Lage war, sich seinen Lebensunterhalt durch Arbeit zu verschaffen, mußte prinzipiell von der Heimatgemeinde unterstützt werden. In den Arbeitshäusern versuchte man, die Arbeitskraft der dort einsitzenden

Bettler zu nutzen. Arme, die keine Landeskinder waren, mußten dagegen mit Ausweisung rechnen; Bettelei wurde streng bestraft.

Trotz dieser Maßnahmen, so fortschrittlich sie auch immer gewesen sein mochten, bestand das Problem der Armut weiter, solange die wirtschaftlichen Ursachen nicht behoben waren. Die Vorteile des Erthalschen Systems der Sozialfürsorge waren dennoch nicht zu leugnen - schließlich wurde es 1816 auch der königlich-bayerischen Armenordnung zugrundegelegt und behielt in den Grundzügen bis zur Bismarckschen Sozialgesetzgebung Gültigkeit.

Die neue Armenordnung war nur die eine Seite einer weiter ausgreifenden Sozial- und Bildungspolitik. Das 1791 gegründete Lehrerseminar vermittelte neue Unterrichtsmethoden und verbesserte so die Ausbildung der Lehrer. Sonntagsschulen dienten schon seit der Regierungszeit des Fürstbischofs Adam Friedrich von Seinsheim der allgemeinen Volksbildung. Unter Franz Ludwig und seinem Nachfolger Christoph Franz von Buseck (1795-1802) wurden im gesamten Bistum verstärkt Schulen erbaut. Eine Industrie- und Zeichenschule kam vor allem Lehrlingen im Bauhandwerk und in kunsthandwerklichen Berufen zugute. Auch die Universität profitierte vom bildungspolitischen Eifer des Fürsten. Er richtete in den Räumen des Jesuitenkollegs erstmals eine gutbestückte und regelmäßig geöffnete Bibliothek ein (heute Teilbibliothek Theologie). Um das Projekt möglichst sparsam zu verwirklichen, beauftragte Franz Ludwig seinen Hofbaumeister Johann Lorenz Fink, einen bereits vorhandenen Bibliotheksraum zu vergrößern und auch die Regale aus der Zeit Friedrich Karls von Schönborn weiterzuverwenden.

Nur wenige Projekte aber hat Franz Ludwig so großzügig gefördert wie sein **Naturalienkabinett**, das im Nordflügel des Jesuitenkollegs eingerichtet wurde und heute den Kern des Naturkundemuseums bildet. Im Sinne der Aufklärung wollte der

Naturalienkabinett

Fürstbischof das Kabinett nicht nur für die Universität nutzen, sondern zur Unterrichtung der gesamten Bevölkerung. Die hohen, z.T. pyramidenförmigen Glasschränke verbergen nicht die Schätze, wie es die älteren Sammlungsschränke taten, sondern sollen die Objekte möglichst gut sichtbar machen. Deswegen konnten sie bis heute in Gebrauch bleiben; sogar die Präparate stammen zum Teil noch aus dem 18. Jahrhundert. Aus unserer Sicht ist dieses Museum jedoch als ältestes seiner Art in Deutschland selbst ein Denkmal. Außerdem ist es in der Ausgestaltung der Räume, in der Lichtführung, dem strengen, mit Polierweiß gefaßten Mobiliar und den Büsten großer Naturgelehrter von hohem ästhetischen Reiz. Es ist zu bedauern, daß diese einzigartig erhaltenen Museumssäle der Aufklärungszeit so wenig beachtet werden.

Die größte Bedeutung hatten jedoch Franz Ludwigs Reformen in der Krankenfürsorge, weswegen sein Denkmal heute auch vor der Allgemeinen Ortskrankenkasse an der Pödeldorfer Straße steht. 1780 wurde eine staatliche Hebammenschule gegründet, 1786 mit dem Bau eines **Krankenhauses** begonnen, das alle bis dahin üblichen Einrichtungen übertreffen sollte. Bei der Verwirklichung dieser Pläne konnte der Fürst sich auf sachkundige Ratgeber und Helfer stützen. In erster Linie ist hier sein Leibarzt und erster ärztlicher Leiter des Allgemeinen Krankenhauses, Adalbert Friedrich Marcus (1753-1816) zu nennen, der das Vorhaben konzipierte.

Die gängige Form der Alten- und Krankenpflege waren bis dahin die oft aus dem Mittelalter stammenden Spitalstiftungen, in die man sich einkaufte. Man war Inhaber einer Pfründe, die meist die Verpflegung einschloß. Armen Leuten und Bettlern kamen diese Einrichtungen nur über Almosen zugute. Es ist bezeichnend, daß das Katharinenspital in Forchheim heute noch als Altenheim dient. Dies entspricht seiner ursprünglichen Nutzung mehr als dem, was wir heute unter 'Krankenhaus' verstehen.

Ein Polizeibericht von 1770 beschreibt das Bamberger Kurhaus als "aus erbärmlichsten und fürchterlichsten Zimmern und Einrichtungen" bestehend. Dabei betrug das Kapital aller Almosenstiftungen damals immerhin 500 000 Gulden. Der Bericht nennt als Ursache dafür, daß die Zustände derart schlecht waren: "Stiftungspfleger und Verwalter glauben, die milden Stiftungen seien bloß ihretwegen da und nicht wegen der Armen. So hat der Kurhausvater jährlich auf 400 fl (Gulden) und unter sich vier Mägde (...) und wenn des Pflegers allfalsige Bestallung zu 50 fl dazu gerechnet wird, so ist die ganze Fundation erschöpft."Solchen Zuständen wollte Franz Ludwig von Erthal mit dem

Altes Krankenhaus. Etwa 1860, Graphik v. Landgraf

neuen Krankenhaus ein Ende bereiten: Es sollte nicht bewohnt, sondern nur vorübergehend zur Heilung aufgesucht werden. Unheilbar Kranke und Pflegebedürftige mußten weiterhin in den bestehenden Siechenhäusern untergebracht werden, von denen es in Bamberg mehrere gab (das einzige erhaltene ist das zu Unserer Lieben Frau an der Hallstadter Straße, heute eine Filiale der Stadtsparkasse). In das neue Krankenhaus wurden Menschen aller Stände, auch arme Kranke vom Land und Durchreisende, aufgenommen. Bezahlt wurde die Behandlung von eigens geschaffenen Sozialhilfeeinrichtungen. So gründeten Handwerksmeister für Gesellen und Lehrjungen das Krankengeselleninstitut.

Die Pläne dieses Krankenhauses, das heute (nach der Fertigstellung des neuen Klinikums 1984) als 'Altes Krankenhaus' bezeichnet wird, fertigte wieder der fürstbischöfliche Hofarchitekt **Lorenz Fink**. Er nutzte zwei 1760 erbaute, freistehende Gartengebäude mit Mansarddächern, die der Besitzer, Domherr von Stadion, mit dem dazugehörigen Grundstück an den Fürstbischof verkauft hatte. Fink verband die beiden alten Pavillons durch einen in Höhe und Dachform gleichgestalteten Flügel zu einem Hufeisen. Der neue Flügel, durch Mittelrisalit und Türmchen herausgehoben, enthält in der Mitte die durch zwei Geschosse reichende Kapelle. Diese Anordnung beruht auf der Tradition des barocken Spitalbaus - man vergleiche nur das frühere Katharinenspital Balthasar Neumanns am Maxplatz (Kap.8)! Wirklich bedeutend ist Finks Krankenhausbau wegen seiner sanitären Einrichtungen. Ein aus geklügeltes System von Abluftkanälen sorgte für Frischluft, die Entwässerung erfolgte über offene Wasserkanäle, die sich durch das ganze Haus zogen. Die Zimmer waren nur mit 5 bis 10 Kranken belegt, ein gewaltiger Fortschritt, wenn man bedenkt, wie lange große Krankensäle bis in unser Jahrhundert gang und gäbe waren.

Für die Bescheidenheit Franz Ludwigs spricht, daß er nicht, wie dies unter seinen Vorgängern üblich war, sein Wappen zur Hervorhebung seines Namens am Krankenhaus anbringen ließ, sondern auf einer Tafel den Zweck des Gebäudes herausstellte: "Der Nächstenliebe gewidmet, das ist Krankenspital für die Leiden der Menschheit. 1787". Analog drängt sich auch der Hofarchitekt Fink nicht mit eigenen künstlerischen Ideen auf. Er paßt sich den bestehenden Stadionschen Gartenhäusern an und geht vor allem von der Zweckbestimmung des Baues aus.So bleibt er ganz Diener der sozialen Idee und sparsamen Haushaltsführung seines Fürsten.

Der Bau, der einst den Kranken aller Schichten zugutekommen sollte, wird nun, 200 Jahre später, nur noch betuchteren Menschen dienen. Im Zusammenhang mit dem Neubau einer Konzert- und Kongreßhalle am gegenüberliegenden Flußufer wird das Alte Krankenhaus zu einem Hotel gehobener Preisklasse umgebaut - eine Maßnahme, die wegen der Zerstörung historischer Substanz und der Erweiterungen, die auf den Charakter der alten Anlage keinerlei Rücksicht nehmen, zu Recht umstritten ist.

Das Werk Lorenz Finks fand lange zu wenig Beachtung. Seine Bauten waren in ihrer schlichten, wenn auch gediegenen Art zu unauffällig. Paläste hat er nicht gebaut; Kirchen nur zwei, nämlich die Stadtkirche in **Burgkunstadt** und die Dorfkirche zu **Oberküps.** Beide folgen demselben Schema, das jedoch nach Größe und Rang des Ortes abgewandelt wird: reicher die Einturmfassade der Burgkunstädter Kirche, deren Turm ein geschwungenes Dach erhielt, zurückhaltend mit einfacher Lisenengliederung und geradlinigem Pyramidendach das Kirchlein in Oberküps (1798).

Die häufigste Bauaufgabe in Finks Werk waren die Verwaltungsbauten: Vom einfachen Jagdaufseherhaus, über Pfarr- und Amtshäuser mittlerer Größe (Pfarrhaus **Straßgiech)** bis zu nobleren Anlagen wie dem Pfarrhaus von **Hohenmirsberg**, stets baute Fink in denselben kühlen, oft schmucklosen, aber wohlproportionierten Formen. Nur selten verwendete er aufwendigere Bauzier, so bei der früheren fürstbischöflichen Hühnermästerei (in der Flucht des Alten Krankenhauses an der Unteren Sandstraße) und bei dem Hotel Bamberger Hof am Grünen Markt, das 1911 dem heutigen Kaufhaus Hertie weichen mußte. Finks Architektur ist gerade wegen ihrer Schlichtheit besonders anfällig gegenüber Umbaupraktiken unserer Zeit. Fassaden, denen selbst die im 18. Jahrhundert so lange übliche 'Ohrung' der Fensterrahmen fehlt, verlieren durch moderne Einheitsfenster und -türen leicht ihr Gesicht.

Völlig vergessen ist schließlich die Tätigkeit Lorenz Finks als Straßen- und Brückenbauingenieur. Dies aber war ein wichtiges Arbeitsfeld der meisten Architekten des 18. Jahrhunderts - auch Balthasar Neumanns. Die bedeutendste Maßnahme Finks in diesem Metier war der Ausbau der Straße zum Domberg (der heutigen Karolinenstraße) nach dem Abriß des alten Osttores der Domburg. Auch die Straße unterhalb der Residenz zum Eisernen Tor wurde damals nach einem Brand neu trassiert. Sicher von Fink stammt auch die Mauer an ihrer Ostseite mit den regelmäßig gestalteten Zugängen zu den Gartengrundstücken der Häuser an der Sandstraße. Es liegt deshalb nahe, auch die 1794 errichtete östliche Abschlußwand des Domplatzes mit dem Brunnen Fink zuzuschreiben. Die bekrönenden Skulpturengruppen (Putten), in der Mitte Fortitudo, stammen von Michael Trautmann.

Putten von der Abschlußmauer am Domplatz. Detail

Eisgrube 14: Türknopf, der E.T.A. Hoffmann zum Apfelweib des „Goldenen Topfes" inspiriert haben soll

Bamberg nach der Säkularisation: im Dornröschenschlaf der Romantik
1800-1850

Der Friedensvertrag von Lunéville besiegelte das Ende des Fürstbistums Bamberg. Im Rahmen der napoleonischen Neuordnung Süddeutschlands fiel es 1802 an das Kurfürstentum Bayern, das kurz darauf zum Königreich erhoben wurde. Im September des Jahres 1802 besetzten bayerische Truppen die Stadt, im November war der Anschluß an Bayern offiziell vollzogen. Bamberg war nicht mehr Hauptstadt und die Verwaltung wurde von München aus organisiert. Bayern war schon im 18. Jahrhundert ein zentralisierter Staat, wurde aber nach 1800 durch Montgelas nach französischem Vorbild streng zentralistisch umgestaltet. Macht und Anziehungskraft der Hauptstadt wuchsen (und wachsen) auf Kosten aller anderen Städte Bayerns.

Durch die Auflösung des Bamberger Staates mußte nun das 'geistige Leben', die Beschäftigung mit Literatur, Musik, Kunst, jahrhundertelang an den fürstbischöflichen Hof, das Domkapitel und die Klöster gebunden, ausschließlich von den bürgerlichen Kreisen übernommen werden. Zwar wurde Bamberg nach dem Tode des letzten Fürstbischofs, Christophs von Buseck, 1807 zeitweilig Wittelsbachische Sekundärresidenz der Linie Birkenfeld-Gelnhausen, eines Zweigs des Königshauses. Doch die Rolle des Fürstbischofs konnten Herzog Wilhelm in Bayern und die anderen Wittelsbacher, die nach ihm hier residierten, nicht übernehmen. Immerhin gelang es trotz aller widrigen Umstände während der ersten Jahrzehnte des 19. Jahrhunderts, das geistige Leben in Bamberg aufrecht zu erhalten. Das betraf freilich weniger Architektur und bildende Künste, denn der Raumbedarf des Militärs und der Verwaltung war durch die vielen Gebäude gedeckt, die ihre ursprüngliche kirchliche oder höfische Bestimmung verloren hatten. **Ferdinand von Hohenhausen**, der erste Leiter des staatlich-bayerischen Bauwesens in Bamberg, hatte wenig Gelegenheit, das Stadtbild nachhaltig zu prägen.

Immerhin 'verdanken' wir ihm neue Plätze durch die Beseitigung damals unnütz gewordener Kirchen. Anstelle der Unteren Pfarrkirche St. Martin entstand der Maxplatz, durch den Abbruch der gotischen Franziskanerkirche St. Anna die 'Schranne'. Auch wenn die Zeitgenossen dies als wohltuend empfanden, war das Ergebnis negativ. Die Platzanlage Balthasar Neumanns wurde ihres Mittelpunktes beraubt und dem schlichten barocken Franziskanerkloster fehlt seitdem der geistliche und architektonische Bezugspunkt. Überzeugender ist die ehemalige Schule am Holzmarkt 10, einer der wenigen Neubauten Hohenhausens.

Der bedeutendste Bau Ferdinands von Hohenhausen war das **Theater** von 1808 am Schillerplatz, ein Doppelgebäude mit Ballsaal zum Platz hin und rückwärtigem Theatersaal. Das entsprach der veränderten Geisteshaltung der Zeit nach der Säkularisation, als 'Musentempel' die Kirchen als Orte des zeitgemäßen kulturellen Lebens ablösten. Männer, die schon in fürstbischöflicher Zeit an führender Stelle gestanden hatten (allen voran Dr. Adalbert Marcus, der Leiter des Erthalschen Krankenhauses), setzten sich immer wieder für den Bestand des neuen Theaters ein.

Der Bau ist bescheiden. Es entstand nicht die festliche klassizistische Theaterarchitektur größerer Städte, sondern eine trockene Reihe kolossaler ionischer Pilaster über einem rustizierten Erdgeschoß mit Arkaden. Die Aufführungen, die darin stattfanden, waren z.T. von höherer Qualität (immerhin wurde hier Kleists Käthchen von Heilbronn uraufgeführt).

Der theaterbegeisterte Dr.Marcus war es auch, der die **Altenburg**, nachdem sie seit ihrer Zerstörung 1553 zerfallen war, für die Nachwelt rettete. 1818 ging sie an den Altenburgverein über – eine 'Bürgerinitiative' des frühen 19. Jahrhunderts, die bis heute besteht. Sie war Teil der romantischen Bewegung, die zur gleichen Zeit die Schönheit der fränkischen Landschaft entdeckte. 1812 nannte Johann Christian Fick in seiner 'Historisch-Topographischen Beschreibung von Erlangen' das 'Muggendorfer Gebirge' erstmals 'Fränkische Schweiz'. Der Vergleich mit der ungleich gewaltigeren Hochgebirgslandschaft der Schweiz wertete die karge und ärmliche Gegend auf, deren Reichtum an Relikten der 'Vorzeit', natürlichen wie Höhlen oder 'Zoolithen' (Versteinerungen), als auch von Menschen geschaffenen wie den Burgruinen, Schriftsteller aller Art zu interessieren begann. Einer der bekanntesten Besucher war Hermann Fürst Pückler-Muskau, der große Gartenliebhaber und Weltenbummler, der 1835 einen Reisebericht veröffentlichte. Man sollte sich nicht zu sehr über den hochgegriffenen Namen belustigen. Der Fränkische Jura war damals noch bedeutend geringer bewaldet - Ergebnis jahrhundertelanger Schafzucht -, Felsen und Burgruinen wirkten eindrucksvoller und bizarrer. Durch Stahlstiche und Lithografien wurden sie berühmt, besonders Neideck bei Streitberg, Rabenstein oder Waischenfeld.

Es würde heute niemand mehr über jene kurze Nachblüte der Bamberger Kultur sprechen, hätte nicht Preußens Niederlage gegen Napoleon 1806 einige herausragende Köpfe hierher verschlagen. Allerdings hielten sie es nur wenige Jahre in der Stadt aus. Der Philosoph Georg Friedrich Wilhelm **Hegel** zog im Jahr 1807 nach Bamberg, durch die Schließung der Jenaer Universität arbeitslos geworden. Hier übernahm er, seinen 'Hang zur Politik' wiederentdeckend, die Redaktion der 'Bamberger Zeitung'. Bekannt als Verfasser politischer Kommentare, in denen er eine Demokratisierung nach Vorbild der französischen Revolution auch in Deutschland gefordert hatte, wollte Hegel in dem Bamberger Blatt einen kritischen Journalismus betreiben, der hierzulande alles andere als üblich und erwünscht war. Durch sein Engagement verschaffte er der Zeitung für kurze Zeit überregionale Bedeutung. Wachsende Schwierigkeiten mit der bayerischen Zensurbehörde veranlaßten Hegel schließlich, die Stadt nach kaum zweijähriger Arbeit zu verlassen, um in Nürnberg als Lehrer unterzukommen. Kurz darauf wurde die unbequeme Zeitung verboten.

Ebenso verbrachte **E.T.A. Hoffmann** (1776-1822) nur wenige, im großen Ganzen unangenehme, aber literarisch produktive Jahre in Bamberg. Arbeitslos geworden, bewarb er sich um die Stelle des Musikdirektors am neu errichteten Bamberger Theater, die er 1808 antreten konnte. Intrigen und öffentliche Ablehnung ließen ihn schon wenige Tage nach seinem ersten öffentlichen Auftritt die Leitung des Orchesters niederlegen.

E.T.A. Hoffmann, Selbstporträt

Die Tätigkeiten, mit denen er sich nun am Theater verdingte, waren wechselnd und unsicher; sie reichten vom Theaterkomponisten bis hinab zum Kulissenmaler und -schieber und konnten ihn kaum ernähren. Bis 1813 wohnte er in dem schmalbrüstigen Haus Schillerplatz 4, das heute als E.T.A.-Hoffmann-Museum einen Besuch wert ist.

Die Qualen der Musikstunden für Bamberger Bürgerstöchter, die Hoffmann geben mußte, um sich über Wasser zu halten, fanden ihren Niederschlag in der Erzählung "Johannes Kreislers, des Kapellmeisters, musikalische Leiden". Einen Denkzettel hat er den Bambergern auch in seiner Erzählung "Nachricht von den neuesten Schicksalen des Hundes Berganza" hinterlassen. Andererseits wurde die alte Bischofsstadt zum Hauptort der romantisch verklärten Vergangenheit. Im ehemaligen Kapuzinerkloster (früher an der Kapuzinerstraße) soll der Mönch Medardus von den "Elixieren des Teufels" gekostet haben; der Türknopf mit dem Apfelweiblein aus dem "Goldenen Topf" ist am Haus Eisgrube 14 zu finden; in der Dachwohnung des Dichters am Schillerplatz besuchte ihn die Katze des Nachbarn als "Kater Murr". Und hinter dem Bildstock des Hl. Nepomuk im Hain soll die denkwürdige Begegnung mit dem sprechenden Hund Berganza stattgefunden haben.

Dieser sogenannte **Hain**, ursprünglich Mühlwörth, war im späten Mittelalter noch eine wilder Auwald. Ab 1803 wurde südlich der Stadt zwischen den Regnitzarmen eine Promenade angelegt, auf persönliche Anordnung des bayerischen Königs Max IV. Josef. Sie wurde zum Ausgangspunkt für den neuen, 'englischen' Park. Die Voraussetzungen für solche Anlagen liegen im England des frühen 18.Jahrhunderts. Als Gegenbild zu den geometrisch streng geordneten Gärten der absolutistischen Herrscher rückte nun die freie Natur in den Mittelpunkt des Interesses. Die schnurgeraden Alleen des französischen Parks wichen einer weiten, geschwungenen Wegeführung, Blumen und Baumgruppen blieben unbeschnitten, und die regelmäßig angelegten Blumenbeete wurden zugunsten sanft modellierter, gepflegter Rasenflächen aufgegeben. Dies darf nicht darüber hinwegtäuschen, daß in dieser 'Landschaft' jede Baumgruppe, Wiesenfläche und Bodenmodellierung trotz ihrer scheinbaren Natürlichkeit aufs genaueste arrangiert und durchdacht war, vergleichbar der Konzeption eines Gemäldes mit Vorder,-Mittel- und Hintergrund. Vor dem Auge des Betrachters, der durch den Park spazierte, sollte eine fortlaufende Folge von sich wandelnden, aber immer möglichst vollkommenen Landschaftsbildern entstehen.

In Deutschland wurde der englische Park bald Ausgangspunkt für eine neue Idee. Christian Caius Lorenz Hirschfeld forderte in seiner Abhandlung über die Gartenkunst von 1779, die zur 'Bibel' der neuen Landschaftsgarten-Bewegung wurde, "besondere Örter für den Spaziergang des Volkes", d.h. Volksparks. Die zweite Anlage dieser Art überhaupt nach dem Englischen Garten Friedrich Ludwig von Sckells in München ist der Bamberger Hain. Ein Bewunderer Sckells, der königlich-bayerische Beamte Stephan Freiherr von Stengel, ist sein Schöpfer. Dieser erließ auch eine Verordnung zum Schutz und zur Erhaltung des Parks: rasante Pferdejagden, Beschädigungen der Pflanzen und das Ausnehmen der Vogelnester wurden unter hohe Strafen gestellt, denn der Hain sollte ja "zum traulichen und geselligen Umgang und Annäherung aller Stände dienen, die sich hier im Schoße der schönen Natur begegnen".

Dazu gehörte auch, daß dem Parkbesucher Gelegenheit zu einer Erfrischung während seines Spaziergangs geboten wurde - ein selbstverständlicher Bestandteil des Volksgartens. So ist bereits 1804 ein Holzhäuschen bezeugt, in dem Imbisse feilgeboten wurden. Im Hain standen anfangs verhältnismäßig wenig Kleinarchitekturen. Das entsprach der modernen Auffassung vom Landschaftsgarten, wie sie der Gartentheoretiker und Gärtner Sckell vertrat. Erst in der Ausbauphase nach 1810 wurde der Hain mit Architekturstaffagen bereichert. Die meisten davon, wie die beiden noch in der Art der 'Revolutionsarchitektur' gestalteten Bauten Ferdinands von Hohenhausen - ein Badehaus und eine Wirtschaft -, sind nicht erhalten. Wegen ihrer strengen Formen waren sie bei der Bamberger Bürgerschaft unbeliebt. Es blieben lediglich einige Elemente des 1913 zerstörten Badehauses, die in die Fassade des Musikpavillons übernommen wurden; die Inschrift 'Salubritati' (='der Gesundheit') erinnert daran.

Hain. Musikpavillon

Neben diesem Fragment wurden nur zwei kleine Gebäude - Ruhesitz und 'Monopteros' - aus der Anfangszeit des Hains in die Gegenwart gerettet. Der Überlieferung nach sollen sie aus dem Schloßpark von Seehof übernommen worden sein. Der 1903 ans Südende der sogenannten Schillerwiese versetzte 'Kleine Ruhesitz', eine Exedra mit übergiebelter Säulenfront, soll dem Besucher bei Regenfällen Schutz gewähren. Schräg gegenüber, jenseits der weiten Wiesenfläche, befindet sich der 'Monopteros', ein Rundtempelchen, wie es in Landschaftsgärten beliebt war. Dieser (hierzulande auch Druidentempel genannte) Pavillon steht noch an der ursprünglichen Stelle. Allerdings sind die Blickbeziehungen durch die das Tal überspannende Betonbrücke der Südumgehungsstraße verriegelt. Früher jedenfalls genoß man von diesem erhöhten Aussichtspunkt den Blick über die Regnitz mit ihren baumbestandenen Ufern sowie über die langgestreckte Schillerwiese, die ehedem durch geschickt angeordnete Baumgruppen gegliedert war.

Der Monopteros markiert die Grenze zwischen den beiden Parkteilen, dem nördlichen, der zu Ehren der Gattin des bayerischen Königs Ludwigs I. bereits 1816 in 'Theresienhain' umbenannt wurde, und dem südlichen Mühlwörth, der als 'Luisenhain' den Namen der Gemahlin des Königs Maximilian von Bayern trägt. Vom ursprünglichen Eindruck ist heute viel verloren. Dafür sorgt nicht nur die Betonbrücke, sondern auch weitere zerstörende Einbauten neuester Zeit wie die Tennisplätze. Dennoch lohnt der Hain wegen seines schönen Baumbestandes auch heute den Spaziergang durch die schattigen Alleen entlang der Regnitz.

Daß Bamberg eine 'grüne' Stadt ist, liegt nicht nur am Hain, sondern auch am Berggebiet mit den zur Altenburg ansteigenden, glücklicherweise noch weitgehend unbebauten Hügeln oder dem großen Hauptsmoorwald im Osten, dem freilich Militär und Autostraßen zugesetzt haben. Auch mitten in der Stadt, auf dem rechten Regnitzufer in der **Hof- und Theuerstadt**, finden sich große Grünflächen. Sie sind allerdings dem 'normalen Publikum' verwehrt, denn hier bauen die Bamberger Gärtner seit Jahrhunderten ihr Gemüse an, das sie auf dem Markt oder im eigenen kleinen Laden verkaufen.

Die Begrenzung bildet die große Fernhandelsstraße von Nürnberg nach Erfurt und Leipzig, die im Stadtgebiet früher Steinweg hieß und Bamberg nur am Rande berührte. Sie verlief auf dem rechten Regnitzufer von Forchheim nach Hallstadt, Bambergs Zentrum blieb links liegen. Deswegen siedelten sich hier in langer Reihe Brauereien, Gasthäuser und Herbergen für die Händler und Reisenden an. Diesen Charakter hat die Königsstraße - so ihr jetziger Name - bis heute bewahrt. Hier stehen repräsentative Fassaden des 18. Jahrhunderts; zu den Enden des Steinweges hin (Siechen- bzw. Nürnberger Straße) nehmen Größe und Schmuck der Häuser ab. Etwas abgerückt von der Straße steht im oberen Bereich die Stiftskirche St. Gangolf, deren Geschichte bis in die Gründungszeit Bambergs zurückreicht. Der kleine Platz davor, umgeben von den Stiftskurien, und die unmittelbar benachbarten Häuser bilden die Theuerstadt.

Biegen wir nun bei der Brauerei Fäßla in die Letzengasse oder verlassen, vom Bahnhof kommend, die

Laurenzistraße 2 und 4. Häckerhäuser

Luitpoldstraße, betreten wir das **Gärtnerviertel**. Es erstreckt sich hinter der Häuserfront der Nürnberger-, Königs- und Siechenstraße in Richtung Bahnlinie und setzte sich früher auch jenseits derselben fort, doch sind diese Flächen nunmehr größtenteils zugebaut.

Die Bamberger Bevölkerung bestand schon immer zu einem wesentlichen Teil aus sogenannten Ackerbürgern. Sie betrieben zwar Landwirtschaft, waren aber keine Bauern, sondern besaßen Bürgerrechte. Bereits seit dem 14. Jahrhundert war die Stadt ein Zentrum des Gartenbaus. Daneben gab es die Häcker, d.h. die Weinbauern, denn bis ins frühe 19. Jahrhundert wurde in der Bamberger Gegend Wein angebaut (die heutigen Weinanbaugebiete beginnen erst ein gutes Stück mainabwärts). Davon ist fast nichts mehr zu sehen, einzige Spur sind einige barocke Weingärtnerhäuschen im Berggebiet und die Häckerhäuser um die Laurenzikapelle auf dem Oberen Kaulberg.

Ursprünglich waren die Gärtnerhäuser (wie der Zweidlersche Plan von 1602 sie zeigt) kleine, einzeln stehende Bauten, die öfters auch mit dem Giebel zur Straße standen. Einige wenige Beispiele haben sich erhalten (z.B. Egelseestraße 43 und Mittelstraße 72), einstöckige Bauten mit Krüppelwalmdächern. Im 18. und besonders im 19. Jahrhundert

Mittelstraße 72. Gärtnerhaus

wurden dann geschlossene Zeilen aus niedrigen, traufständigen Häusern gebaut. Da nun zwischen ihnen keine Zufahrten mehr vorhanden waren, erhielten sie große Tordurchfahrten. Im Hofraum standen meist ein kleiner Stall für wenige Stück Vieh, Geräteschuppen oder kleine Scheunen(Färbergasse). Geschlossene Reihen solcher Häuser findet man in der Memmelsdorfer Straße, der Mittelstraße, in der Kundigundenruhstraße und der Nürnberger Straße. Ein gutes Bild vom Wohnstandard einer Gärtnerfamilie anfangs des 20. Jahrhunderts, von ihrer Tätigkeit, den angebauten Pflanzen und vom religiösen Leben vermittelt das **Gärtner- und Häckermuseum** (Mittelstraße 31), das in einem authentischen Haus eingerichtet wurde.

Zum eigentümlichen Reiz des Gärtnerviertels, der sich nicht auf Anhieb, sondern erst bei einem längeren Spaziergang erschließt, gehört auch die Vielzahl der religiösen Bildwerke. Zu empfehlen ist ein Gang von der Gangolfskirche durch die Obere Königstraße und die Egelseestraße. Hier trifft man Bildstökke und Kruzifixe des 15. bis 18. Jahrhunderts, Kleinsthäuser, die von Armen bewohnt waren, Gärtnerhäuser verschiedener Jahrhunderte, aber auch größere Wohnbauten des 19.Jahrhunderts. Die Egelseestraße endet an der neugotischen **Wallfahrtskirche Maria Hilf** in der

Wunderburg, vor der sich ein kleinstädtischer Platz öffnet. Wer von dem langen Weg geschwächt ist, wird hier mit einem Seidla Mahrs- oder Keesmann-Bräu wieder auf die Beine gebracht.

Im Norden der Gärtnerstadt liegt das alte Siechenhaus, daneben die Kapelle **St.Sebastiani**, die vor dem Bau der Ottokirche Anfang des 20. Jahrhunderts religiöser Mittelpunkt des Gärtnergebietes war. Von hier nahmen auch die Prozessionen ihren Ausgang. In ihrer Nachbarschaft finden sich die 1761-68 errichtete Gönningerkapelle und der **Jagdzeugstadel** des Fürstbischofs. Dieser wohlgegliederte Zweckbau wurde 1737-38 unter Johann Michael Küchel nach Plänen von Lukas von Hildebrandt und vielleicht Balthasar Neumann errichtet. Die Fenster sind mit wuchtigen Keilsteinen besetzt; über den Toren das aufwendige Wappen des Bauherrn Friedrich Karl von Schönborn.

Schon im 19. Jahrhundert wurde begonnen, die stadtnahen Ackerflächen mit mehrgeschossigen Wohnhäusern zu bebauen (Klosterstraße, Heiliggrab- und Egelseestrasse). Weil man nach dem zweiten Weltkrieg plante, das Viertel mit einer großen Straße zu durchschneiden, wurde ein Baustopp verhängt, der es paradoxerweise bislang in seiner alten Struktur gerettet hat. Allerdings stehen einige Häuser leer, weil der Gartenbau zunehmend Nachwuchsprobleme hat und die Nutzung fehlt; viele wurden durch Umbauten schwer entstellt. Zudem

Gärtnerhäuser in der Mittelstraße

vermindert der Autoverkehr, stets auf der Suche nach Schleichwegen, die Lebensqualität des Viertels. Angesichts dieser langsamen Zerstörung besteht die Gefahr, daß auch das Gärtnergebiet einmal 'generalsaniert' und zu einem 'ganz normalen' Neubauviertel wird. Schon werden die Gärtnereien im neuesten Flächennutzungsplanentwurf als künftige Wohngebiete ausgewiesen. Sollten derartige Pläne verwirklicht werden, ginge ein wichtiger Teil der ehemaligen Ackerbürgerstadt Bamberg, ein einmaliges Zeugnis ihrer Sozial- und Wirtschaftsgeschichte, verloren.

Süßholz. Ausschnitt aus dem Zweidlerplan von 1602.

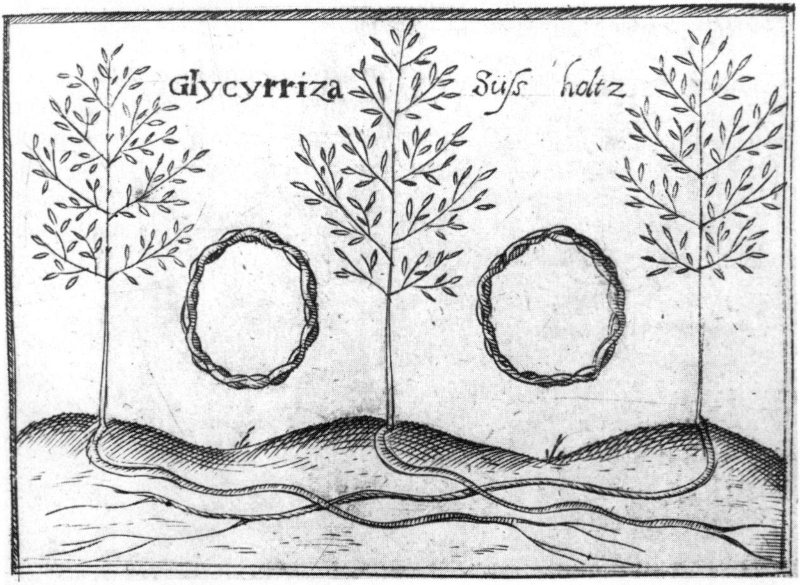

Fränkische Schweiz. Burg und Stadt Waischenfels (Anf. 19. Jh.)

Hainstraße. Villa Dessauer

Die Stadt wächst: Bamberg in der Gründerzeit

Die Gärtner haben ihre Wirtschaftsweise bis heute nicht wesentlich geändert. Deswegen ging aber die Industrialisierung nicht völlig an Bamberg vorbei, wie es nach der Beschreibung von soviel 'romantischer' Zurückgebliebenheit den Anschein haben könnte. Auch im politischen Tagesgeschehen spielte die Stadt gelegentlich noch eine Rolle. In den Ereignissen der Revolution von 1848 war Bamberg zwar kein Zentrum, doch gab es immerhin eine nicht geringe Zahl von Bürgern radikaldemokratischer Gesinnung. Mit Nikolaus Titus und Heinrich Heinkelmann kamen zwei engagierte Köpfe der Revolution aus der Stadt. Mehrere Bamberger saßen in der Nationalversammlung, Titus war Abgeordneter des Frankfurter Vorparlaments. Er war wohl auch für die '14 Bamberger Artikel' verantwortlich, die ein wichtiges Zeugnis für die Forderungen der 48er Revolution darstellen. Hauptziele waren u.a. die Gleichstellung aller Stände, Selbstregierung des Volkes, gerechtere Steuerverteilung, Abschaffung aller Vorrechte, Aufhebung der Pressezensur, Gewissens- und Lehrfreiheit, gleiche Bildungschancen etc.

Nach dem Scheitern des Frankfurter Parlaments ging die Polizei hart gegen die Demokraten vor; Verhaftungen und Verbot der verdächtigen Zeitungen waren die Folge. Titus flüchtete, Heinkelmann standen viele Jahre der Demütigung und Kerkerhaft bevor. Das nationale Gedankengut vegetierte in den vielen neugegründeten Vereinen (Turnverein, Liederkranz, Schützengesellschaft etc.) weiter; doch nunmehr ohne demokratischen Zug. Als 1871 das deutsche Kaiserreich proklamiert wurde, war das reichgewordene Bürgertum auch in Bamberg seine konservative und undemokratische Stütze.

Die gesteigerte wirtschaftliche Produktion während der industriellen Revolution machte es allenthalben notwendig, das Verkehrsnetz zu verbessern; das betraf vor allem den Bau von Kanäle und Eisenbahnen. In Bamberg beginnt der **Ludwig-Donau-Main-Kanal**, der 1838-1845 erbaut wurde und bis in die Mitte des 20. Jahrhunderts in Betrieb war. Dieses bedeutende technische Denkmal ist zum großen Teil dem Frankenschnellweg bzw. dem neuen Rhein-Main-Donau-Kanal zum Opfer gefallen. In Bamberg aber kann der Besucher auf dem Weg

Schleuse 100 des Ludwigs-Kanals

zum Hain neben der Walkmühle die letzte vollständig erhaltene Schleuse, die hundertste auf dem Weg von Kelheim zum Main, samt hölzernen Schleusentoren und funktionstüchtiger Hebebrücke besichtigen. Wie bei allen Kanalschleusen wohnte auch hier der Wärter in einem Häuschen mit flachem Giebeldach und rundbogigen Fenstern. Der Hafen lag früher mitten in der Stadt. Einige eiserne Kräne stehen noch am Regnitzufer, bei der Schiffsanlegestelle auf der Greden (heute Am Kranen) und Am Kanal gegenüber der Insel Geyerswörth.

Der wirtschaftliche Erfolg des Kanalbaues und seine Auswirkungen auf das Stadtbild blieben gering. Erheblich größere Bedeutung kam der Bahn zu. Die Diagonalbahn, die als Ludwigsbahn von Lindau nach Hof durch Bayern führte, erreichte Bamberg, wo ein Knotenpunkt geplant war, im Jahr 1844. Der **Bahnhof** erhielt dementsprechend ein repräsentatives Empfangsgebäude: Im Gegensatz zu den kleineren Stationen (z.B. in Staffelstein) war es hufeisenförmig angelegt, mit überhöhten Seitenflügeln, großen, segmentbogig geschlossenen Fenstern und einem Türmchen über dem Haupteingang. Später wurde die Mitte durch einen Risalit mit Dreiecksgiebel betont, und Anfang des 20.Jahrhunderts ein Eingangspavillon mit Pilastern ionischer Ordnung

Willy-Lessing-Straße

vorgesetzt. So entstand durch sensible Ergänzung eine vielfältige und doch harmonische Baugruppe, die beweist, daß Erweiterungen unter Umständen sogar bereichern, nicht stören.

Der neue Bahnhof erhielt im rechten Winkel zur Bahnlinie eine direkte Straßenverbindung zur Stadt, deren Ziel und Blickpunkt er umgekehrt ist. Allerdings sollte er nicht an der weiten Kurve der Gleise in Richtung Lichtenfels liegen; deshalb verschob man den Bahnhof so weit nach Süden, daß keine Verbindung zum alten Zugang der Stadt (über die Kettenbrücke, vgl.Kap. 8) gebaut werden konnte. Die Bahnhofsstraße, heute **Luitpoldstraße**, durchschneidet als neue Achse die Hof- und Theuerstadt. Ihre Bebauung wurde mehrgeschossig angelegt und bildet einen harten Kontrast zu den alten Straßen des Gärtnerviertels. Die Luitpoldstraße trifft auf eine zweite, seit 1857 geplante Regnitzbrücke (Luitpoldbrücke), die jenseits des Flusses durch die heutige **Willy-Lessing-Straße** mit dem Schönleinsplatz verknüpft ist. So wurde eine tangentiale Verbindung zur altstädtischen Langen Straße geschaffen.

Für die Architektur dieser Straßenzüge bestimmend war München. Zu Beginn des Jahrhunderts hatte König Ludwig I. dort eine breite, von gleichförmigen Bauten gesäumte Prachtstraße errichten lassen, die

Ludwigsstraße. Die Bamberger Willy-Lessing-Straße griff dieses Vorbild wieder auf, freilich fast 50 Jahre nach dessen Errichtung. In Bamberg kam die Architektur der Hauptstadt eben nur als 'Reflex' an. Von ganz anderem Charakter ist die (spätere) Luitpoldstraße mit ihrer geschlossenen, mehrgeschossigen Bebauung. Die Willy-Lessing-Straße hat ihr spätklassizistisches Gesicht im großen Ganzen bewahrt. Eine Ausnahme ist nur das Kreiswehrersatzamt, das durch seine Rückversetzung aus der Straßenflucht, durch Geschoßzahl und Gestalt das einheitliche Straßenbild zerstörte, eine der größten Bausünden des 20. Jahrhunderts in Bamberg. Gründlicher noch hat der Verkehr den Charakter dieses 'Boulevards' verändert. Früher wohnten hier reiche Bürger und Industrielle, es war Platz für Baumreihen. So strahlt heute allein das Villenviertel am Hain noch etwas vom Selbstbewußtsein und Vermögen seiner Gründer aus.

Willy-Lessing- und Hainstraße sind eng mit der Geschichte der **Bamberger Juden** verbunden, die die Provinzstadt mit ihrer in vieler Hinsicht geradezu mittelalterlichen Wirtschaftsstruktur Mitte des 19. Jahrhunderts in ein Zentrum des Hopfenhandels und der Mälzerei verwandelten.

Schon im 12. Jahrhundert lebte in Bamberg, im Bereich der heutigen Judenstraße, eine große jüdische Gemeinde, die im Verlauf des Mittelalters mehrere Wellen der Verfolgung erleiden mußte. Anfang des 15.Jahrhunderts wurde ihre älteste Synagoge geschlossen und an deren Stelle demonstrativ eine Marienkapelle gesetzt (am Balthasargäßchen), wohl unter Verwendung der alten Außenmauern. Das war ein übliches Verfahren, die 'Christen' in Nürnberg oder Würzburg gingen genauso vor. Nach den Vertreibungen ab 1478 überlebten die Juden hauptsächlich in Fürth, das mehreren Herrschaften gehörte, und in ritterschaftlichen Dörfern. Erst im 17. und 18. Jahrhundert zogen wieder vermehrt jüdische Familien zurück, die im Dienst der Fürstbischöfe standen und hauptsächlich im Bereich der Hellerstraße lebten.

Erst 1813 wurde die jüdische Bevölkerung den übrigen Bürgern gleichgestellt, wozu auch die Verordnung gehörte, daß sie von nun an Familiennamen zu tragen hatten. Nachdem 1861 das Matrikelgesetz abgeschafft worden war, das die Zahl der Juden festlegte, die in einer Stadt leben durften, begann ein gewaltiger Zustrom der Landjuden, die ihre zum Teil erbärmliche Lebenssitualtion in der Stadt zu verbessern hofften.

Im 17. Jahrhundert pachtete die kleine jüdische Gemeinde einen Garten in versteckter Lage hinter der Langen Straße an der Generalsgasse und errichtete dort eine kleine Synagoge. Diese wurde 1853 etwas vergrößert und umgestaltet. Sie verlor ihre Funktion, als 1910 am Wilhelmsplatz eine monumentale neue Synagoge des Architekten Johannes Kronfuß (s. auch Kaufhaus Hertie) errichtet wurde, die das inzwischen gewonnene Selbstverständnis der israelitischen Gemeinde demonstrierte. Die alte Synagoge an der Generalsgasse blieb (im Besitz einer kirchlichen Druckerei) erhalten und wurde erst 1987 mit Zustimmung der israelitischen Kultusgemeinde abgerissen, um einem Neubauquartier Platz zu machen. Die Pietät reichte gerade soweit, das alte Portal zur Erinnerung zu bewahren.

Im Bereich von Haber- und Generalsgasse wohnten einige orthodoxe Judenfamilien unterer Schichten, die vor den Judenverfolgungen in Osteuropa geflohen waren und sich vor allem durch Kleingewerbe und Hausieren ernährten. Sie besaßen einen eigenen Betraum, eine koschere Garküche und eine kleine Buchhandlung. Mit ihnen wollten die bessergestellten Juden, die die Assimilierung an ihre christlichen Mitbürger anstrebten, nicht viel zu tun haben.

Die jüdische Mittel- und Oberschicht ließ sich seit der Mitte des 19. Jahrhunderts vor allem im Bereich der Willy-Lessing-Straße und im Haingebiet nieder. Hier entstand nach und nach in den bürgerlichen Gärten um den früher bischöflichen Kaipershof vor den Toren der Stadt ein nobles Wohnviertel. Ursprünglich hatte der Stadtrichter Dangel im Treibhaus seines kleinen 'englischen' Gartens exotische Pflanzen gezüchtet; nun reichten 1862 die Kaufleute Emanuel Dessauer und Nathan Rosenwald beim Magistrat der Stadt das Gesuch ein, auf diesem Grund zwei Wohnhäuser errichten zu dürfen. Obwohl anfangs noch durch Hochwasser der Regnitz gefährdet, wurde bis 1878 eine ganze Reihe von Villen erbaut. Charakteristisch war, daß sie neben komfortablem Wohnen und Repräsentation auch gewerbliche Funktionen erfüllten. In vielen Nebengebäuden wurde Hopfen gedarrt (getrocknet) und gelagert. Die Hopfendarren bestanden nur aus großen Räumen, die durch eine Reihe von Stützen untergliedert waren. Erhalten, wenngleich zweckentfremdet, sind die ehemaligen Hopfenlager Hainstraße 7, 18 und 20. Hopfen wurde in Bamberg mit fürstbischöflicher Unterstützung schon seit dem späten 18. Jahrhundert gepflanzt, um den wenig ertragreichen Weinbau abzulösen. Wichtiger als der einheimische Anbau wurde jedoch vor allem Ware aus Böhmen, die über Bamberg in ganz Europa verschickt wurde. Bis zur Mitte des 19. Jahrhunderts war der Handel mit diesem Grundstoff des Bieres fast ganz in die Hände jüdischer Großhändler übergegangen. Von 76 Bamberger Hopfenhandlungen hatten sich 22 im Haingebiet angesiedelt.

Dementsprechend einheitlich sind auch die Villen, die dieser ältesten Bauperiode des Haingebietes angehören. Einfache kubische Bauten mit Mittelrisalit, die im Sinne der klassischen Architekturtheorie gegliedert sind. So zeigt das 1872 erbaute Haus Hainstraße 16 ein rustiziertes Erdgeschoß und die ionische Ordnung in der 'bel étage'. Weitere Beispiele sind Hainstraße 5 (1868) und 19 (1877).

Gegen Ende des 19.Jahrhunderts wurde, nach einer gewissen Unterbrechung seit 1876, wieder vermehrt gebaut. Nun entstand zum Beispiel Hainstraße 4a, die **Villa Dessauer**, die heute als städtische Galerie für moderne Kunst zugänglich ist. Im Gegensatz zu den relativ zurückhaltenden Fassaden der früheren Villen baute man nun historistisch; d.h. man bediente sich wechselweise verschiedener 'Stile', die man aus den Bauweise früherer Epochen ableitete. So ist Hainstraße 4a reich mit 'Renaissance'-Elementen geschmückt. Die Fassade ist bewußt asymmetrisch gestaltet, ein Erker betont die Hausecke. Ähnlich ist auch Hainstraße 35 (1903) gegliedert, bei dem allerdings Formen des 'Rokoko' verwendet und eine bewegte Fassaden- und Dachlandschaft entworfen wurde. Dieses Haus ist, wie viele andere der Zeit, nicht mehr die Villa einer Familie, sondern für mehrere Mietparteien konzipiert. Allein der Bauunternehmer und Architekt Jakob Maier hat 16 solcher villenartiger Mehrfamilienhäuser errichtet. Er kaufte Grundstücke, bebaute sie und verkaufte die Häuser schließlich schlüsselfertig (Hainstraße 29).

Nach dem Ersten Weltkrieg wurde das Hainviertel nach gewandelten Prinzipien erweitert: nun verliefen die Straßen nicht mehr gerade, um einen 'malerischen' Eindruck entstehen zu lassen; beim Schmuck der Häuser verzichtete man auf üppigen Zierat. Gut erhalten ist die Villa **Sodenstraße 4**, 1924 erbaut, bei der klare Gesamtform, glatte Wandflächen und Sprossenfenster ein ausgewogenes Ganzes bilden. Auch Garage, Zaun und Pergola sind noch ursprünglich.

Neben diesen großbürgerlichen Vierteln gab es auch Gebiete, in denen die Arbeiter wohnten, die in den Baumwollspinnereien, Webereien, Mälzereien, Brauereien und Tabakfabriken beschäftigt waren. Sie lagen weiter außerhalb, entlang und hinter der Bahnlinie. Ebenso die militärischen Bauten, von denen die 1862-63 errichtete Koppenhofkaserne an der Nürnberger Straße die älteste ist (erweitert 1885-86) um die Holzhofkasernen. Wie die anderen Bamberger Kasernen und Industriebauten des 19. Jahrhunderts ist sie aus Backstein errichtet. Unter letzteren sei die vielgestaltige Mälzerei Weyermann an der Bahnlinie nach Lichtenfels genannt, deren ältester Teil mit Ecktürmen und Spitzbogen auf eine preußische Ordensburg anzuspielen scheint.

Aber auch damals stellten nicht die Arbeiter den größten Teil der Bevölkerung. Bamberg wurde nie eine echte Industriestadt. Wichtig war vor allem der bürgerliche Mittelstand, der in den vielen Verwaltungseinrichtungen arbeitete. Das Anwachsen der Bevölkerung erforderte den raschen Bau neuer Wohnviertel, besonders für die Mittelklasse: 1850 wohnten in Bamberg 18000 Menschen, 1900 waren es bereits 43000.

Wie bei Luitpold-, Willy-Lessing- und Hainstraße wurden an die kleinteiligen, verwinkelten Strukturen der Altstadt großzügige, schnurgerade Straßen angeschlossen. So etwa die **Friedrichstraße** am Schönleinsplatz, die die Lange Straße in Richtung Nürnberg fortsetzte. Sie bildet die Hauptachse eines neuen Wohngebietes mit mehrstöckigen Mietshäusern und mündet in den runden **Wilhelmsplatz**. Er ist von schönen Gebäuden der Zeit um 1900 umgeben, aber durch den modernen Verkehr stark beeinträchtigt. Die Gesamtplanung stammt von Stadtbaurat Erlwein, der das Bamberger Bauwesen um 1900 entscheidend prägte (vgl. die folgenden Abschnitte). Auf der Nordseite nimmt der 1900-1903 von Max Höfl erbaute Justizpalast die Rundung des Platzes auf und akzentuiert sie durch Ecktürme, deren einer auf die gerade Hauptfront an der trapezförmigen Erweiterung des Platzes überleitet. Freier ist die seit 1905 erbaute Oberpostdirektion gestaltet, die keine Rücksicht auf das Platzrund nimmt. Die Türme des Postgebäudes und der in der Ferne erscheinenden Wunderburgkirche bilden in der einen Richtung den optischen Endpunkt der Friedrichstraße, das Kloster Michelsberg in der anderen. Eine ähnliche Funktion hat der hohe Turm des Justizpalastes für die Franz-Ludwig-Straße. Die 1910 von Johannes Kronfuß an der Ostseite des Wilhelmsplatzes errichtete Synagoge muß besonders im Blick von der Marienbrücke ein Höhepunkt des Ensembles gewesen sein. Sie wurde am 9. November 1938 in der 'Reichskristallnacht' zerstört.

Spitzwinklig treffen die Nebenstraßen auf die Achse der Friedrichstraße. So entstehen Ecksituationen, die durch Erker oder Portalanlagen besonders hervorgehoben werden. Unter mehreren Beispielen sei be-

Sodenstraße 4

Hans Jakob Erlwein

sonders das 1891 errichtete Gebäude an der Ecke Friedrichs- /Schützenstraße erwähnt. Es besteht aus zwei Hälften, von denen jede ein eigenes Treppenhaus besitzt, was auch in der Fassade zum Ausdruck kommt. Im rechten sind ursprüngliche Ausmalung, Verglasung und Stuckdecken gut erhalten und an Werktagen im allgemeinen zugänglich. Beim linken Treppenhaus (heute Stadtbücherei) gingen bedauerlicherweise alle Feinheiten unter einer Übermalung verloren.

Das benachbarte, 1986 fertiggestellte Parkhaus an der Schützenstraße beweist, daß Bauherr und Architekt die Struktur und Anlage dieser Wohngegend des späten 19. Jahrhunderts nicht begriffen oder schätzten. Die vor- und zurückspringende Bauteile entstammen der heutzutage häufig verwendeten Anpassungs-Architektur, die große Neubauten in mittelalterliche Altstädte integrieren soll. In einem Stadtviertel, dessen hervorstechendster Charakterzug darin besteht, daß die Häuser in einer Flucht errichtet wurden, sind sie völlig fehl am Platz.

Um 1900 entstanden innerhalb weniger Jahre mehr öffentliche Großbauten als je zuvor. Ämtergebäude, Schulen und Krankenhäuser hatte man zwar bereits im 18. Jahrhundert bevorzugt gebaut, doch war nun durch ein starkes Bevölkerungswachstum der Bedarf gestiegen. Die wirtschaftlichen und gesellschaftlichen Neuerungen des industriellen Zeitalters schufen neue Bauaufgaben: Industrieanlagen, Schlachthöfe, Gas- und Elektrizitätswerke, die auf dem neuesten technischen und organisatorischen Stand zu errichten waren. Die Gefahr war groß, daß gerade solche Bauvorhaben ohne Tradition und in Größen vorher ungekannter Art den Rahmen der alten Stadt sprengen würden. Dies ist letztlich bis heute ein zentrales Problem des Städtebaus. Wir wollen deswegen etwas genauer darstellen, wie Stadtbaurat **Hans Jakob Erlwein** (1872-1914), die treibende Kraft aller Unternehmungen der Jahrhundertwende, derartige Aufgaben löste.

Erlwein war von 1898 bis 1904 mit umfassenden Kompetenzen für den gesamten Hoch- und Tiefbau sowie für alle Versorgungseinrichtungen zuständig. Durch seinen kompromißlosen Durchsetzungswillen, sein bis zur Arroganz gesteigertes Selbstbewußtsein, aber auch seine außergewöhnliche Arbeitsleistung, sein gewandtes Auftreten und diplomatisches Geschick wurde er zu einem der einflußreichsten Männer der Stadt und bestimmte deren Gestaltung, auch gegen zum Teil heftigen Widerstand. “Es gibt kein Stadtbauamt mehr, sondern nur noch einen Stadtbaurat”, erklärte einer seinen Gegner resignierend.

Jeder einzelne Bauplan ging über Erlweins Schreibtisch, wurde von ihm persönlich begutachtet, kritisiert, verändert. Zahlreiche Bebauungspläne stellte Erlwein selbst auf und überwachte ihre Ausführung. Nach seinen eigenen Plänen entstanden innerhalb von sechs Jahren siebzehn Bauwerke, von denen hier nur die wichtigsten herausgegriffen werden sollen.

An erster Stelle ist das 1901-02 erbaute städtische **Elektrizitätswerk** in der Tränkgasse am rechten Regnitzarm zu nennen, das erst jüngst vor dem Abbruch gerettet werden konnte. Weil der Bau technisch genutzt wurde und noch keine hun-

Elektrizitätswerk. Nach Renovierung 1988

dert Jahre alt war, glaubte man offenbar, solchen Bauten den Rang eines schützenswerten Baudenkmals absprechen zu können. Es bedurfte massiven Protestes und einer Hausbesetzung, um das E-Werk in neuer Nutzung zu erhalten. Heute, da es - übrigens unter Beibehaltung eines Teils der interessanten technischen Ausstattung - Sitz der Volkshochschule geworden ist, mag keiner mehr recht verstehen, warum je an Abbruch gedacht worden war. Allerdings muß kritisch angemerkt werden, daß die neue Farbgebung in keiner Weise der ursprünglichen Fassung Erlweins mit hellen Lisenen entspricht, wie sie durch Pläne und alte Fotos bekannt ist. Die architektonische Gliederung des Nordgiebels wurde im Lauf der Renovierung abgeschlagen und - vergessen.

Der Bau ist entsprechend seinen Funktionen in mehrere Trakte gegliedert: Zum Fluß hin erstrecken sich Maschinen- und Kesselhaus in zwei parallel nebeneinander gestellten und verbundenen Hallen, eingeschossig, mit flachgeneigten Kupferdächern. Die Wände sind durch flache Lisenen und große Rundbogenfenster gegliedert. Auf der Flußseite ist das Kranhaus mit Dreiecksgiebel und Dachreiter angebaut, an der Tränkgasse der zweigeschossige Verwaltungsbau, der entsprechend seiner Funktion etwas aufwendiger gegliedert ist und ein Mansarddach besitzt. Er orientiert sich an bescheideneren Bauformen des 18.Jahrhunderts, wie dem Universitätsbau Fischers oder dem Jagdzeugstadel.

Das Elektrizitätswerk ist eine musterhafte Lösung für die Einfügung eines technischen Bauwerks in die geschichtlich gewachsene Struktur einer Altstadt. Einerseits ist der Verwaltungsbau an der Tränkgasse dem Straßenverlauf folgend abgeknickt und sozusagen 'konservativ' der alten Struktur angepaßt. Andererseits setzt Erlwein auf der Flußseite einen deutlichen Akzent. Dies wird besonders deutlich beim Blick vom anderen Flußufer. Hier bildet das E-Werk gleichsam den Abschluß der sonst über den Fluß hinweg ins Nichts gleitenden Heinrichstraße.

Zwischen 1899 und 1901 wurde nach Erlweins Plänen der **Chirurgische Pavillon** an der Schweinfurter Straße als Erweiterung des 1787-89 erbauten Erthalschen Krankenhauses errichtet. Die funktionale Gliederung in drei Abschnitte spiegelt sich im Äußern wieder: Der dreigeschossige Kopfbau im Norden, der seinen Giebel der Front des Alten Krankenhauses zuwendet, enthielt die Verwaltung und Räume für den Publikumsverkehr; Operationssäle, Ambulanz und Warteraum waren in eingeschossigen Anbauten untergebracht. Nach Süden schließt sich das schmalere Bettenhaus an. Abgeschlossen wird die Gebäudegruppe durch einen kurzen quergelagerten Teil mit Aufenthaltsräumen, Teekü-

Chirurgischer Pavillion (um 1900)

chen und Gemeinschaftszimmern für die Genesenden. Von hier aus konnte man in den Garten gehen.

Die architektonische Gliederung der Wand wird von Erlwein dazu benutzt, die unterschiedliche Proportionierung auszugleichen. Der dreigeschossige Haupttrakt ist durch Gesimse waagrecht unterteilt und erscheint dadurch optisch niedriger und länger; den zweigeschossigen Bettenflügel gliedern senkrechte Lisenen; er wirkt daher höher und kürzer. Der breite Quertrakt bildet ein Gegengewicht zum langgestreckten Bettenflügel.

Durch unterschiedliche Fensteröffnungen vermeidet Erlwein trotz der einfachen Gliederung Eintönigkeit. Zudem sind die Fassaden durch Reliefs und Malereien geschmückt, deren Thematik auf die Nutzung bezogen ist. Am nördlichen Volutengiebel winden sich Schlangen um den Äskulapstab, eine Allegorie der Medizin; die beiden Fruchtbäume verweisen auf den 'Baum der Erkenntnis' sowie den 'Baum des Lebens'. Darüber symbolisieren zwei aus einer Schale trinkende Schlangen über einem Bauch sowie eine Eule die Wissenschaft. Die Reliefs an der Treppenhauswand zum Fluß hin zeigen eine Allegorie der Barmherzigkeit und Alter und Jugend am Lebensbrunnen.

An der Südfront zur Straße befindet sich eine gemalte Madonna.

Erlwein stellte seinen Krankenhausneubau selbstbewußt dem Finkschen Altbau gegenüber. Der Abstand zwischen beiden Gebäuden ist so groß, daß keines das andere erdrückt, aber auch eng genug, um ein Spannungsverhältnis zwischen dem hohen Giebelbau Erlweins und dem eher behäbigen Riegel des alten Baus entstehen zu lassen. Der Erlweinbau nimmt die ansteigende Dachlinie der Häuser an der Unteren Sandstraße auf, die im nördlichen Giebel gipfelt; dann bricht sie ab, und nach der Zäsur des Hofraums antworten Mansarddach und Türmchen des Finkbaus. Diese bemerkenswerte Lösung hat auch zur Folge, daß die großräumigen Blickbeziehungen vom rechten Flußufer auf Dom, Residenz und Michelsberg in keiner Weise gestört werden. Die Absetzung des neuen Gebäudes vom Altbau wird durch die Wahl der historischen Vorbilder der Architektur verstärkt. Im Kontrast zum Finkschen Frühklassizismus orientiert sich Erlwein an der Architektur des 15. und frühen 16. Jahrhunderts mit ihren hohen Schmuckgiebeln, wie sie in Bamberg die städtischen Bauten der Maut und des Hochzeitshauses, aber auch die Alte Hofhaltung vertraten. Hier bezog sich Erlwein auf eine als 'bürgerlich' geltende Architekturtradition, in der sich der Stolz der Stadt'väter' auf ihren Krankenhausneubau am besten wiedergespiegelt fand.

Das jüngste Schicksal des Chirurgischen Pavillons ist dem des E-Werks sehr ähnlich. Wegen der Verlegung des Krankenhauses in das neue Klinikum am Bruderwald war der Bau lange gefährdet; die Anlage neuer Parkplätze schien wichtiger als die Erhaltung des erst 80 Jahre alten Gebäudes. Bürgerproteste haben glücklicherweise bewirkt, daß hier in Zukunft das Stadtarchiv einziehen wird.

Etwa gleichzeitig zum Krankenhaus-Gebäude entstand die **Prinzregent-Luitpold-Schule** an der Memmelsdorfer Straße, eine asymmetrische Dreiflügelanlage um einen nahezu quadratischen Innenhof. Die einzelnen Trakte sind in ihrer Höhe abgestuft. Ausgehend vom zweigeschossigen Hauptflügel an der Memmelsdorfer Straße, der im Giebelbereich ein weiteres Stockwerk besitzt, nimmt die Höhe über den zweigeschossigen Seitenflügel und die eingeschossige Turnhalle bis zum niedrigen Verbindungstrakt ab. Ästhetisch aufgewogen wird dieses Absinken durch die diagonal ansteigenden Treppenhausfenster im Innenhof.

Am reichsten gestaltet ist die Strassenfront, ein dreiteiliger Baukörper aus zwei überhöhten Eckpavillons, verbunden durch einen breiten Mitteltrakt. Diese Gliederung drückt die damals übliche Trennung in eine Mädchen- und eine Knabenschule aus, und in jeden der beiden Pavil-

Luitpoldschule. Anf. 20. Jh.

lons führt denn auch ein gesonderter Eingang. Das Motiv im Großen übernahm Erlwein von einem Münchner Schulbau Theodor Fischers, doch legte er besonderen Wert auf die sorgfältige Gestaltung der Details: Am Südwestpavillon sieht man lernende Kinder, ein Relief mit dem Gründer des Schulordens der Piaristen, José de Calaszana, zwei Drachen und eine Büste des Prinzregenten Luitpold; am Nordostpavillon eine Sonnenuhr mit Mond, Komet und Sternen, zwei blasende Tritonen und ein Hochrelief der Bamberger Wappenfigur, des Stadtritters. Mahnende Worte an die Schüler fehlten nicht.

Die Freude am abwechslungsreichen Detail kombiniert mit der gekonnten Gruppierung größerer Baukörper läßt die abwechslungsreiche Umrißlinie entstehen, die der Luitpold-Schule auch eine beachtliche Fernwirkung sichert und sie zugleich angenehm von den blockhaft kasernenartigen Vorgängern hier wie in andern Städten unterscheidet; man betrachte nur das klobige Claviusgymnasium in der Kapuzinerstraße.

Nachdem Erlwein Berufungen nach Frankfurt, Hamburg und Köln sowie von mehreren Industriegesellschaften abgelehnt hatte, folgte er 1905 einem Ruf nach Dresden. Mit ihm verlor Bamberg seinen letzten überregional bedeutenden Architekten. Wie andere Baumeister der Zeit auf der Suche nach neuen Formen, lehnte er sowohl den sogenannten 'Jugendstil' ab als auch die "Stilkünstler, die mit dem Gehirn längst Verstorbener zu denken sich für befähigt halten". Auch wenn er schmückende Details und historische Stilformen anwandte, galt sein primäres Interesse der Wirkung der Baumassen, der Form der Dachbildung und der Silhouettenwirkung. Immer ging er von der bestmöglichen Nutzung aus, plante von innen nach außen - im eigentlichen Sinne funktionalistisch. Dennoch erlaubte er sich, wie auch andere Architekten der Zeit, spielerische und humorvolle Züge in den Bauten unterzubringen; man betrachte nur das sitzende Schwein als Dekor des Eckhauses von Georg Benedikt an der Promenade, das heute noch als Bratwurstküche genutzt wird. Erlwein ist aber vor allem derjenige, der seine eigenständige Architektur am einfühlsamsten in das gewachsene Bamberger Stadtbild einzupassen verstand. Das hat ihm seitdem niemand mehr derart gekonnt nachgemacht, und es ist ein Glücksfall, daß E-Werk und Krankenhaus erhalten geblieben sind als Anregung und Ermutigung für kommende Architekten, den schwierigen Versuch neuen Bauens in alter Umgebung zu wagen.

Promenade 21. Detail

Elektritzitätswerk um 1926

St. Otto. Ansicht von Nordosten, kurz nach Fertigstellung

Bamberg im 20. Jahrhundert

Bevor die Bamberger Architekturgeschichte nach den Weltkriegen sang- und klanglos in der Mittelmässigkeit versank, aus der sie sich bis heute nicht wieder erhoben hat, setzten die beiden großen Konfessionen einige markante 'architektonische Zeichen', an erster Stelle die katholische Kirche, die Geschichte und Struktur der Stadt so nachhaltig geprägt hat. Sie erkannte die Gefahren der Industrialisierung auch in ihren angestammten Regionen und Städten. Durch die zunehmende Politisierung und Entfremdung vor allem der unteren Schichten drohte ihr Einfluß zu schwinden.

Nicht von ungefähr wurden (wie schon Jahrhunderte früher) in der ersten Hälfte des 20. Jahrhunderts die großen Heiligen der Bamberger Geschichte, Heinrich, Kunigunde und Otto, wieder in den Mittelpunkt gerückt: Ihnen errichtete man nun eigene Kirchen, die dem Anspruch nach die ältere Sakralbaukunst fortsetzten. Bischof und Kaiser sind die Patrone des neuen Priesterseminars am Regnitzufer, die Dämme am endlich hochwassersicheren rechten Regnitzarm tragen die Namen Heinrichs und Kunigundes.

Der erste dieser neueren Bauten war die Pfarrkirche **St.Otto** (1911-1914), die den monumentalen Eck- und Blickpunkt des Gärtnerviertels bildet. Ein 'historistischer' Kirchenbau im eigentlichen Sinne ist die Ottokirche nicht; sie nimmt nicht in bewußter Detailtreue einen früheren Stil auf, wie dies Chrysostomos Mayer, der Architekt der einzigen Bamberger Kirche des 19.Jahrhunderts, der Mariahilfkirche in der Wunderburg, tat. Der Baumeister der Ottokirche, Otho Orlando Kurz (1861-1933), entnahm den vergangenen Stilen zwar Ideen und Elemente, aber er schuf daraus etwas Eigenes.

Zwar hatte die katholische Kirche 1861 beschieden, es sei der Würde eines Kirchenbaus am angemessensten, wenn die Architekten sich an die Vorgaben vergangener Stile hielten. Doch bemühten sie sich gerade in der Zeit vor dem ersten Weltkrieg um eine eigenständige und zeitgemäße kirchliche Bauweise. Nun mag dem heutigen Betrachter die Ottokirche konservativ vorkommen; aber es wäre verfehlt, heutige Vorstellungen von 'moderner' Architektur zum Maßstab eines solchen Kirchenbaus zu machen: 1913 war dies moderne Sakralarchitektur.

Es bestand auch wenig Anlaß, beim Kirchenbau die Elemente Turm, Langhaus oder Chor aufzugeben; einerseits dienten sie festgelegten und fortdauernden Funktionen, andererseits sollte die Architektur an die lange Tradition der Kirche anknüpfen. So erinnert bei St.Otto der wuchtige Westriegel an Bauten der westfälischen und niedersächsischen Romanik, z.B. die Stiftskirche von Gandersheim, und der nördliche Turmstumpf spielt auf die unfertigen Fassaden mancher mittelalterlichen Kirche an. Aber im einzelnen werden diese Vorbilder in 'modernem' Sinne abgewandelt. Der Architekt schafft große Flächen, sieht den Kirchenbau nicht als System einzelner Glieder, sondern mehr als Ganzes, fast könnte man sagen, aus der Perspektive eines Architekturmodells, bei dem mehrere Kuben aneinandergeschoben wurden: Chor, Langhaus, Westriegel. So ergibt sich eine sehr monumentale Architektur, zu der der Titel einer 'Gärtnerkirche' nicht recht passen will. Und daß es tatsächlich nicht allein die Gärtner waren, deren Scherflein diesen Bau ermöglichte, beweist schon die klobige Kanzel, die ein Bamberger Mälzereifabrikant gestiftet hat. Innen spielt der Architekt der Ottokirche auf mittelalterliche Holzdecken Oberitaliens an und wandelt die herkömmlichen Kapitellformen ab; der Gesamteindruck ist von dem kostbar

St. Heinrich. Detail der Fassade

wirkenden Stein und dem Holz der Decke geprägt.

Viel rigider und nüchterner fiel die Architektur der **Heinrichskirche** aus, die 1926-1929 durch den Architekten Michael Kurz (1871-1957) auf dem damals noch weitgehend unbebauten Feld östlich der Stadt errichtet wurde, um den Mittelpunkt eines neuen Wohnviertels zu bilden. Hier wurde jeder plastische Bauschmuck vermieden, allein die großen Wandflächen wirken. Kostbare Materialien und architektonische Motive früherer Stile fehlen. Stahlbetonträger stützen eine Holzdecke und bilden mit ihr einen großen Spitzbogen. Im Ganzen wird also doch der Eindruck eines 'gotischen' Bauwerks erweckt, es ist 'Filmgotik', die Einzelformen pauschal übergehend wie die Kulisse eines zeitgenössischen Films.

Chor und Türme sind wieder als eigenständige Kuben isoliert; die Fassade wirkt durch den vorspringenden Mittelsporn und die über Eck gestellten Türme besonders bei schräger Beleuchtung interessant. Das wichtigste architektonische Mittel ist bei der Heinrichskirche (und vielen anderen Kirchen dieser Zeit) die unverfälschte Wirkung der Materialien. Außen sind es grobe Bruchsteinmauern, die nur hier und da durch Ziegel aufgelockert sind, innen Beton - erstmals sichtbar im deutschen Kirchenbau - und Holz. Die Fenster wurden schmale Schlitze, um genügend Mauer zeigen zu können.

Die Funktionen der Kirche bleiben strikt getrennt. Das Langhaus ist für die getaufte Gemeinde reserviert. Daher befindet sich zwischen den beiden Eingängen im Westen die Taufkapelle. Die monumentale Reihung der Betonpfeiler stößt auf den abgetreppten Chorbogen, hinter dem sich der eigenständige Chorraum öffnet, ohne daß seine Decke sichtbar würde. So werden Gemeinderaum und 'Allerheiligstes' deutlich getrennt.

Im Gegensatz dazu ist bei evangelischen Kirchenbauten das Bestreben festzustellen, den Kirchenraum zu vereinheitlichen. Das lag vor allem an der unterschiedlichen Liturgie, die Gemeinde und Pfarrer näher zusammenrücken ließ, besonders aber Gewicht auf die Kanzel als Ort der Predigt legte. Deswegen lag es nahe, daß German Bestelmayer (1874-1942) die **Erlöserkirche** am Kunigundendamm 1930-1933 als Zentralbau errichtete. Sie war Bambergs erster evangelischer Kirchenbau, seit die säkularisierte Stiftskirche St.Stephan den Protestanten überlassen worden war. Obwohl vom Volumen her nicht mit den katholischen Neubauten zu vergleichen, entstand ein Zehneck von großer Raumweite, daneben ein beinahe freistehender Glockenturm, der nur durch einen niedrigen Trakt mit der Kirche verbunden ist. Auch hier klin-

Erlöserkirche. Taufkapelle

gen die hauptsächlich frühchristlichen Vorbilder mehr an, als daß sie zitiert würden. Das Material des Mauerwerks, außen gewollt roh gehaltener Haustein, innen Ziegel, strebt strenge und einfache Monumentalität an. Zwar entfaltet die Decke aus hellem Kiefernholz eine schöne Wirkung, doch zeigen die Einzelformen in ihrer 'Trutzigkeit' zum Teil eine beängstigende Verwandtschaft mit dem Formengut des Dritten Reiches. Die Ausstattung ist evangelischer Tradition gemäß sehr einfach. Es wurden nur wenige neue Skulpturen geschaffen, z.B. die 'eherne Schlange' über dem Seitenportal. Der schöne Kruzifix der Zeit um 1520 wurde im Ansbacher Gebiet gekauft.

Viele werden heute, nach allerlei Erfahrungen mit den Praktiken moderner Architektur, solche Formen wieder schätzen. Doch nur kurz war der Weg von diesem Stil zur monumentalen Architektur der nationalsozialistischen Diktatur. Auch wenn solches in der Erlöserkirche erst angelegt ist: German Bestelmayer war nicht der unbedeutendste unter den Architekten des Dritten Reichs.

Ähnliche Assoziationen an die Architektur des '1000jährigen Reiches' könnte das ein paar Jahre früher (1927-28) von Ludwig Ruff erbaute erzbischöfliche Knaben- und **Priesterseminar** wecken. Es steht nur einige hundert Meter regnitzaufwärts am andern Flußufer. Ähnlich wie St.Heinrich erhält die Kapelle als sakraler Raum gotisierende Spitzbögen. Der restliche, aus großen Kuben zusammengesetzte, in einem flach gedeckten Turm gipfelnde Komplex ist in seiner glatten und strengen, symmetrischen Architektur von martialischer Wirkung. Sie gipfelt in den beiden monumentalen Pylonen* vor dem Eingang, die die Statuen der heiligen Otto und Heinrich tragen.

Es gab zu dieser Zeit eine auch innere Verwandtschaft der vorherrschenden kirchlichen Architektur mit der konservativen bzw. reaktionären Bauauffassung, aus der auch der Stil des Dritten Reiches abgeleitet wurde. Zwar bestehen Unterschiede im einzelnen, zumal bei den spezifisch nationalsozialistischen Bauten (z.B. in Nürnberg) ein klassizistischer Stil bevorzugt wurde, von der ungeheuren Größe der NS-Bauten zu schweigen. Doch existieren Verbindungen einfachster Art: Die Architekten dieser beiden Bamberger Bauten stellen sich und ihr architektonisches Schaffen wie viele andere in den Dienst des Nationalsozialismus - an besonders prominenter Stelle Ludwig Ruff, der am Bau der Kongreßhalle auf dem Nürnberger Reichsparteitagsgelände beteiligt war. Für viele Architekten und Kritiker nach dem Zweiten Weltkrieg hatten sie damit nicht nur sich selbst und ihre Arbeit unter den Nationalsozialisten diskreditiert, sondern auch ihre Bauten vor 1933, ja mehr noch: fast die ganze Architektur, die die 20er Jahre geprägt hatte, mit Ausnahme der vom Dessauer Bauhaus und anderen verfochtenen 'funktionalistischen' Architektur.

Es ist eine Zukunftsaufgabe, die Qualitäten dieser Architektur, deren Entwerfer nicht nur Nationalsozialisten waren, wieder differenzierter zu betrachten. Die historische Wirklichkeit ist nicht fein säuberlich in Gut und Böse zu teilen: Hie Parteimitglied, hie Nazigegner. Daß es aber zwischen einer katholischen Kirche, die bereit war, derart martialisch zu bauen, und dem Nationalsozialismus, der solches wenige Jahre später in gesteigerter Form übernehmen sollte, nur allzuoft Duldung, Verbindung oder Unterstützung gab, ist so unbestreitbar wie traurig.

Der Nationalsozialismus selbst hat kaum bauliche Spuren in Bamberg hinterlassen. Das Paketpostamt an der Memmelsdorfer Straße, dessen Architektur den in Nürnberg, München oder Berlin geplanten und errichteten Großbauten noch am nächsten kommt, ist wiederum ein Bau aus der Zeit vor der sogenannten 'Machtergreifung', erbaut 1932. Es ist aber nicht so, daß die Nationalsozialisten nicht auch mit Bamberg ihre Pläne gehabt hätten. Hier stand ja der Reiter, der zur Symbolfigur deutschen Herrenmenschentums stilisiert wurde. Um diese vor allem in der Literatur , die 'kunsthistorische' eingeschlossen, zur 'Kultfigur' erhobene Skulptur angemessen feiern zu können, mußte Platz für Aufmärsche und ähnliche Inszenierungen der nationalsozialistischen Macht geschaffen werden. Diesen Plänen fiel ab 1936 das alte Klarissenkloster am Schillerplatz zum Opfer. Zu den dort geplanten Parteibauten kam es jedoch nicht mehr. - Brand und Abbruch der Synagoge 1938 dürfen nicht unerwähnt bleiben; doch wäre es zynisch, sie hier unter der Rubrik "verlorenes Kulturgut unter nationalsozialistischer Herrschaft" abzuhandeln.

Nach dem Zweiten Weltkrieg sank das Niveau der Bamberger Architektur bis zur Trostlosigkeit. Nach einer kurzen 'neobarocken' Phase des Wiederaufbaus in den späten 40er und frühen 50er Jahren (als Beispiel seien das Reisebüro Schiele, Lange Straße 2, die Häuser Grüner Markt 10-12 oder Hauptwachstraße 22-28 genannt), wandte man sich auch in Bamberg der 'modernen' Bauweise zu, die freilich in der Altstadt stets dem Bestehenden 'angepaßt' wurde. 'Moderne' Architektur im Sinne einer industrialisierten Umsetzung von Ideen der nach den USA ausgewanderten deutschen Bauhaus-Architekten Gropius und Mies van der Rohe, die nach 1945 aus dem ursprünglichen Zusammenhang gerissen nun nicht mehr verstanden wurde, entstand hier allenfalls mit dem langweiligen **Flurbereinigungsamt** an der Stelle des abgerissenen Klarissenklosters auf dem Zinkenwörth oder in einigen Wohnsiedlungen am Stadtrand.- In den 70er Jahren errichtete man kaum erwähnenswerte Möchtegernarchitektur wie die Hauptpost am Bahnhof oder das Hochhaus der Energieversorgung Oberfranken schräg gegenüber.

Die Bauten der Universität in der Altstadt haben keine nennenswerten architektonischen Leistungen gebracht, sieht man einmal von der im Innern recht geglückten **Bibliothek** der Fakultät Geschichts- und Geowissenschaften Am Kranen ab. Das Hauptziel dieser vom Landbauamt verwirklichten Projekte war es vor allem, sich in die gewachsenen Altstadtstrukturen einzupassen, was im großen Ganzen auch gelungen ist. Beim neuen **Landratsamt** in der Ludwigstrasse beim Bahnhof (ab 1987) ist solches Bemühen nicht einmal ansatzweise zu erkennen. Mit seinem hohen, an der Vorderfront ganz in Glas aufgelösten Hauptbau nimmt es weder Bezug auf das danebenstehende Postamt, noch Rücksicht auf das alte Gärtnerviertel, an dessen Rand es errichtet wurde. Am interessantesten ist noch das neue **Klinikum** am Bruderwald (fertiggestellt 1984), auch wenn es wegen seiner landschaftsbeherrschenden Lage viel kritisiert worden ist.

Einen ersten Versuch, konsequent nach den Erfordernissen des Umweltschutzes zu bauen, stellt die **Öko-Siedlung am Cherbonhof** im Stadtteil Gaustadt dar. Die Häuser, idyllisch um eine Art Dorfanger gelegen und von der Straße durch einen Garagenhof abgeschottet, besitzen hinsichtlich Wärmedämmung, Nutzung der Sonnenenergie, Verwendung von Regenwasser etc. Modellcharakter.

Der **Kirchenbau** nach dem Zweiten Weltkrieg hat in Bamberg wenig Bedeutendes hinterlassen; meistens wurde sehr einfach gebaut. Hinzuweisen wäre auf das Gemeindezentrum St.Urban am Bruderwald und auf die geglückte Neuausstattung der evangelischen Stephanskirche durch den Karlsruher Bildhauer Jürgen Görz in den Jahren 1983-86. Sein 'hautnaher' Stil bedeutet eine Abkehr von dem in beiden großen Kirchen seit dem Zweiten Weltkrieg mit Vorliebe gepflegten, abstrahierenden und meist auf romanische Vorbilder zurückgreifenden 'Neoexpressionismus'. In einer alten Stadt wie Bamberg ist die Errichtung neuer Architektur immer mit dem Problem der Erhaltung der alten verbunden. Ein falsches Verständnis des Alten aber hat die Entstehung qualitätvoller Neubauten verhindert. Sich anzupassen - diese Grundforderung des neuen Bauens in alter Umgebung -, wurde meistens mit dem Rückzug ins Gesichtslose, verlogen Anpäßlerische verwechselt.

Den Zweiten Weltkrieg hat Bamberg vergleichsweise unbeschadet überstanden. Zwar gab es vor allem am Grünen Markt, am Obstmarkt und an der Promenade einige zerstörte Gebäude, die nach dem Krieg meist historisierend wieder aufgebaut wurden; aber mit 4,6% an totalen Kriegsverlusten waren Grundstruktur und geschlossenes Erscheinungsbild der gesamten Stadt erhalten geblieben, vor allem die im Grunde mittelalterliche Altstadt mit ihren Überformungen späterer Jahrhunderte. Damit nahm Bamberg in den Jahren des wirtschaftlichen Aufschwungs nach 1949 für die **Denkmalpflege** eine Sonderrolle ein, die im weithin zerstörten Deutschland nicht gerade häufig anzutreffen war. Hier stand bald nicht mehr der Wiederaufbau im Vordergrund, sondern die Erhaltung des Bestandes und seine Nutzung entsprechend den Erfordernissen des späten 20. Jahrhunderts.

Seit dem Denkmalschutzjahr 1975 rückte in der Bundesrepublik der Gedanke, größere Gebäudegruppen in ihrer Gesamtheit und ihrem spezifischen Charakter zu erhalten, mehr und mehr in den Mittelpunkt. Daher wurde 1981 die gesamte Bamberger Altstadt, und zwar zwischen Bahnlinie und Altenburg, als Einheit unter Schutz gestellt: über 2200 Gebäude auf einer Fläche von 250 Hektar. Damit waren die Grundlagen dafür geschaffen, nicht mehr nur einzelne herausragende Baudenkmäler zu erhalten, sondern gerade auch die zahlreichen künstlerisch unbedeutenderen Bauten, die das Bild einer Stadt ja eigentlich ausmachen. Sie erst ermöglichen es nachzuvollziehen, wie sich die sozialen und wirtschaftlichen Strukturen entwickelt und verändert haben.

Wie wird man nun in Bamberg den Anforderungen, die ein so wertvolles Stadtdenkmal stellt, gerecht?

Am schwierigsten gestaltet sich die Situation für die privaten Altbaubesitzer oder -bewohner. Heute gibt es in der Altstadt keine akut einsturzgefährdeten Häuser; die wenigsten sind bedroht, weil ihre Bausubstanz schlecht wäre. Viel größer ist die Gefahr, wenn die Innenausstattung mangelhaft ist und eine Radikalkur gewünscht wird. Diese soll dann zeitgerechtere Lebensformen ermöglichen, von denen man fälschlich glaubt, sie seien eigentlich nur in einem Neubau zu befriedigen. Veränderungen sind notwendig; der Erhalt des lebendigen Organismus 'Altstadt' hängt sogar von ihnen ab. Das Ziel muß aber sein, die Bürgerhäuser behutsam und schrittweise instandzusetzen.

Zu diesem Zweck unterstützt die Stadt seit 1957 Hauseigentümer durch Zuschüsse bei Restaurierungsarbeiten an ihren denkmalgeschützten Häusern. Diese Selbsthilfeaktion, die in der Nachkriegszeit eingerichtet wurde, als Gelder aus Bund und Land nur spärlich flossen, ist als **'Bamberger Modell'** bekannt geworden. Auf dieser Basis hat sich seit langem eine gute Zusammenarbeit zwischen engagierten Altbaueigentümern und der unteren Denkmalbehörde entwickelt. Ein Beispiel hierfür ist die Restaurierung des Ringvogelhauses am Pfahlplätzchen. Doch noch fehlen einige entscheidende Voraussetzungen für eine angemessene Pflege der Altstadt. So gibt es noch keine flächendeckende Bestandsaufnahme der Bauten, die als wissenschaftliche Grundlage zur Beurteilung und Behandlung der Denkmäler zu dienen hätte. Trotz der vielen privaten Bemühungen, trotz der verdienstvollen 'Schutzgemeinschaft Alt-Bamberg', die in den 60er Jahren gegründet wurde, trotz der Finanzierungshilfen und trotz der Denkmalschutzgesetze wird der Bestand an alten Gebäuden von Jahr zu Jahr empfindlich verringert oder durch Eingriffe verändert.

Das zentrale Problem der Bamberger Altstadt ist der Verkehr. Früher war die Hauptader die große Nord-Süd-Straße, die die Wirtschaftszentren Erfurt, Leipzig und Nürnberg verband und Bamberg eigentlich nur berührte. Der frühere Steinweg - heute Königstraße - hat sein altes Bild mit Gasthäusern und Herbergen ja auch bis heute bewahrt und ist (leider) immer noch eine der Hauptverkehrsadern. Ein Teil der Waren wurde noch weiter in das Stadtinnere transportiert, wo verschiedene Märkte das Zentrum des Handels bildeten.

Die Erfindung des Automobils hat den Verkehr nicht prinzipiell verändert; nur übersteigen die nun zu bewältigenden Verkehrsmassen das Fassungsvermögen einer alten Stadt mit ihren engen Straßen. Die ideale Lösung schien es zu sein, die wachsenden Verkehrsströme ringförmig um die alte Stadt zu leiten und nur dem Lieferverkehr Zugänge zum Inneren zu erlauben. Das Zentrum der Stadt, wo sich früher Hauptverkehr und Handel trafen, wurde zur Fußgängerzone. Die Autos sollten den Konsumenten nicht mehr behelligen.

So entwickelten sich die Funktionen auseinander: vorn die in allen Städten ähnliche, 'möblierte' Fußgängerzone mit ihren metallenen Blumentrögen, die ein bißchen klägliches Grün bringen, ihrer einheitlichen Pflasterung, mit Bäumen, Bänken, Lampen. Werktags überlastet, mit Verkaufsständen und Jahrmarktsattraktionen vollgestopft, wirkt sie nach Geschäftsschluß trostlos und ausgestorben. Die Häuser wurden dem angepaßt. Über ausgeräumten Erdgeschossen stehen auf Betonstützen die alten Fassaden; schließlich braucht man Schaufenster, und schon viel ist zugestanden, wenn einmal ein altes Einfahrtstor erhalten blieb! Man erhält die Fassaden aus Pietät, und weil sie eine Atmosphäre der Behaglichkeit vermitteln. So dienen sie der Steigerung des Umsatzes. Die rückwärtigen Gassen müssen für den reibungslosen Zulieferbetrieb genutzt werden. Aber sie sieht ja ohnehin niemand; denn wer die Zone des schönen Scheins verläßt und die der Automobile betritt, hat genug zu tun, seinen Weg am Verkehr vorbei zu finden, der sich hier durchquält.

Derlei Konzepte ließen sich in Städten, die eine geschlossene historische Form besitzen (z.B. Nürnberg), konsequent verwirklichen; der Verkehr kreist um die Stadtmauer oder dort, wo sie früher einmal stand. Aber in einer gleichsam 'offenen', vielteiligen Stadt wie Bamberg, die nie eine gemeinsame Ummauerung besaß? Man hat auch hier versucht, einen Ring einzurichten, indem man beispielsweise Lange Straße und Kapuzinerstraße nach bereits im zweiten Weltkrieg entstandenen Plänen verband, um den Verkehr flüssiger zu machen. Aber reibungslos funktionierte das nie, denn auch sie sind historische Straßen mit alten Häusern, auf die man (viele mögen es bedauert haben) Rücksicht zu nehmen hatte. Die Lange Straße blieb trotz der Autos eine Geschäftsstrasse mit Fußgängern. Auch die neueste Erfindung der Verkehrsplaner, der innerstädtische Einbahnring, hat daran bislang noch nichts geändert. Man scheint nicht erkannt zu haben, daß jede Erleichterung des Verkehrs immer zu dessen Zunahme führt. Da stören dann auch die weiteren Wege nicht, die jeder Autofahrer nun in Kauf zu nehmen hat; daß damit der Ausstoß an Abgasen erhöht wurde, scheint niemanden zu beunruhigen.

Die Zerstörung der Seitengassen ist in Bamberg noch nicht so weit fortgeschritten wie andernorts, obwohl es durch den Bau einiger Kaufhäuser in der Inselstadt Entwicklungen in dieser Richtung gab. Noch ist also Bambergs Altstadt zu retten. Die Voraussetzungen, d.h. die Infrastruktur, sind nicht einmal schlecht. Für den Fernverkehr besteht ein weiträumig angelegter Ring, der die Stadt im Norden, Osten und Süden umgibt. Tiefgaragen und Parkhäuser sind am Rand der Altstadt entstanden, weitere werden noch folgen. Nur müßte noch etwas Wesentliches hinzukommen, ein Prozeß des Umdenkens. Soll Bamberg in seiner Substanz und nicht nur als Fassade erhalten bleiben, muß die schlichte Wahrheit erkannt werden, daß keine Stadt, und eine mittelalterliche schon gar nicht, für Tausende von Autos gebaut worden ist. Es ist nicht das höchste Ziel des menschlichen Lebens, mit dem Automobil beliebig nahe an jeden erdenklichen Punkt fahren zu können. Im übrigen wäre dem leicht abzuhelfen, wenn man ein attraktives Park&Ride-System mit wendigen Stadtbussen einführte, wie dies erst in kleinen Ansätzen geschehen ist; wenn man das im Vergleich mit anderen Städten bereits gut ausgebaute Netz des öffentlichen Nahverkehrs durch einen Verbund mit dem Umland und eine dichtere Busfolge an den Abenden und Wochenenden weiter verbesserte; wenn man die umweltschonende Benutzung des Fahrrades durch noch konsequenteren Ausbau der Radwege förderte und systematisch flächendeckende Maßnahmen zur Verkehrsberuhigung ergriffe.

Was Bamberg angeht, sind Zweifel angebracht, ob solche Erkenntnisse schnell genug breiten Kreisen und vor allem den politischen Entscheidungsträgern zu vermitteln sind. Viele meinen, die Altstadt sei durch eine sogenannte Bergverbindungsstraße zu entlasten, die die noch weitgehend unbebaute Landschaft unter der Altenburg durchschneiden würde, um den Straßenring zu schließen. Doch eins ist sicher: Wer der Bequemlichkeit der Autofahrer unter dem Vorwand der Verkehrsentlastung dient, erreicht nur vermehrten Verkehr und die Zerstörung dessen, was Bamberg unter allen deutschen Städten heraushebt: die Anbindung der Altstadt an die freie Landschaft. Schon heute suchen sich bequeme Autofahrer, die Umgehungsstraßen vermeiden wollen, Schleichwege durchs Berggebiet; das sollte im Sinne der Bewohner dieses Stadtteils unterbunden werden. Ist aber erst eine neue, breite Straße gebaut, ist es mit der Ruhe, der landschaftlichen Schönheit des Stadtteils erst recht vorbei. Auch die Innenstadt wird nicht entlastet werden, dafür aber wird man noch schlechtere klimatische Verhältnisse in Kauf zu nehmen haben. Manche fordern gar einen Großparkplatz im Teufelsgraben am Fuße des Jakobsbergs; sie haben vom Wesen Bambergs nichts begriffen.

Auch im Bereich der Stadterneuerung gibt es unheilvolle Tendenzen. Geht es in dieser Art weiter, wird Bamberg Schritt für Schritt die Atmosphäre, die Patina, die Einmaligkeit der gewachsenen historischen Stadt verlieren. Zwar wird gerade von offizieller Seite die historische Bedeutung der 'unversehrten' Altstadt betont und spektakulär in Szene gesetzt - doch die Idylle der Fremdenverkehrsprospekte ist trügerisch.

Viele denkmalgeschützte Bauten wurden inzwischen abgerissen und 'neu' gebaut - mal deutlich erkennbar, weil man sich nur im großen Ganzen in die historische Umgebung einfügte und sich mit anpäßlerischer Fassadenbemalung begnügte, mal bemäntelt durch eine 'Rekonstruktion' der ursprünglichen Fassade, die mit dem Original nur wenig gemein hat.

Der **Maxplatz** ist seit dem Abbruch der alten Martinskirche 1804 als Marktplatz ein Zentrum des Geschäftslebens. Seine Bebauung vermag in mancherlei Hinsicht zu verdeutlichen, mit wie wenig Einfühlungsvermögen und Mut man in Bamberg Denkmalpflege betreibt: Da steht ein wuchtiges Kaufhaus an der Südseite; mit unprofiliert eingeschnittenen Fensteröffnungen und heller Plattenverkleidung drängt es sich zwischen die Bauten der Barockachse. Drei alte Bürgerhäuser mußten weichen, das künstlerisch bedeutendste barocke Bürgerhaus Bambergs, Maxplatz 8, von dem großen Johann Dientzenhofer wohl für sich selbst errichtet, wurde ausgehöhlt. Stuckdecken und originaler Hinterhof wichen 22000 Kubikmetern Beton und 180 Tonnen Stahl, wie man zur Einweihung stolz berichtete. Die Fassade mußte, gegen den Willen des Eigentümers erhalten werden. Ein Kompromiß ist auch der Neubau daneben. Ein durchgehendes, hohes Dach sollte den Anschluß an die benachbarte Bebauung wahren. Man hat dadurch aber hauptsächlich die charakteristische kleinteilige Dachlandschaft zerstört. Außerdem ist das Haus mit Schiefer gedeckt - in fürstbischöflicher Zeit war dieses Material nur herausragenden Bauten vorbehalten. Ein wirklich der gesellschaftlichen und architektonischen Entwicklung des 20. Jahrhunderts angemessener Bau entstand nicht: Ohne echtes Verständnis für die Qualitäten der alten Bauten hat man eine von fern ähnliche, im Detail sterile Anpassungsarchitektur entworfen.

Natürlich hat man diesen Mangel bald erkannt und bemüht sich seit dem Beginn der 80er Jahre um subtilere Vorgehensweisen. Die Fälschung sollte geschickter werden und nicht mehr auf Anhieb ins Auge fallen. So wird an der Nordseite des Maxplatzes dem Beschauer eine frisch verputzte und gepflegte barocke Häuseridylle vorgeführt - die aus Stahl und Beton besteht. Nur das schmale, hohe Haus Nr.15 hat den Kahlschlag überlebt. Zwar hatte die Denkmalpflege noch versucht, wenigstens die Fassaden der denkmalgeschützten Häuser Nr.13 und 17 zu retten, die bis auf die Außenhüllen abgebrochen worden waren. Ihres stützenden Innenlebens beraubt und dem vorbeirollenden Schwerlastverkehr ausgesetzt, waren sie aber bald so einsturzgefährdet, daß auch sie beseitigt werden mußten. Gegen eine

Sanierung oder Verankerung zur Rettung der Ruinen hatte sich das Bauunternehmen wegen des finanziellen und technischen Aufwandes von vornherein gesträubt. Besonders herb ist der Verlust des Hauses Fleischstraße 17: Bamberg verlor ohne Not eines seiner stimmungsvollen, breit hingelagerten Barockhäuser. Ersatz ist ein steriler Supermarkt. Man hat sich noch nicht einmal die Mühe gemacht, das zentrale Einfahrtstor zu rekonstruieren, das dem Haus die gestalterische Mitte gab.

Die mühsamen denkmalpflegerischen Anstrengungen zur Erhaltung alter Bauten mit all den Merkmalen ihres Alters und der oft unvermeidliche Einsatz hoher Mittel stoßen gerade bei den großen Bauunternehmen auf wenig Verständnis. Denn lassen sich Baudenkmäler nicht ohne Schwierigkeit auch wiederaufbauen, wobei die Nutzfläche noch vergrößert werden kann? Der unbefangene Betrachter kann nur vermuten, wie wenig die Zeile an der Nordseite des Maxplatzes mit dem zerstörten Original noch gemein hat. Aber das Ziel ist erreicht - der schöne Schein.

Die erste größere Flächensanierung Bambergs betraf ein bedeutendes Ensemble technischer Denkmale, die in einer langen Tradition stehenden **Oberen Mühlen**. Schon 973 läßt sich das Mühlenwesen in Bamberg nachweisen. Der linke Regnitzarm, der eigentliche Mühlkanal, war durch

Maxplatznordwand vor der Sanierung

bischöflichen Erlaß zur Nutzung der Wasserkräfte ausgebaut worden. Die Müller waren dem Domkapitel unterstellt und zahlten diesem ihre Abgaben. Von jeher besaßen sie besondere Privilegien - so war es den Bamberger Bäckern verboten, ihr Mehl aus Mühlen des Umlandes zu beziehen. Bereits im 17. Jahrhundert war ein Zustand erreicht, der den Lauf der Regnitz bis in die Zeit nach dem zweiten Weltkrieg prägte. Es entstanden drei Gruppierungen von Mühlengebäuden: die schon 1784 durch Hochwasser zerstörten Unteren Mühlen (beim Inselrathaus), die Mittleren Mühlen, und die **Oberen Mühlen** etwas flußaufwärts. Gerade sie hatten sich am geschlossensten erhalten. Bis in die 70er Jahre waren sie in Betrieb. Am linken Regnitzufer die Steinmühle mit einem hohen, anfangs des 20. Jahrhunderts errichteten Silo, dessen Dach das doppelt geschweifte des Vierzehnheiligenpavillons der Residenz wieder aufnahm; in der Mitte auf einer Insel die Eckertsmühle, in schlichtem, aber interessantem Nutzfachwerk des frühen 19. Jahrhunderts erbaut, mit ihrer gesamten technischen Ausrüstung erhalten; am rechten Ufer die Schwalbenmühle des 18. Jahrhunderts, mit Mansarddach und einem weiteren Silo neueren Datums. In den 70er Jahren mußte der Betrieb der Mühlen aus wirtschaftlichen Gründen aufgegeben

Maxplatznordwand nach der Sanierung

Obere Mühlen vor der Sanierung

werden. Die Gebäude wurden nicht mehr genutzt und waren damit dem Verfall preisgegeben. Um überhaupt etwas erhalten zu können, mußte eine neue Nutzung gefunden werden. Rettung schien in Sicht, als ein privater Investor und eine kirchliche Wohnungsbaugesellschaft große Teile des Viertels aufkauften. Doch aus der Rettungstat wurde einer der größten Kahlschläge der Bamberger Nachkriegsgeschichte; sieben der zehn Bauten des Sanierungsgebietes wurden abgerissen. Dabei hatte die Planung vielversprechend angefangen. Ein Wettbewerb versprach schonenden Umgang mit der alten Substanz. Ständige Planänderungen erwiesen dann jedoch, daß auch hier allein die Wirtschaftlichkeit in den Mittelpunkt gestellt wurde. Es genügte ja, der Bevölkerung ihr gewohntes Bild herzustellen. So wurde aber mit der Bausubstanz das historische Erscheinungsbild des Mühlenviertels unwiderruflich zerstört. Die heutige 'Eckertsmühle', Hotel und Restaurant in der Flußmitte, hat mit dem Steinsalz verarbeitenden Betrieb nicht einmal mehr das Äußere gemein. Statt aber den Versuch zu machen, eine zeitgemäße Architektur zu wagen, gliedern ärmlich komponierte, aufgeklebte Bretter 'à la Fachwerk' den Stahlbetonbau, um altertümelnde Stimmung zu erzeugen. Das alte Mühlenviertel zeugte von der Arbeit, die hier jahr-

Obere Mühlen nach der Sanierung

hundertelang den Ton angab. Sein eigentlicher Charakter wurde getilgt, zugunsten der Fiktion einer vermeintlich makellosen Vergangenheit.

Hildesheim, Münster, Nürnberg, Würzburg, Dresden: Viele der schönsten deutschen Städte hat der Zweite Weltkrieg vernichtet. An ihren alten, in Jahrhunderten gewachsenen Zustand erinnern heute allenfalls Fotografien. Bamberg ist eine der wenigen bedeutenden Städte, die als Ganzes überlebt haben. Dies sollte man nicht aufs Spiel setzen.

Atika: Niedriges Wandglück über dem Hauptgesims eines Bauwerkes

Auszug: Oberer Abschluß, Aufsatz eines Altares

Basilika: Der Kirchentyp, bei dem das Mittelschiff die Seitenschiffe deutlich überragt, so daß eine eigene Beleuchtung des Mittelschiffes durch Fenster im **Obergaden** möglich wird (z.B. der Bamberger Dom). Das Gegenstück zur Basilika ist die **Hallenkirche,** bei der die Schiffe zumindest annähend gleich hoch sind (z.B. die ehem. Dominikanerkirche in der Dominikanerstraße).

Bettelorden oder Mendikanten sind die im 13. Jahrhundert entstandenen Männer- und Frauenorden, die sich besonders in den Städten niederließen und von eigener Arbeit sowie von erbettelten Almosen lebten. Sie setzten ein striktes Armutsgebot und tätige Nächstenliege gegen die etablierten älteren Orden der Benediktiner und Zisterzienser. Die beiden wichtigsten Orden waren die **Franziskaner,** gegründet von Franz von Assisi, mit ihrem weiblichen Zweig, den **Clarissen,** und die **Dominikaner,** deren Gründer Dominikus Guzman war.
In Bamberg gab es folgende Bettelordens-Niederlassungen: Das Franziskanerkloster steht an der Schrnne, seine Kirche ist 1812 abgebrochen worden. Das Clarissenkloster, im 19. Jh. zur Kaserne zweckentfremdet, wurde erst 1936 abgebrochen. Die Dominikaner siedelten sich im Herzen der Sandstadt, an der Dominikanerstraße an (Kirche heute Kulturraum, Kreuzgang erhalten). Das Dominikanerinnenkloster zum Heiligen Grab lag weit in der Vorstadt (heute an der Klosterstraße). Das Kloster ist wieder ‚in Betrieb', die spätgotische Kirche erhalten.
Des weiteren zählen zu den Bettelorden die **Karmeliten,** die im späten 16. Jahrhundert ihre ursprüngliche Niederlassung an der Austraße zugunsten der Jesuiten mit dem ehemaligen Frauenkloster St.Theodor vertauschten. Die **Augustiner-Ermiten,** der vierte Bettelorden, waren in Bamberg nicht vertreten. Ein später gegründeter Orden in der Art der ‚Bettelorden' waren die **Kapuziner**, deren Kloster an der Kapuzinerstraße Ende des letzten Jahrhunderts beseitigt wurde.

Boskett: Der mit Büschen oder Bäumen bepflanzte Bereich eines Barockgartens. Die Pflanzen sind in geometrisch exakter Form beschnitten und bilden grüne Wände. Diese schließen sich zu Gängen und Räumen zusammen: es entstehen runde, ovale oder eckige Plätze, die sogenannten 'Kabinette'oder 'Säle'. In die Bosketts bgab man sich bei großer Hitze, um ihren Schatten zu genießen. Gleichzeitig dienten Bosketts - im Gegensatz den → Parterres - als intime Räume zur Entspannung, zur Absonderung oder zum vertraulichen Beisammensein.

Bozzetto: Eine in kleinerem Maßstab ausgeführte Vorstudie eines Kunstwerkes. Der Begriff wird meistens im Bereich der Plastik verwendet, gelegentlich auch für die Malerei.

Dompropst (-dekan): Der Vorsitzende des Domkapitels, also des Domstiftes. **Pröpste** heißen die Vorsteher der übrigen Stifte (St. Stephan, St. Gangolph, St. Jakob).

Faktur: Machart; die Spuren des Herstellungsprozesses geben der Oberfläche eines Kunstwerks einen spezifischen, 'handschriftlichen' Charakter.

Fiale: Typisches architektonisches Zierelement der Gotik: ein spitzes Türmchen, bestehend aus einem meist viereckigen Schaft und einem Helm in Form einer schlanken Pyramide, bekrönt von einem pflanzenartigen Gebilde (Kreuzblume).

Hermenpilaster: Sich nach unten verjüngender Pilaster, der oben mit dem Oberkörper oder Kopf einer Figur abschließt (z.B. Gartenausgänge des Böttingerhauses).

Itinerar: Zusammenstellung von Reisewegen einer Person.

Kannelur: Die Gliederung der Oberfläche des Säulenschaftes durch senkrechte, gerundete Eintiefungen; ein Charakteristikum der klassischen Säulenordnungen (→ Superposition). In der Neuzeit werden Kanneluren häufig als Steigerungsmotiv verwendet. Bei kompositen Säulen werden in die Kanneluren im unteren Bereich halbrunde Stäbe, sogenannte **Flöten,** eingefügt, was die Bedeutung der Säule nochmals steigert.

Kanonisation: Heiligsprechung

Kapitell: Das ausladende 'Haupt' einer Säule oder eines Pilasters; es sitzt auf dem **Säulenschaft** und trägt das **Gebälk**. Der 'Fuß' einer Säule wird **Basis** genannt. Sowohl Basis als auch das häufig reich verzierte Kapitell haben für ihre jeweilige Ordnung typische und festgelegte Formen (→ Superposition).

Lisene: Bandartige, flache Wandvorlage ohne Kapitell und Basis.

Metopen: Annähend quadratische Felder, häufig mit Reliefs, die zusammen mit den →Triglyphen den Fries im Gebälk der dorischen Ordnung gliedern (vgl. Abb.).

Obergaden → Basilika

Ordnungen → Superpositon

Palas: Hauptbau einer mittelalterlichen Burg.

Parterre: Der mit flachen, geometrischen Beeten angelegte Bereich eines Gartens unmittelbar vor der Gartenfront eines Bauwerks. Parterrres können unterschiedlich aufwendige gestaltet sein, von einfachen Formen aus Rasenstücken bis zu aufwendigen ornamentalen Mustern aus Blumen, Buchsbaum und verschiedenfarbigen Steinchen, die wie Stikkereien (franz. Broderie) wirken. Die Parterres waren zum Lustwandeln bestimmt, zum Sehen und Gesehenwerden, zum demo-nstrativen Begegnen und Meiden

piano nobile (frz. **bel étage**): Hauptgeschoß eines größeren Bürgerhauses oder Palastes mit den Repräsentationsräumen, je nach Mode im ersten oder zweiten Obergeschoß.

Pilaster: Flache Wandvorlage mit Kapitell und Basis (im Gegensatz zu → Lisene).

Predella: Auf dem Altartisch aufsitzender Sockel eines → Retabels. Häufig in Schreinform mit schließbaren Flügeln, oft Aufbewahrungsort für Reliquien.

Pylon: Freistehender, monumentaler Pfeiler, meist paarweise von Eingängen angeordnet.

Retabel: Altaraufsatz; z.B. Altartafel oder Flügelaltar.

Risalit heißt ein in voller Höhe vorspringender Gebäudeteil. Der Risalit ist oft von einem betonenden Giebel bekrönt, doch besitzt er kein selbständiges Dach. Ist auch das Dach eines vorgestuften Bauteils vom übrigen abgesetzt, spricht man von einem **Pavillon.**

Rotunde: Bau über kreisrundem oder ovalem Grundriß mit Gewölbekuppel. Die Rotunde wird bei Längsbauten auch zur Unterteilung in einzelne räumliche Einheiten verwendet, die dadurch geschwungene Wände erhalten (Bsp.: Wallfahrtskirche Vierzehnheiligen).

Rustica: Mauerwerk, das zur Betonung untergeordneter, tragender Teile im System der klassischen Architektur verwendet wird. Es soll nur roh bearbeitet wirken (lat. rusticus = roh, bäuerlich): Die Spanne reicht von grob (aber nichtsdestoweniger kunstvoll) behauenen Buckelquadern bis zu einer einfachen Bändergliederung. Wichtig ist die Rustica im Profan-, vor allem im Palastbau, wo sie häufig dem Erdgeschoß ein wehrhaftes Aussehen verleiht.

Säulenordnung → Superposition

Stapelzwang: Verpflichtung für einen Kaufmann, seine Waren in einer Stadt abzuladen und zum Verkauf anzubieten.

Suffragan ist jeder katholische Bischof, der einem Erzbischof unterstellt ist. Es gibt nur wenige Ausnahmen, die direkt dem Papst unterstellt waren, z.B. der Bamberger Bischof.

Superposition der Ordnungen: Das Übereinander-Stellen der klassischen Säulenordnungen an einem Bauwerk. Diese 'Ordnungen' setzen sich aus stützenden Gliedern (Säulen) und getragenen (Gebälk) zusammen. Zugrunde liegen die Hauptformen der antiken griechischen Baukunst, d.h. die dorische, ionische und korinthische Architektur. Diese wurden durch die **Architekturtheorie** in eine feste Rangordnung gefügt und mit idealisierten Proportionen des menschlichen Körpers verknüpft; die Architektur wurde so **anthropomorph.** Die Grundideen dieser Theorie sind dem Werk des Römers **Vitruv** entnommen, das als einzige antike Schrift dieser Art überliefert ist.
In der italienischen Architekturtheorie des 15. und 16. Jh. wurden sie weiter differenziert, so daß schließlich fünf Ordnunjgen festgelegt wurden: Die einfachste, rangniedrigste Ordnung ist die **toskanische,** gefolgt von der **dorischen,** die durch den → Metopen-Triglyphen-Fries gekennzeichnet ist. Die dorische Ordnung entspricht in der Theorie der Proportion des männlichen Körpers (kräftig, gedrungen), und wird demnach für entsprechende Aufgaben verwendet: Erdgeschosse als tragende Teile, militärische Bauten, rangnierige Bauteile. Die **ionische** Ordnung mit ihren Volutenkapitellen (→ Volute) sollte der Proportion der Frau entsprechen; die reichste und bedeutungsvollste 'reine' Ordnung ist die **korinthische,** deren Proportionierung der Jungfrau entspricht. Beide können noch zur höchsten Ordnung, der **kompositen,** kombiniert werden, die das Akanthusblatt der korinthischen mit den Voluten der ionischen verbindet. Ein schönes Beispiel für das ranggemäße Übereinander dieser Ordnungen ist die Bamberger Residenz (→ Abb.)

Triforium: Ein architektonisches Gliederungselement der Hochschiffwand der → Basilika, zwischen Arkaden und → Obergaden, in Form einer kleinen Arkadenreihe, meistens vor einem Laufgang. Beispiel im Bereich der Diözese Bamberg: Langhaus der Nürnberger Pfarrkirche St. Sebald.

Triglyphen: Steinplatten mit senkrechten Rillen zwischen den → Metopen des dorischen Frieses (→ Säulenordnungen).

urbanistisch: städtebaulich

Volute: Schneckenförmig gerolltes (lat. volvere = rollen) Architekturelement, z.B. an den Kapitellen der ionischen Ordnung; auch zur Überleitung an den Giebelschrägen barocker Fassaden etc. (Bsp.: St. Michael, Bamberg).

Voute: Die konkav gerundete Überleitung von der Wand zur Flachdekke eines (barocken) Raumes; häufig durch Stuck oder in Stuckrahmen eingefügte Bilder geschmückt (Beispiele in der Neuen Residenz).

Der gründlichste Führer zur Bamberger Kunst stammt von Heinrich Mayer (Bamberg als Kunststadt und Die Kunst des Bamberger Umlandes, St.Otto Verlag Bamberg 2. Aufl. 1955), ist jedoch in Vielem veraltet, außerdem einseitig.
Wärmstens zu empfehlen ist das Dehio Handbuch Franken (Deutscher Kunstverlag München 1979), dessen Bamberger Teile von Tilmann Breuer stammen.
Als Nachschlagewerk unentbehrlich ist Karl Sitzmann: Künstler und Kunsthandwerker in Ostfranken, Kulmbach 2. Aufl. 1983.
Als Katalog: Renate Baumgärtel-Fleischmann: Ausgewählte Kunstwerke aus dem Diözesanmuseum Bamberg, Bamberg 1983.

Zur mittelalterlichen Kunst Bambergs: Erich Herzog: Die ottonische Stadt, Berlin 1964.- Wilhelm Messerer: Der Bamberger Domschatz, München 1952.- Gerd Zimmermann: Vom Symbolgehalt der Bamberger Domweihe (6. Mai 1012), in: Fränkische Blätter 3, 1951, S. 37-38.- Dethard von Winterfeld: Der Dom in Bamberg, Die Baugeschichte bis zur Vollendung im 13. Jh. Kurzfassung in seinem kleinen Führer, St. Otto Verlag Bamberg. Robert Suckale: Die Bamberger Domskulpturen. Technik, Blockbehandlung und die Einbeziehung des Betrachters, in: Münchner Jahrbuch der Bildenden Kunst 38, 1987, S. 27-82.- Ders.: Hans Pleydenwurff in Bamberg, in: Berichte des Historischen Vereins Bamberg 120, 1984, S. 423-438.- Ders.: Das ehemalige Hochaltarretabel der Nürnberger Karmelitenkirche und sein altkirchliches Programm, in: Veit Stoß. Die Vorträge des Nürnberger Symposions, ed. Rainer Kahsnitz, München 1985, S. 229-244.-Renate Baumgärtel-Fleischmann: Bamberger Plastik von 1470 bis 1520, in: Berichte des Hist. Vereins Bamberg 104, 1968, S. 6-353. Dies.: Der Goldschmied Thomas Rockenbach (+1496), in: Berichte des Hist. Vereins Bamberg 112. 1976, S. 161 - 248.- Iris Kalden: Beiträge zu Tilman Riemenschneiders Kaisergrab im Bamberger Dom, in: Berichte des Hist. Vereins Bamberg 123, 1987, S. 69-119.- Alfred Stange: Deutsche Malerei der Gotik, Bd. 9: Franken, Böhmen und Thüringen-Sachsen in der Zeit von 1400 bis 1500, München und Berlin 1958.

Zur Kunst des 16. bis 18. Jahrhunderts: Thomas Korth: Von der Renaissance zum Klassizismus, in: Oberfranken in der Neuzeit bis zum Ende des Alten Reiches, Bayreuth 1984, S. 377-542.- Wolfram Frhr. von Erffa: Das Bürgerhaus im westlichen Oberfranken, Tübingen 1977.- Erich Herzog und Anton Ress: Der Frankfurter Barockbildhauer Justus Glesker, in: Schriften des Hist. Museums Frankfurt/M. 10, 1962, S. 53-148.- Renate Baumgärtel-Fleischmann u.a.: Die Altäre des Bamberger Domes von 1012 bis zur Gegenwart, Bamberg 1987.- Heinrich Mayer: Bamberger Residenzen, München 1951.- Otto A. Weigmann: Eine Bamberger Baumeisterfamilie um die Wende des 17. Jh. Ein Beitrag zur Geschichte der Dientzenhofer, Straßburg 1902. Margarete Kämpf: Das fürstbischöfliche Schloß Seehof bei Bamberg. Mit einem Quellenanhang unter Mitarbeit von Wilhelm Biebinger, in: Berichte des Hist. Vereins Bamberg 93/94, 1954/55, S. 25-255. Peter Vierl: Der Stuck. Aufbau und Werdegang erläutert am Beispiel der Neuen Residenz Bamberg, München und Berlin 1969.- Arnulf Herbst: Zur Ikonologie des barocken Kaisersaales, in: Berichte des Hist. Vereins Bamberg 106, 1970, S. 207-344. - Quellen zur Geschichte des Barocks in Franken unter dem Einfluß des Hauses Schönborn 1693-1729, 1. Bd. Augsburg 1931, 2. Bd. Würzburg 1955. - Heinrich Kreisel: Das Schloß zu Pommersfelden, München 1953. - Bernhard Schütz: Balthasar Neumann, Freiburg 1986. - Joachim Hotz Johann Jakob Michael Küchel. Sein Leben, seine Mainzer Zeit und seine Tätigkeit für die Landschlösser des cher Hof. Zugleich ein Beitrag zur Geschichte des Unteren Kaulbergs, in: Berichte des Hist. Vereines Bamberg 97, 1961, S. 125-152. - Burkard v. Roda: Adam Friedrich v. Seinsheim. Auftraggeber zwischen Rokoko und Klassizismus. Zur Würzburger und Bamberger Hofkunst anhand der Privatkorrespondenz des Fürstbischofs (1755-1779), Neustadt a.d. Aisch 1980.- Manfred Schuller: Die Kaskade von Seehof. Bauforschung und Dokumentation, München 1986 (Arbeitshefte des Bayer. Landesamtes für Denkmalpflege 29).

19. und 20. Jahrhundert: Tilmann Breuer: Grundzüge der städtebaulichen Entwicklung Bambergs im 19. und frühen 20. Jh., in. Berichte des Hist. Vereins Bamberg 116, 1980, S. 209-230.- Ders.: Der Hain. Eine Volksgartenanlage des frühen 19. Jh., in: a.a.O. 111, 1975, S. 389-415. - Ders.: Die Gärtnerei und Bambergs Eigenart als Stadtdenkmal, ln: Jahrbuch der Bayerischen Denkmalpflege 38, 1984, S. 180-198. Volkmar Eidloth: Das Bamberger Hainviertel, ehemaliges Zentrum des jüdischen Hopfenhandels. Entstehung, Gestaltung und Funktion eines Villenviertels im Wandel 1825-1955.In: Bamberger Geographische Schriften, Sonderfolge Nr. 3. Bamberg 1988, S. 19-152

REGISTER DER ORTE UND DENKMÄLER

NAMENS- UND SACHREGISTER

BILDNACHWEIS

Diözesanmuseum Bamberg 11, 21, 80, 81, 102
Historisches Museum Bamberg 67, 76, 77, 91, 94, 198
Markus Hörsch 35, 100, 116, 118, 125, 186, 191, 195, 200, 201, 205, 207, 211, 216, 227
Werner Kohn 8
Gisela Kohrmann 181
Gerhard C. Krischker 189
Lehrstuhl für Denkmalpflege der Universität Bamberg 228, 229
Lehrstuhl I für Kunstgeschichte der Universität Bamberg 15, 22, 24, 34, 40, 50, 51, 52, 58, 61, 66, 68, 72, 74, 82, 87, 111, 117, 122, 129, 130, 132, 147, 151, 152, 155, 173, 226
Foto Limmer 31, 36, 38, 40, 41, 45, 84, 97, 101, 107, 108, 115, 119, 126, 138, 140, 144, 148, 156, 163, 170, 171, 174, 185, 193, 194
Peter Ruderich Reiter farbig, 18, 20, 127, 145, 211, 213
Staatsbibliothek Bamberg 53, 60, 183, 196, 197
Stadtarchiv Bamberg 206, 209, 214, 218
Verwaltung d. staatl. Schlösser u. Seen 160, 177